FAITS

DE

L'ESPRIT HUMAIN

— PHILOSOPHIE —

PAR

D. J. G. DE MAGALHAENS.

TRADUIT DU PORTUGAIS

PAR

N. P. CHANSSELLE.

PARIS
LIBRAIRIE D'AUGUSTE FONTAINE,
PASSAGE DES PANORAMAS, 35 ET 36.

1859

FAITS
DE
L'ESPRIT HUMAIN.

> L'homme n'est qu'un roseau, mais c'est un roseau pensant. Quand l'univers l'écraserait, l'homme serait encore plus noble que ce qui le tue ; car l'avantage que l'univers a sur lui, l'univers n'en sait rien.
>
> PASCAL.

FAITS

DE

L'ESPRIT HUMAIN

— PHILOSOPHIE —

PAR

D. J. G. DE MAGALHAENS.

TRADUIT DU PORTUGAIS

PAR

N. P. CHANSSELLE.

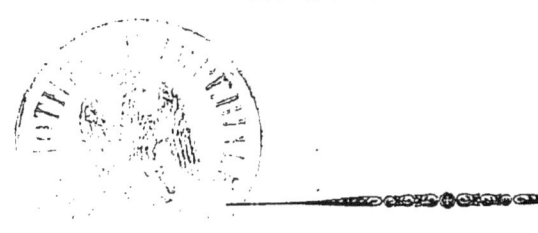

PARIS

LIBRAIRIE D'AUGUSTE FONTAINE,

PASSAGE DES PANORAMAS, 35 ET 36.

1859

AVIS DU TRADUCTEUR.

Avide d'une instruction profonde et variée, la jeunesse française ne se contente pas d'étudier seulement les productions du génie national, si riche cependant dans toutes les branches des connaissances humaines; elle aime aussi à connaître et à apprécier les travaux intellectuels des autres peuples, et souvent elle n'est arrêtée que par la difficulté d'entendre les langues dans lesquelles ces ouvrages sont écrits. Nous citerons parmi ces langues celle de Camoens, de Barros et de Vieira : quoique très-riche et très-harmonieuse, la langue portugaise, la plus belle peut-être de celles qui appartiennent à la famille des langues d'origine latine, est peu cultivée en France. Cette considération nous a engagé à traduire ce livre remarquable, dû à la plume d'un Brésilien dont le nom, déjà célèbre dans toute l'Amérique du Sud par le nombre et le mérite de ses ouvrages, commence à apparaître en Europe.

M. de Magalhaens occupe une place distinguée dans la diplomatie de son pays. Il est né à Rio-Janeiro, où il a fait toutes ses études, et où, tout jeune encore, il s'est fait connaître par un recueil de poésies qui l'a placé aussitôt parmi les premiers poëtes de son pays. Depuis il a voyagé en Europe, et à son retour d'Italie il a publié à Paris les *Suspiros poeticos* (Soupirs poétiques), poésies philosophiques dans le genre des *Méditations* de M. de Lamartine, genre entièrement nouveau au Brésil, où il eut des imitateurs. Une des pièces les plus remarquables de ce recueil est celle intitulée *Napoleão a Waterloo*, qui mériterait d'être traduite en toutes les langues. M. de Magalhaens a composé aussi plusieurs tragédies, et entre autres *O Poeta e a Inquisição*, la première tragédie écrite par un Brésilien; il a doté son pays d'un poëme épique, *A Confederação dos Tamoyos*, publié en 1847 à Rio-Janeiro, par les ordres de S. M. l'empereur dom Pedro II, qui, grand admirateur du talent de l'auteur, en a fait faire à ses frais une magnifique édition en grand format. M. de Magalhaens a publié encore beaucoup d'autres travaux historiques et littéraires, et tout récemment un petit livre, un chef-d'œuvre, *Os Mysterios,* qui lui a été inspiré par la perte de plusieurs de ses enfants, et qui demande à être apprécié autant par le cœur que par l'esprit; enfin le livre qui a pour titre *Factos do Espirito humano,* œuvre de haute philosophie, dont nous donnons ici la traduction.

Un poëte, un philosophe, un écrivain aussi éminent, appartenant à une nation nouvelle comme la nation brésilienne, dont les produits matériels nous sont plus connus que les produits intellectuels, mérite d'être apprécié et jugé par la France, qui voit sa littérature si bien accueillie au Brésil.

Nous ne dirons rien pour recommander cet ouvrage; il suffit de quelques pages lues au hasard pour attirer l'attention sur tout le livre. Comme philosophe, M. de Magalhaens appartient à la grande école qui s'honore des noms de Platon, de Descartes, de Leibnitz et de Malebranche, et son livre se distingue autant par l'originalité que par l'érudition et la critique.

Nous avons eu à lutter dans cette traduction contre de grandes et nombreuses difficultés, et nous mettons en première ligne la nature du sujet; de plus, la langue portugaise est tellement riche et abondante, elle a tant de hardiesse dans ses expressions et dans ses tournures, et l'auteur a écrit tout son livre avec tant d'énergie et tant de précision à la fois, que nous avons été souvent embarrassé pour l'imiter. Puissions-nous n'être pas resté trop au-dessous de notre modèle!

Du reste, désirant nous assurer que nous avions fidèlement rendu la pensée de l'auteur dans notre traduction, nous avons prié M. de Magalhaens d'examiner notre travail, et il s'est rendu à notre désir avec une complaisance et une bienveillance dont nous lui témoignons ici notre bien sincère gratitude.

N. P. CHANSSELLE.

PROLOGUE.

Les plus hautes questions métaphysiques s'offrent naturellement à l'esprit de tous les hommes qui, bien qu'ils n'aient pas fait d'études spéciales, acquièrent néanmoins dans la fréquentation de la société des notions générales de toutes les choses, et possèdent par la religion beaucoup de vérités dont s'occupe la philosophie, laquelle étant la plus sublime des sciences, est en même temps, peut-être pour cela même, celle qui nous charme le plus, et vers laquelle tous les esprits sont le plus attirés.

Cette tendance générale de tous les hommes à philosopher selon leur capacité révèle assez l'importance de la science universelle qui traite de l'esprit humain et de ses rapports avec Dieu et l'univers, et forme le plus complet éloge de la philosophie.

Comme ils ne manquent pas parmi nous, ceux qui s'occupent des intérêts matériels, qui les conseillent par des écrits, les préconisent par des discours, les font avancer par des travaux, et par l'appât des avantages et des profits excitent la cupidité à les chercher; ce ne sera pas trop, au milieu de tant de matérialisme industriel, d'un seul livre, qui attire pour quelques instants, s'il le mérite, l'attention sur des intérêts purement intellectuels et moraux, lesquels ne sont pas les moindres pour l'homme, ni les moins profitables pour la prospérité, l'ordre et la grandeur des nations, et satisfasse à la fois la curiosité, sinon le besoin de quelques-uns, relativement aux objets qui ont le plus de rapport avec l'esprit.

Au milieu de cette recherche incessante et laborieuse des commodités et des plaisirs de la vie, l'homme n'oublie pas ses devoirs les plus sacrés; il n'oublie pas que l'intelligence et la liberté ne lui ont pas été données pour les consumer au service du corps et des sens. La philosophie est la source d'où découlent la plupart des sciences, principalement les sciences morales et politiques, si nécessaires à un peuple libre qui aspire à prendre une place distinguée parmi les nations civilisées, place qu'il n'obtient qu'en élevant son intelligence vers tout ce qui est beau, bon et juste; et tous peuvent cultiver la philosophie sans préjudice, mais plutôt au grand avantage de toutes les autres sciences et de tous les intérêts.

Ces réflexions nous encouragent à mettre au jour ce livre, dans lequel nous discutons toutes les grandes questions de la philosophie, nous exposons les théories acceptées, et les plus accréditées, nous réfutons celles qui nous paraissent contraires aux faits, et nous cherchons, en suivant quelquefois une route différente de celle qu'ont suivie nos prédécesseurs, à résoudre le plus clairement qu'il nous est possible quelques difficultés, sans avoir la moindre prétention de nous poser comme auteur d'un nouveau système de philosophie.

Notre unique désir serait que tous les philosophes fussent d'accord sur les principes fondamentaux de la science. Mais dans ces principes mêmes consiste la grande difficulté ; et quelque petite que fût la divergence, elle donnerait matière à de nombreuses discussions ; car l'esprit humain ne se contente pas d'une science incomplète, ni de simples probabilités ; il lui faut l'évidence. Le philosophe ressemble en ce point à l'avare insatiable, qui se croit pauvre parce qu'il ne possède pas tout ce qu'il désire, et plus il acquiert et thésaurise, plus il voit tout ce qui lui manque encore. Et quelle ambition plus noble et plus digne de l'homme que celle de se connaître soi-même, de connaître ses rapports avec Dieu et les choses créées ? Et quand il n'y réussit pas aussi complétement qu'il y aspire, c'est le cas de s'écrier :

Dans un si grand dessein la chute même est noble.

Il arrive souvent que ceux qui sont le plus avides de science sont les moins favorisés de la fortune, et peuvent le moins consulter les volumineux ouvrages écrits en langues étrangères ; à beaucoup d'autres c'est le temps qui manque pour cette étude ; car la sage Providence ne choisit pas les conditions des hommes pour leur répartir les dons de l'intelligence et l'amour de la vérité. Elle est tellement opposée au système des priviléges, qu'elle ne permet pas que les talents, les vertus et les vices se transmettent des pères aux fils selon les conditions sociales; elle n'a pas établi non plus l'infaillibilité de la règle contraire, pour ne pas perpétuer un autre privilége en faveur du vice; mais elle fait qu'ils viennent indistinctement les uns des autres, comme au hasard, afin que les hommes fraternisent mieux entre eux, en se voyant sujets aux mêmes contingences, et ne se croient pas chacun d'une espèce différente; car tous sont égaux, les uns par leurs pères, les autres par leurs fils, les autres par leurs frères et leurs parents, et tous participent à des maux et à des biens égaux.

Quant à ceux qui ont peu de loisirs à consacrer à de longues et dispendieuses études, ce livre ne leur sera pas tout à fait inutile : ce n'est pas proprement un compendium de philosophie, bien loin de là, mais il traite des principales questions qui s'y rattachent, et spécialement de celles qui ont la sympathie de tous les esprits.

Nous ne préviendrons pas le lecteur, en exposant ici en résumé la doctrine de ce livre. La surprise est un des plaisirs de celui qui lit. Si quelque savant versé dans les sciences philosophiques jette les yeux sur ces pages, il verra que l'auteur ne s'est pas borné à compiler ce qu'il a lu, mais qu'il discute continuellement les points controversés, expose toujours son opinion, et quelquefois, se séparant de ses maîtres, s'aventure dans de nouvelles théories.

L'unique satisfaction que nous éprouvons en relisant ces pages, c'est que notre manière de penser, la philosophie que nous professons, et qui nous a toujours guidé dans nos écrits, est justement celle qui exalte le plus l'esprit humain, l'élève davantage à Dieu, moralise le plus l'homme, et est la plus capable de nous rendre meilleurs dans la société où nous naissons, pour laquelle nous devons travailler avec amour et dévouement, comme celui qui s'acquitte d'une dette de conscience, quand même personne ne réclame ni n'agrée le payement.

FAITS
DE
L'ESPRIT HUMAIN.

CHAPITRE PREMIER.

Nécessité transcendantale de l'esprit humain. — But de l'intelligence. — Amour de la vérité. — Importance de la philosophie relativement aux autres sciences. — Causes du prétendu retard dont on l'accuse.

Au milieu de l'apothéose des intérêts matériels, dont la clameur victorieuse s'élève avec la fumée du charbon qui s'exhalant d'innombrables usines, plane sur toutes les capitales et vole en longs nuages de cité en cité, annonçant sur son passage qu'une population entière parcourt l'espace avec la rapidité du vent, qu'il soit permis à un homme fier de l'époque dans laquelle il vit, mais qui ne croit pas cependant devoir exclusivement admirer la locomotive, de se livrer à des méditations d'un autre ordre, et d'utiliser ainsi quelques heures de cette vie si fatiguée, et souvent aussi inutilement remplie que le tonneau des Danaïdes.

Ces vastes usines, ces fabriques nombreuses, tous ces arsenaux de l'industrie moderne, dont les produits alimentent le commerce des peuples les plus éloignés et satisfont les plus extravagants caprices du luxe, ne satisfont pas cependant tous les besoins de notre esprit, pas plus qu'ils ne résolvent le problème de l'existence de l'homme et celui de la société.

C'est sans doute un spectacle digne d'admiration que celui que présente le genre humain luttant sans cesse et corps à corps avec une nature si riche et si capricieuse, qui étale une profusion inutile à l'homme, et en même temps lui refuse le nécessaire, ou ne le lui accorde qu'au prix d'un rude labeur, en échange de la sueur de son front et de pénibles sacrifices : nature inconstante, qui dans ses phases périodiques se révolte de mille manières contre l'homme, ouvre les cataractes du ciel, précipite les fleuves contre ses cités, inonde ses champs, détruit ses moissons, fait périr ses bestiaux, déchaîne les vents et les tempêtes qui balayent les mers, soulèvent les ondes, submergent ses vaisseaux, et transportent de l'un à l'autre continent les miasmes délétères ; engendre des myriades d'êtres invisibles qui empestent les airs, infectent les eaux, ou viennent disputer à l'homme le fruit de son travail, la vie de sa vie !

C'est une chose admirable, en vérité, que tous ces efforts de l'industrie, toutes ces inventions des arts, tous ces triomphes de l'intelligence humaine appliquée sans repos à vaincre la résistance de la matière inerte. Néanmoins je ne crois pas que la dignité de l'homme se révèle dans ce travail assidu de Cyclopes, ni que le roi de la création, qui pèse les astres dans leur course rapide, doive épuiser son intelligence dans le soin exclusif et fatigant de pourvoir à ses besoins physiques, comme s'il était le misérable esclave de son corps, la victime de la nature, et non son interprète.

Si la vie matérielle, dans la plénitude de ses jouissances, n'avait plus rien à désirer; si par quelque heureuse découverte dans l'application de l'électricité on parvenait à augmenter d'une manière prodigieuse la fertilité de la terre, comme on est arrivé à vaincre les distances; si ces millions d'esclaves blancs, que dans la langue polie de l'Europe on nomme peuple, travailleurs, prolétaires, oubliaient de comparer avec des yeux d'envie les magnifiques produits de leurs mains avec leur nudité et leur misère, et le modique morceau de pain amer qu'ils partagent avec leurs enfants, avec les restes des festins des riches jetés tous les jours aux chiens; s'ils pouvaient participer quelque peu aux bienfaits de cette civilisation tant vantée, qui, de même que les rayons du soleil, ne pénètrent jamais dans leurs misérables demeures; si nous voyions enfin se réaliser les songes dorés de l'économie politique, l'esprit humain ne pourrait cependant pas encore se dire satisfait; au contraire, il se lancerait avec une nouvelle ardeur dans ces pures régions de la métaphysique qui dans tous les temps ont attiré les yeux des philosophes.

Mais les produits des arts et de l'industrie, le spectacle varié de la nature, la vaste étendue des sciences empiriques, qui tous les jours s'enrichissent de nouveaux faits, pour récompenser et aiguillonner en même temps la curiosité du savant au profit des autres, l'immensité et les merveilles du ciel, la contemplation poétique des plus profonds mystères de l'univers, ne peuvent satisfaire complétement les besoins de l'esprit ni épuiser son activité et son désir de savoir. Toutes ces sciences des choses visibles, au lieu de rassasier l'esprit humain, ne font qu'exciter en lui une soif inextinguible des vérités transcendantales, de même que les eaux salées du vaste Océan augmentent la soif du voyageur et lui font désirer avec ardeur une eau plus douce.

Et que cherche l'homme dans les espaces infinis des cieux, pesant les astres et mesurant par millions de lieues leur grandeur, leurs orbites et les distances incommensurables qui les séparent? Que cherche-t-il en calculant la parallaxe des étoiles, ces soleils de tant d'autres systèmes planétaires, les ellipses que décrivent ces innombrables essaims de comètes, dont quelques-unes emploient plusieurs milliers d'années à accomplir leur révolution périodique, sans que le soleil perde l'empire de la force attractive qu'il a sur elles, malgré les énormes distances de leurs aphélies? Que cherche-t-il en calculant le temps que met la lumière à venir du soleil à la terre, ou pour aller du soleil à Uranus, et en combien d'années un boulet de canon pourrait faire ce trajet, comme s'il méditait la conquête du ciel? Que cherche-t-il dans ces millions de pâles nébuleuses, embryons de nouvelles étoiles qui se forment continuellement et progressivement dans les profondeurs des abîmes célestes? Pourquoi descend-il des hauteurs des régions sidérées, et que va-t-il chercher dans les cratères de l'Etna et du Chimborazo, sur les sommets des Andes et dans les forêts vierges de l'Amérique, dans les différentes couches qui forment la croûte terrestre, dans ces lits composés de fossiles, restes de familles éteintes d'animaux et de plantes, dans toutes ces pages géologiques tracées par la main des siècles, et enfin dans ces mondes microscopiques d'existences organiques dont la vie n'a qu'un instant, qui peuplent les rivières, les lacs, l'Océan et les mers polaires, et qui réunis par centaines pourraient à peine égaler en grosseur un grain de sable?

Cherche-t-il par hasard quelque nouvel aliment qui puisse servir à sa nourriture corporelle? quelque moyen de prolonger sa fugitive existence, qui d'heure en heure lui échappe, ou s'éteint tout à coup au milieu de ses fatigues et de ses triomphes inachevés? Non; dans ces sublimes essors de l'intelligence, l'homme ne se souvient pas même que son corps n'a qu'une durée précaire, qu'il est composé d'éléments inorganiques qui le font fils de la terre et qu'il analyse dans ses laboratoires chimiques. Peut-être cherche-t-il dans les extases de son âme des objets nouveaux qui le frappent d'étonnement, qui le remplissent d'admiration, et qui enflammant les ailes éthérées de son imagination créatrice, lui inspirent un hymne immortel à l'ineffable perfection de l'Auteur éternel ? Non ; il ne se croit pas poëte, il ne se sent pas emporté par cet enthousiasme spontané qui ravit l'esprit et l'élève jusqu'à la hauteur du beau idéal ; la poésie lui paraît trop au-dessous de la grandeur de l'objet de ses recherches : dans la froide opiniâtreté de ses profondes méditations, dans la sécheresse des chiffres et des hiéroglyphes dont il se sert, dans la barbare aridité de la nomenclature qu'il emploie, et dans le langage technique avec lequel il s'exprime, il a une autre pensée, il a une autre fin, un autre motif le dirige, et il juge que rien n'égale en sublimité l'objet sacré qui l'attire.

Quel est donc le but que poursuit l'homme avec tant de fatigue et de constance ?

La vérité, pour l'amour même de la vérité ! Voilà la fin de ses recherches, l'objet de son amour intellectuel, et l'idole de son culte. Il aime la vérité ! il veut connaître le monde dans lequel il vit, les forces qui l'animent et les lois générales qui le régissent ; il veut découvrir l'unité du principe qui demeure immuable au milieu de la diversité infinie des phénomènes qui n'ont qu'un moment de durée ; il veut suivre avec l'imagination, à travers les siècles écoulés, ce perpétuel développement des êtres dans l'immensité de l'espace et du temps, et cherche à prévoir sa durée ou sa destruction au delà des âges à venir dans lesquels il n'espère pas vivre ; il veut pénétrer l'essence des choses, en trouver les causes, comprendre le mécanisme de cet immense univers, et le voir comme un tout harmonique se mouvant par des lois simples et peu nombreuses dépendantes d'un seul principe immuable, dirigé par une seule force, une seule cause première, une seule substance infinie, dans laquelle le bien, le beau, la vérité, la vie, s'identifient dans l'absolue nécessité de l'Être éternel.

L'homme cherche la vérité pour l'amour de la vérité, et il ne peut négliger cette recherche : cette aspiration, cette perception, cette réflexion de la vérité dans son âme, voilà ce qui le constitue intelligent, et de là naissent toutes les sciences. Il saisit, il touche presque la vérité dans sa manifestation phénoménale, et c'est cette faculté qui le constitue sensible : de là tous les arts qui enchantent son existence. Il choisit, préfère et pratique la vérité en vue du bien et du juste, et c'est ce pouvoir qui le constitue libre : de là la moralité, la société, le progrès, la législation, l'histoire et la religion. Il aime la vérité dans toute sa force, entourée de l'auréole du beau, telle qu'elle se présente à lui spontanément et primitivement dans toute sa plénitude; et cet amour qui se réfléchit dans tous ses amours, qui embellit son existence, le constitue poëte, l'homme complet enfin; parce que la poésie dans l'homme, comme dans tout l'univers, c'est la perfection, l'intelligence unie à la force pour le bien, l'unité dans la variété, l'ordre, l'harmonie, le beau, la vérité, réunis par des liens mystérieux qui la rendent indéfinissable, justement parce que la poésie contient tout et s'applique à tout.

En effet, la poésie philosophe et théologise, elle moralise et dogmatise, elle dicte des lois et raconte les grands événements dans les livres sacrés des Hébreux, dans les Védas, dans le Mahabharata et le Râmâyana, ces poëmes immenses de l'Inde, aussi bien que dans tous les ouvrages didactiques de philosophie et de théologie, de morale et de dogme, de législation et de chronologie; elle est historienne, elle instruit et civilise avec Homère et Virgile, avec Camoëns et le Tasse, aussi bien qu'avec Moïse et Hérodote, Thucydide et Tacite; elle chante et pleure avec l'homme, elle le console et l'anime, elle lui inspire tous les nobles sentiments; elle retentit sous les voûtes des temples avec les cantiques du roi poëte, et marche au combat et à la victoire avec Tyrtée et le grand Alfred.

Si nous voulions expliquer par des moyens purement humains le principe de la société et de la civilisation, en dehors des liens naturels de la famille, premier germe de l'association, mais non de la civilisation, nous le trouverions dans la poésie religieuse, et nous verrions que les poëtes ont été les premiers législateurs, les premiers philosophes, les premiers initiateurs et civilisateurs du genre humain.

Sans la vérité, la poésie n'existerait pas; sans la vérité, l'intelligence ne serait qu'un aveugle instinct au service du corps; sans la vérité, la sensibilité se réduirait à de grossiers appétits, sans jamais pouvoir s'élever jusqu'au sentiment; sans la vérité, l'activité s'exercerait fatalement, insoucieuse de se posséder et de se personnaliser; sans la vérité, l'homme serait plus misérable que les brutes. La vérité est donc le premier besoin de l'homme, la fin de son intelligence, et la chercher son plus sacré devoir.

Mais quel moyen, quelle faculté possédons-nous, pour chercher et pour trouver la vérité ? Quel signe, quelle pierre de touche, quel critérium, comme disent les logiciens, nous la feront reconnaître ? Comment et où la chercher ? Qu'est-elle ? d'où nous vient-elle ? où est-elle ? et quel empire exerce-t-elle ou doit-elle exercer sur nos actions ?

Ces questions, et beaucoup d'autres encore que nous pourrions faire, indiquent les nouveaux sujets d'études et de longues méditations dignes d'attirer et de concentrer l'attention de l'esprit, sans que rien vienne impressionner les sens extérieurs, et sans qu'aucune idée adventice se présente à l'imagination.

Le monde extérieur n'est donc pas l'unique théâtre de nos observations; un autre monde s'ouvre à notre intelligence, seule faculté naturelle que nous possédions pour comprendre la vérité; parce que la révélation même s'adresse à l'intelligence, et l'intelligence seule la reçoit, sans renoncer à son droit de libre examen.

Dans ce monde de la raison, vaste champ des sciences métaphysiques, l'esprit regarde comme son premier besoin de réfléchir sur lui-même, de se distinguer de ce qui n'est pas lui, d'étudier cette faculté active ouverte à la vérité, d'en découvrir les lois, et de la discerner des autres facultés qui l'accompagnent et lui prêtent leur secours, de classer ses actes, de voir quels sont ceux qui appartiennent à chacune de ces facultés en particulier, et ceux qui dépendent de leur exercice simultané; et aidée du témoignage irrécusable et imprescriptible de sa conscience, l'intelligence, unique organe de toutes les sciences, crée la psychologie, découvre les lois de la logique, les fondements de l'esthétique, de la morale et de la législation, et par conséquent de toutes les sciences qui dérivent de la liberté humaine, et qui seraient de vaines sciences ou n'existeraient pas sans la liberté.

Mais là ne s'arrête pas l'activité intellectuelle de l'homme; là ne s'épuise pas son insatiable besoin de posséder la vérité. Outre les sciences d'observation intérieure, aussi incontestables au moins que les sciences d'observation extérieure; outre cette connaissance des phénomènes psychologiques qui se présentent comme distincts des phénomènes physiques, les idées de substance et de cause réellement existantes, sans lesquelles l'homme ne peut comprendre la possibilité des apparences et de leurs changements continuels; ces idées nécessaires, absolues et éternelles, et beaucoup d'autres de la même nature et du même ordre, l'élèvent à la connaissance de son origine et à l'étude de la substance et de la cause, science ontologique, ou de la réalité, la plus haute, la plus difficile des sciences, à laquelle l'homme se hasarde, en s'appuyant sur les données que lui fournit une profonde analyse des faits psychologiques.

L'esprit humain a en lui un pressentiment, une sorte de révélation intérieure, ou science instinctive, que son être essentiellement actif est différent de son corps; que ses lois et son destin sont différents; et qu'au-dessus des apparences sensibles et des actes attestés par sa conscience, il y a le monde de la réalité substantielle infinie, qui l'attire avec force; dans la contemplation de ce monde idéal de la raison pure, et peut-être par cela même plus réel que celui qui nous fascine, dans son rapport avec toutes les manifestations intellectuelles et sensibles, il trouve un charme ineffable auquel rien ne peut être comparé, que rien ne peut remplacer, parce que cette méditation est son plus bel exercice, et qu'en cela se trouve le complément de la loi qui le régit.

Voilà la science des sciences, le but le plus élevé de la philosophie : et si elle descend de ces régions sublimes enveloppées de la nuée du mystère, si elle semble, découragée, errer de sujet en sujet, observant et examinant toutes choses, semblable à l'abeille qui voltige de fleur en fleur à la recherche des sucs dont elle compose son miel; si elle ne peut préciser et définir le but qu'elle poursuit, comme n'osant montrer des prétentions au-dessus de la capacité humaine, et honteuse en même temps de déroger à la noblesse de ses antiques aspirations; si avec Reid et l'école écossaise elle s'enfonce dans l'étude minutieuse de la psychologie, ou si armée d'une critique sévère elle examine avec Kant les lois ou les catégories de l'entendement, pèse et juge l'étendue et la véracité de la raison, ce n'est pas que la philosophie prétende répudier le legs des écoles de Crotone, d'Élée, et de l'Académie; elle ne veut que ranimer ses forces et trouver de nouveaux points d'appui dans le vaste piédestal des sciences modernes, pour s'élever jusqu'aux questions ontologiques, qui ne cessent d'attirer ses regards.

Nous ne comprenons pas le dédain ridicule, le sourire moqueur avec lequel des hommes qui se donnent pour très-positifs, considèrent les sciences métaphysiques; comme si l'esprit humain, tourmenté par les problèmes de la substance, de la cause, de son existence présente et de son avenir, pouvait retrancher ces problèmes de l'ordre de ses idées, comme s'ils n'étaient que des créations factices de sa volonté, inventées pour se distraire dans quelques moments d'oisiveté, à défaut d'autre occupation plus sérieuse; comme si des sujets aussi anciens que la raison, et qui nous sont donnés au nom de Dieu comme articles de foi, ne méritaient pas une étude profonde et continuelle. Et lors même qu'il lui serait permis de retrancher ces problèmes, il ne s'ensuit pas qu'il devrait le tenter. Non; l'es-

prit humain ne peut pas renoncer à ces questions métaphysiques sans renoncer aussi à l'exercice spontané de la faculté qui les propose ; une semblable renonciation serait pour lui la mort de sa raison, ce serait se ravaler au niveau de la brute.
« L'homme, dit Pascal, est visiblement fait pour penser ; c'est toute sa dignité et tout son mérite ; et tout son devoir est de penser comme il faut ; et l'ordre de la pensée est de commencer par soi, et par son auteur et sa fin. » Ceux qui pensent peuvent se tromper quelquefois, mais ils sont incontestablement dans le chemin de la vérité ; ceux qui ne pensent pas sont certainement dans l'enfance, dans l'illusion et dans l'erreur, et se distinguent à peine des créatures privées de raison.

Si de savants astronomes, tels que Laplace et autres, se sont sérieusement préoccupés si d'ici à quelques milliers de siècles la lune pourrait tomber sur la terre, en la voyant de siècle en siècle s'approcher de notre planète, et accélérer son mouvement, malheur, disons-nous en passant, que nous ne devons pas craindre, grâce aux calculs des interprètes de l'attraction et du mouvement des astres, qui nous promettent que d'ici à vingt-cinq mille années le satellite de notre globe commencera à opérer son mouvement de retraite ; si cet avenir si éloigné, de même que le ténébreux passé de notre séjour terrestre, intéressent à un si haut degré l'homme, qui dans cette vallée de larmes ne peut même espérer de lendemain, comment ne songerions-nous pas sérieusement à notre avenir spirituel et à la possibilité d'une existence au delà du tombeau, nous qui à toute heure sacrifions le présent dans l'espérance d'un meilleur avenir, ou même sans aucun espoir? Et comment convertir cette espérance, ce doute en certitude, cette foi en science, si l'on n'étudie pas la nature substantielle de l'être qui pense, sent et désire, dans cet organisme dont il se distingue en tous ses actes? Mais de quelle manière y parvenir? Par l'observation et l'analyse de ses opérations, par l'examen comparatif des phénomènes intellectuels avec ceux du monde sensible, et par les inductions que nous sommes obligés de tirer tant de leurs lois que de la manière dont cet être s'y soumet, les combat ou les modifie.

Pour parvenir à ce but une seule chose est nécessaire, une profonde observation psychologique; ce qui n'exclut pas le concours des autres sciences, car toutes découlent du même principe, toutes s'enlacent et se prêtent un mutuel appui, toutes sont utiles à l'homme, et toutes, dans ce noble effort de l'esprit humain, peuvent l'éclairer d'un reflet de cette lumière qu'elles reçoivent de lui-même : principalement la physique, l'anatomie et la physiologie. La physiologie surtout, qui par ses observations et ses expériences sur les phénomènes de la vie de relation, et par ses prétentions phrénologiques, aspire à résoudre un grand nombre des problèmes dont s'occupe la psychologie, mérite que l'on ait égard au témoignage qu'elle doit rendre;

et nous devons l'entendre sans crainte, car la vérité doit sortir victorieuse de toutes les épreuves; et si elle redoute cette expérience, elle ne mérite pas qu'on la considère comme vérité.

Une semblable tentative est sans doute d'une réalisation plus difficile que le mémorable effort de pénétration, d'analogie et d'induction opéré par Cuvier, dans la reconstruction d'animaux entiers avec quelques dents et quelques ossements brisés, seuls restes de races éteintes; ou que les admirables inductions de Képler et de M. Leverrier sur l'existence de certaines planètes jusqu'alors inaperçues et qui plus tard ont été découvertes; prévisions scientifiques qui provoquèrent le dédaigneux sourire de quelques hommes qui, comme l'apôtre Thomas, font de la vue l'unique critérium de la vérité. Ces faits et tant d'autres analogues, ainsi que les prodigieuses découvertes de la science moderne dues à l'observation de petits faits qui pendant longtemps sont restés inconnus, nous font espérer beaucoup plus encore, même dans les sciences philosophiques. Et si le genre humain est condamné à ignorer éternellement les vérités qu'il lui importe le plus de connaître, il faut qu'il l'apprenne par une démonstration de valeur égale à celle de la science qui seule peut lui donner l'une ou l'autre chose.

Ce n'est pas parce que la philosophie emploie ou néglige d'employer la même méthode dont s'enorgueillissent les sciences physiques, qu'elle a si peu dépassé aujourd'hui le point où l'ont laissée Platon et Aristote, mais seulement parce que les vérités philosophiques sont méconnues, défigurées, contestées, ou rejetées par mille intérêts contraires. Il n'en est pas ainsi maintenant des vérités et des conjectures des sciences physiques et naturelles, qui peuvent être divulguées, expérimentées, appliquées, confirmées librement, ce qui donne une grande ardeur et souvent profite beaucoup à ceux qui les cultivent. Les vérités philosophiques ont contre elles les susceptibilités de sociétés puissantes, les avantages pratiques des croyances et des sectes, l'ignorance des uns, le profit de beaucoup d'autres, les préjugés d'un ordre social qui emploie successivement la ciguë, la croix, les bûchers, les dragons et les cachots pour prouver que lui seul a raison. Aujourd'hui on permet, parce que l'on ne peut pas toujours tenir tête à la raison, que la philosophie vive en théorie dans les écoles, mais sans prétendre diriger le monde social, et sans chercher à appliquer ses principes à l'amélioration de l'ordre de choses existant. L'exemple de Galilée prouve quels seraient les progrès des sciences physiques, malgré leur méthode, si elles troublaient la conscience et menaçaient la fructueuse autorité des tuteurs du genre humain, lesquels protestant toujours contre la raison, toujours déclamant contre la philosophie du siècle, font tous leurs efforts pour conserver sous leur joug un pupille qui croit avoir la force d'administrer son héritage de raison et de liberté.

Appuyé sur des raisons qui me paraissent incontestables, je donne l'explication du progrès et du développement de certaines sciences, ainsi que du retard supposé et du défaut d'application de quelques autres ; mais je ne prétends pas cependant sortir des limites de la spéculation scientifique. Je sais, et je me hâte de me le dire à moi-même, que les vérités et les conjectures des sciences physiques n'altèrent pas l'ordre de l'univers, qui heureusement ne dépend pas de la volonté humaine; les astronomes peuvent être dans le vrai avec Galilée, ou l'inquisition peut se tromper, sans que pour cela le roi des astres occupe une place qui ne lui appartient pas et abuse d'un pouvoir usurpé, ou soit obligé pour obéir à quelque phrase de la Bible mal interprétée, d'abdiquer son trône lumineux au milieu de notre système planétaire.

Mais il n'en est pas ainsi des vérités philosophiques, lesquelles ont un intime rapport avec l'ordre religieux, avec l'ordre moral, avec l'ordre politique, enfin avec tous les éléments du monde social; et si ces vérités, même les plus incontestables, devaient être proclamées et appliquées dans toute leur étendue, à combien de rétractations, à combien de réhabilitations et de réformes ne serions-nous pas obligés! Combien de choses à réorganiser après de terribles désorganisations! Or, ce qui existe actuellement, avec ou sans raison, qu'il existe sans même savoir pourquoi, pense avoir le droit de défendre son poste, et de continuer à vivre comme il a vécu, au prix même des meilleures choses et des meilleures existences. De là opposition et lutte; et quand la victoire de la raison dépend de l'emploi de la force brutale, bien que celle-ci ne puisse servir une meilleure cause, c'est de la démence de tenter cette victoire incertaine par des moyens périlleux et violents. Pour vaincre, la philosophie doit convaincre. Aussi, eu égard à la misère proverbiale des hommes, devons-nous considérer comme un grand bien cet équilibre de forces opposées qui se disputent le domaine exclusif du genre humain; sorte de concordat et de paix armée entre ce qui a été, ce qui est et ce qui doit être; entre les passions et la justice, entre l'erreur et la vérité. La philosophie perd, cela est certain, dans ce compromis; mais le genre humain, qui n'a pas foi en une prompte et complète guérison, espère gagner en se dérobant autant qu'il peut aux douleurs dont le menace la réforme, et que déjà il a éprouvées au prix de beaucoup de sacrifices et de bien peu de profit.

Qu'on n'accuse pas la philosophie de son peu de progrès; qu'on ne dise pas que les sciences philosophiques n'avancent pas à l'égal des sciences physiques, faute d'avoir employé la même méthode d'observation et d'induction à laquelle celles-ci attribuent leurs succès. Un tel reproche est faux et injuste. La raison en est autre, comme nous l'avons vu, et nous pouvons ajouter encore qu'il y a une différence très-considérable entre la nature des vérités et des théories des deux ordres de sciences, aussi bien qu'entre les objets de leurs recherches respectives; que l'observation externe est plus facile et plus conforme à toutes nos habitudes de la vie que l'observation interne, laquelle exige une grande concentration d'esprit; que dans les sciences physiques on commence par supposer l'existence réelle de la matière, et l'infaillibilité du témoignage des sens, et qu'on se contente de la connaissance des phénomènes et de l'ordre constant de leur manifestation et de leur succession, que l'on nomme loi; tandis que la philosophie, au contraire, cherche à connaître non-seulement la validité du témoignage des sens, mais encore celle de tous les moyens que nous possédons pour acquérir la vérité; elle s'occupe aussi bien des vérités contingentes que des vérités nécessaires et de leur rapport avec le sujet et avec l'objet; elle traite de l'idée de l'espace, du temps, de la substance, de la cause, de l'infini et du fini.

L'élévation et la grandeur de l'objet, les obstacles et les détours du chemin, font paraître court et sans méthode l'espace parcouru; et ceux qui ne voient dans la philosophie qu'une multitude de systèmes sans liaison, sans unité, sans la moindre conformité entre eux, ne la connaissent assurément pas, ou n'auront lu que par simple distraction quelques systèmes, sans dépasser les mots. La philosophie, comme toutes les sciences, doit être approfondie pour être comprise. Chacun se croit apte à juger des vérités philosophiques et du mérite de

Platon, d'Aristote, de Descartes ou de Locke; mais pourquoi ne s'érigent-ils pas en juges des vérités mathématiques et physiques, et du mérite de Newton et de Cuvier? Ceux qui se hâtent de décider sont toujours les plus incapables de porter un jugement sur quelque chose que ce soit. C'est avec raison que Pythagore soumettait à un noviciat et à de longues années de silence ceux qui aspiraient à la philosophie. C'est seulement par une audition attentive et soutenue, ou en lisant sans cesse, que l'on parvient quelquefois, je ne dis pas à connaître la vérité, mais tout au plus à savoir en quoi consiste un problème philosophique dont on n'avait auparavant aucun soupçon, et cette connaissance indique déjà une intelligence au-dessus du vulgaire. Et combien de personnes se raillent d'une opinion qui leur donnerait à penser, si elles en comprenaient la portée !

CHAPITRE DEUXIÈME.

Objet spécial de la philosophie, indépendamment des objets spéciaux des sciences philosophiques. — Classification des sciences. — Possibilité d'une science universelle ayant un objet spécial, dominant toutes les autres sciences, et à laquelle convient mieux le titre de philosophie.

Le champ des sciences philosophiques est immense, mais l'esprit humain, en se livrant à l'étude de leurs spécialités, telles que la psychologie, la logique, la morale, cherche non-seulement la liaison des différentes branches, mais encore l'unité générale de toutes les sciences. Ainsi, les sciences physiques et naturelles sont nombreuses, mais toutes se lient étroitement; et en dehors de leur ensemble, l'une d'elles, qui dépend de toutes les autres, la cosmologie, a pour but un objet à la fois propre et universel, et domine toutes les sciences physiques et naturelles. La philosophie par l'universalité et l'unité complètes qui la caractérisent s'élève au-dessus de la cosmologie, ainsi que de toutes les sciences spéciales qui ont l'homme même pour objet.

Tel fut toujours l'esprit de la philosophie grecque. L'étude des sciences spéciales sans lien, sans unité, profitable seulement aux sciences physiques, est la mort de la philosophie, qui, si elle n'embrasse pas l'harmonie générale de toutes les choses, Dieu, l'homme, le genre humain et le monde physique, n'est qu'une psychologie abstraite, une logique inutile, et une morale casuistique.

Ce n'est pas une vaine curiosité, une vague aspiration de quelques esprits oisifs, ce désir ardent de parvenir à la connaissance harmonique de toutes choses. L'homme même est une harmonie, un microcosme qui résume en lui les lois générales de l'univers entier ; et si l'étude particulière de chacune de ses parties est nécessaire pour qu'il puisse acquérir une connaissance complète de sa manière d'être, nous ne pouvons nous arrêter là sans détruire l'unité harmonique qui constitue l'homme.

La philosophie dans l'état actuel des sciences ne me semble pas devoir consister seulement dans l'étude des faits intellectuels et moraux et des lois particulières à ces faits, elle doit aussi étudier les lois générales et harmoniques de tous les faits intellectuels et physiques en rapport à l'esprit même, et chercher l'unité de toutes choses.

Pour donner l'unité aux différents sujets dont s'occupe la philosophie, unité sans laquelle elle ne serait pas une science, mais un groupe de sciences, on peut dire que la philosophie est la science de toutes les choses en rapport au sujet qui pense et à la cause qui les produit.

Cette manière de désigner le caractère spécial qui distingue la philosophie de toutes les autres sciences, n'étant pas conforme à tant d'autres définitions proposées jusqu'ici, à cause de la difficulté même de son objet, nous oblige à donner plus de développement à cette question.

Ceux qui font de la philosophie une étude particulière savent qu'elle n'est pas le répertoire encyclopédique des sciences, la réunion de toutes les connaissances humaines, comme la considéraient les anciens, alors que les divers rameaux de la science universelle, revêtus à peine de quelques feuilles, si l'on peut ainsi s'exprimer, ne s'étaient pas encore séparés du tronc commun qui les nourrissait de sa séve. Les sciences s'étant perfectionnées avec les progrès de l'esprit humain, chacune d'elles choisit son objet, afin de le mieux étudier ; elles se divisèrent, selon leurs différents rapports, en sciences physiques, naturelles, intellectuelles et morales, et en d'autres groupes encore ; qu'en est-il resté à la philosophie ? Est-elle par hasard une de ces sciences ? Non, car chacune d'elles a une désignation particulière, telle que psychologie, morale, mathématique, etc. Sera-t-elle un groupe de ces sciences sans unité entre elles ? Non, car alors la philosophie n'ayant pas d'objet déterminé, n'ayant pas une manière spéciale de considérer les choses, on pourrait par convention donner à certaines sciences le titre de philosophiques, mais il n'y aurait pas de philosophie. En admettant cependant un tel cas, pour quelle raison, par exemple, la morale et la logique seraient-elles regardées comme des sciences philosophiques, et refuserait-on ce titre à la géométrie et à la physiologie ? Et si ces dernières étaient comprises dans cette même classe de sciences, pourquoi la physique, les sciences naturelles et toutes les autres sciences en seraient-elles exclues? En effet, si la philosophie n'a pas un mode particulier de considérer les choses, si elle n'a pas un objet qui lui soit propre, ce terme ne désigne aucune science, et alors, eu égard à la signification du mot, il n'y a pas de raison pour qu'on ne l'applique aussi bien à un groupe de sciences qu'à toutes les sciences réunies.

Mais la philosophie n'a-t-elle vraiment pas un objet propre, un mode particulier de considérer les choses? La philosophie ne nous présente-t-elle pas l'idée d'une science qui domine toutes les sciences, qui les éclaire toutes, sans s'occuper cependant de leurs spécialités respectives, et qui, sans en être la réunion, en est néanmoins la lumière?

Sans doute, et nous allons le prouver par l'analyse.

La diversité et le grand nombre des sciences dépendent des différents modes ou rapports sous lesquels nous considérons les choses; et le point de vue vers lequel se dirige systématiquement notre attention est ce que l'on définit l'objet de telle ou telle science. Une même chose, par conséquent, peut offrir des objets divers à plusieurs séries d'études ou de sciences. Ainsi, la terre, considérée dans sa totalité et en rapport avec tous les grands corps qui tournent dans l'espace, fait partie de la science astronomique. Si nous étudions sa superficie, la variété des mers, des fleuves et des montagnes qu'on y remarque, nous avons la géographie. L'examen de sa contexture et la disposition des parties qui la composent est le but spécial de la géognosie, qui, avec la géogénie et la paléontologie, constitue l'étude générale des révolutions du globe terrestre, ou géologie. De même, si nous étudions les corps au point de vue de leurs propriétés générales, nous avons la physique; et si enfin nous les étudions au point de vue de la possibilité qu'ils présentent de se décomposer et de se recomposer sous certaines conditions, nous avons la chimie.

Mais dans toutes ces sciences, comme en beaucoup d'autres, l'esprit humain, dans lequel pour ainsi dire elles se réfléchissent, fait abstraction de soi-même, il observe, examine, étudie, divise, classe et coordonne les choses indépendantes de lui et en rapport les unes aux autres, par groupes de phénomènes et selon l'ordre et les conditions de leur développement. Disons plus encore, cette même manière de considérer les faits qui nous sont fournis par l'observation n'est pas particulière aux sciences physiques; elle sert également à l'étude des autres sciences dont les objets ont un plus grand rapport avec l'homme intellectuel et moral, telles que l'histoire, la politique, la législation, les religions, etc., qui ainsi faites et étudiées sont aussi empiriques que les autres.

Dans d'autres sciences l'esprit humain considère

abstractivement certaines notions, indépendamment de la nature, de toutes les choses de la création et de soi-même; et ces notions nécessaires d'espace, de temps, de nombre, d'ordre, etc., sont pour lui les objets des sciences mathématiques, qui quoique abstraites servent d'appui à la mécanique, à l'astronomie, à l'hydraulique, à l'optique, à la géodésie et à d'autres sciences encore.

Mais, outre ces deux manières d'étudier les choses, empiriquement ou abstractivement, l'esprit humain ne les considère-t-il pas aussi en rapport à soi-même, qui les perçoit, les conçoit et les sent, en vertu de facultés qui se révèlent dans ces actes de percevoir, de concevoir et de sentir? Et ne cherche-t-il pas à savoir ce que sont les choses, la substance, les phénomènes, les idées en rapport à ces facultés, quel en est le sujet, quelles en sont les lois, et quelle est la cause qui les produit?

Cela est certain; et c'est ce qui caractérise, selon nous, l'étude philosophique.

Ainsi considérée, la philosophie contient toutes les sciences, sans laisser pour cela d'avoir un objet qui lui soit particulier, et qui par son unité absolue la constitue une science à part. Cette unité est même plus parfaite que celle de toute autre science; en effet, outre l'unité du sujet commun à toutes, mais qui se présente ici comme centre et juge, et s'abstrait dans les autres sciences, elle a l'unité complète de l'objet, puisque tout est considéré en rapport au sujet même, tandis que dans les sciences empiriques, les faits se présentant isolés, distincts et indépendants les uns des autres, l'unité de leurs objets est factice et imposée seulement par l'entendement même.

La distinction que nous venons de signaler nous paraît juste, et conforme à l'idée vague que l'esprit humain se fait du but de la philosophie. Ainsi toutes les notions que l'on regarde comme objets des sciences complètes, se présentent sous trois aspects : empirique, idéal et philosophique.

En appliquant cette théorie à la notion des choses divines, nous avons pour le côté empirique les religions et les cultes divers, qui représentent la Divinité sous la forme réelle ou allégorique de quelque objet de la nature. Ces théologies vulgaires ne satisfaisant pas l'intelligence humaine, comme tout ce qui est empirique, la philosophie crée la théodicée, qui partant de l'idéal d'un Être nécessaire, infini, juste et bon, Dieu enfin, cherche les preuves de son existence réelle, et les rapports qui existent entre Dieu, l'esprit humain et l'univers.

Ainsi la notion de justice se révèle empiriquement dans les lois diverses et dans les codes rédigés selon les temps, les convenances et les circonstances, ce qui fait qu'on loue et récompense en certains temps et en certains lieux ce qu'on réprouve et punit en d'autres. La connaissance de ces lois est nécessaire au magistrat, qui juge et condamne selon leur texte, et peut suffire à l'érudition de quelque légiste; mais elle est loin de satisfaire le philosophe, qui, réfléchissant sur l'idéal d'une justice égale, nécessaire et absolue, pose les fondements de la philosophie du droit, ou droit naturel, comme d'autres l'appellent, science aussi nécessaire au législateur qu'au jurisconsulte, et qui a toujours été cultivée par les plus grands philosophes.

De la même manière, l'idée nécessaire et absolue du beau, qui se réalise selon les temps et les peuples dans les différents arts et dans les différentes littératures, où le littérateur et l'érudit l'étudient empiriquement, a donné naissance à la théorie du beau, ou esthétique, comme l'appellent les Allemands, depuis Baumgarten et Kant, science qui a toujours fait partie de la philosophie.

L'histoire empirique des actions des hommes, de leurs luttes et de leurs guerres qui se succèdent avec des noms et des titres divers, variant seulement d'épisodes et de noms sans varier de sujet, a récemment donné naissance à la philosophie de l'histoire, qui part de l'idéal de l'humanité intelligente et libre, destinée à se développer progressivement dans le temps et dans l'espace; science philosophique aussi nécessaire à l'historien qui écrit les annales des peuples qu'à ceux qui dirigent le sort des nations.

Enfin toutes les sciences physiques sont empiriques quand elles se bornent à l'étude des apparences, ou phénoménalisme sensible; cette étude ne satisfaisait pas l'intelligence philosophique, qui, considérant les choses en rapport à soi-même, part de ses propres sensations et de l'idée de substance et de cause finie, et crée la théorie des perceptions sensibles, qui plus développée et appliquée aux lois générales du monde, pourrait être appelée philosophie de la physique; étude dont s'occupent actuellement les psychologistes dans leurs théories des sensations; les physiciens, dans leurs conjectures sur l'optique et l'acoustique, et les physiologistes, dans l'explication des phénomènes de la vie de relation.

La base et le point de départ de toutes les sciences philosophiques est la psychologie, dont elles sont des ampliations et des applications. La psychologie leur donne l'élément subjectif, et reconnaît les conditions nécessaires et absolues de la raison, objets de la métaphysique. Les lois spéciales des phénomènes et de leurs rapports lui sont fournies par les sciences empiriques. Si la philosophie s'occupait seulement de l'idéal absolu, elle serait une idéologie abstraite, une pure métaphysique. D'un autre côté, la psychologie serait toute la philosophie, si le sujet pensant ne sortait pas de la contemplation de soi-même, si le moi ne se distinguait pas spontanément du non-moi, si au subjectif ne s'opposait l'objectif.

Comme toutes les sciences empiriques et mathématiques se réduisent dans leurs spécialités à reconnaître séparément les faits, les rapports et les lois des choses entre elles, indépendamment de la cause nécessaire, et de l'esprit qui les perçoit, il n'y aurait pas de philosophie si l'esprit humain se trouvait dans l'impossibilité de connaître ce que sont les choses en rapport à lui qui les perçoit, et à la cause réelle qui les produit. Cette étude est possible, elle donne l'unité à toutes les sciences, et toutes aspirent à s'élever à cette unité, parce qu'elle existe, parce que tout dépend d'un seul Être, d'une cause absolue et intelligente, et que tout a rapport à l'intelligence humaine.

Le philosophe étudie séparément toutes ces parties spéciales de la philosophie, et aussi la phénoménologie sensible, sans cependant oublier le nœud intellectuel qui les unit, et le but vers lequel se dirigent toutes ces études partielles; de même que le médecin étudie l'anatomie, la physiologie, la chimie, la botanique, etc., non pour ces sciences elles-mêmes, mais pour l'appui qu'elles donnent à la pathologie et à la thérapeutique, dans lesquelles consiste plus particulièrement la science hippocratique. Et quoique l'étude de la médecine se compose de tant de sciences différentes, on ne considère comme question médicale que celle qui concerne l'homme malade et le moyen de le guérir (pathologie et thérapeutique); de même on doit seulement considérer comme question philosophique celle qui traite d'un objet quelconque en rapport au sujet pensant et à la cause qui le produit, comme nous croyons l'avoir démontré; et en conformité de ce principe, toutes nos études tendront à cette unité.

CHAPITRE TROISIÈME.

De la méthode philosophique dans la recherche de la vérité.— Descartes. — Variété et classification de tous les systèmes de philosophie. — Sensualisme, spiritualisme, scepticisme, éclectisme et mysticisme. — Considérations générales sur chacun de ces systèmes. — Importance des faits. — De la méthode que nous emploierons dans nos travaux.

Les grands problèmes de la philosophie sont toujours les mêmes et de tous les temps, mais les moyens par lesquels on a tenté de les résoudre sont différents. Un grand nombre de ces problèmes, et les plus importants, ont été mis de côté par les philosophes modernes et abandonnés à la foi, à cause de la difficulté qu'ils éprouvaient à les expliquer scientifiquement. Cet ajournement ne peut satisfaire l'esprit humain, qui veut savoir ce qu'il est lui-même et quelle est sa destinée. Il est permis à chacun de méditer sur ce qui l'intéresse à un si haut degré, et, s'il n'est point satisfait des théories adoptées, d'essayer aussi ses propres forces, soit en rejetant tout ce qui a été fait et en se lançant seul dans cette grande lutte, soit en examinant les différents systèmes qui, plus ou moins directement, peuvent le conduire à la vérité qu'il cherche. La vérité ne nous paraît incontestable et évidente que quand nous la comprenons par notre propre travail, et sans que quelque autre vérité vienne la combattre. Laquelle de ces deux méthodes devons-nous adopter dans nos recherches ?

Au point où en sont actuellement les sciences philosophiques, est-il nécessaire de supposer que toutes les vérités établies ont besoin d'un nouvel examen et de preuves nouvelles ? Devons-nous, comme Descartes, rejeter, bien que temporairement, toutes les idées qui nous ont été léguées par tant de siècles de réflexion, et chercher par notre intelligence seule à fonder la science sur de nouvelles bases ? Que de fois nous avons laissé notre pensée s'enfoncer librement dans cette vaste arène ! Et que de fois la force de la logique ne nous a-t-elle pas fait rencontrer avec d'anciennes connaissances qui nous ont précédé dans de semblables recherches ! Pourquoi rejeter des vérités que nous savons ? Il nous suffit de les vérifier.

Ce procédé sceptique, adopté très à propos par Descartes, à qui l'on confère aujourd'hui le titre de créateur de la philosophie moderne, mérite tous nos applaudissements, eu égard au temps et aux circonstances dans lesquels apparut ce profond penseur, au milieu du dix-septième siècle, à l'apogée du scepticisme général qui succéda à la réforme établie par Luther, et dans le discrédit et la chute de la philosophie scolastique, qui naquit, vécut, se subtilisa, se rapetissa, dépérit et enfin expira dans les cloîtres, au service de la foi et sous la tutelle de la théologie. Mais depuis que Descartes a tiré la philosophie des bancs de l'école, et l'a émancipée, en lui restituant sa véritable méthode, la méthode psychologique, et son unique autorité, celle de la raison; service égal à celui que quelques années auparavant Bacon de Verulam avait rendu aux sciences physiques, en leur conseillant l'expérience et l'induction; après les travaux de leurs illustres continuateurs, Malebranche, Locke, Leibnitz, Reid, Kant, et tant d'autres philosophes modernes, qui, avec toute l'indépendance de l'esprit humain, suivirent les traditions de Platon et d'Aristote, il y aurait vanité à recommencer sans avoir égard aux travaux des autres, comme si rien n'eût été fait, comme s'il n'existait aucun accord entre les diverses théories qui se partagent la philosophie.

Assez longtemps la philosophie, semblable à la toile de Pénélope, a été faite, défaite, refaite, réformée et renouvelée sans cesse, non-seulement par les différentes tentatives et les tendances partielles de quelques esprits, comme malheureusement aussi par l'amour de l'originalité, mais encore, ce qui est bien plus déplorable, par l'ignorance où étaient quelques autres des travaux de leurs devanciers; il en résulte un désaccord apparent, même dans le langage dont se servent les divers écrivains, au grand préjudice de la vérité.

Cependant, toutes ces différences, tous ces genres, toutes ces espèces, toutes ces variétés de doctrines ne sont pas tellement incohérentes et inconciliables qu'on ne puisse parvenir à les classer d'une manière raisonnable selon leurs principes fondamentaux et les conclusions générales qu'on en déduit. En acceptant la classification actuellement existante, on peut réduire à quatre les systèmes dans lesquels se résument toutes les théories philosophiques.

Ces quatre systèmes, le spiritualisme, le sensualisme, le scepticisme et le mysticisme, se rencontrent dans l'Inde, dans la Grèce, dans le moyen âge et dans les temps modernes, plus ou moins répandus à toutes les époques et chez tous les peuples. L'idéalisme et le matérialisme sont les conséquences du spiritualisme et du sensualisme.

A la rigueur, le scepticisme étant la partie négative ou dubitative de tous les systèmes, parce qu'aucun d'eux ne peut être exclusivement affirmatif, n'aurait pas dû être considéré comme un système de philosophie. Si cependant le scepticisme est complétement systématique et universel, s'il nie toutes choses sans en affirmer aucune, alors il n'est plus qu'une ingénieuse sophistique, ou une satire sous forme logique des diverses théories incomplètes dont nous ont laissé des exemples Gorgias, Protagoras, Stilpon, Énésidème et Pyrrhon, qui a donné son nom à tous les sceptiques, et David Hume parmi les modernes; raison de plus alors pour ne pas l'accepter comme système philosophique. La négation de toutes les vérités, même des principes sur lesquels s'appuie la négation, n'est pas une science, mais un jeu logique de l'esprit, ou l'annihilation de toute science; ainsi en physique le noir n'est pas regardé comme une couleur, mais comme la privation de toutes les couleurs, à cause de l'absence de la lumière qui les reflète. Nous voulons, nous cherchons la vérité, et point la négation de la vérité! L'esprit humain ne se condamne pas à un scepticisme absolu, ni même à un scepticisme partiel et temporaire. Comme le malade, il aime mieux essayer un remède douteux, que d'attendre la mort avec résignation.

Nous serions plutôt porté à voir dans l'éclectisme un nouveau système de philosophie; mais des raisons d'égale valeur, bien que différentes par leur nature, s'opposent à ce qu'on puisse l'admettre comme un système distinct, car l'éclectisme est une critique qui suppose la connaissance de systèmes variés et d'écoles différentes, dans lesquels il s'exerce, séparant ce qui lui paraît vrai de ce qui lui semble faux. Mais quel critérium servira à faire ce choix? Quelle lumière nouvelle viendra guider l'esprit humain dans l'examen de ces systèmes, dans cette sorte d'inventaire de vérités et d'erreurs? Suffira-t-il de supposer qu'il y a des vérités dans tous ces systèmes, pour que l'esprit éclectique les reconnaisse, les distingue, sans se tromper dans son choix, sans tomber dans un syncrétisme dépourvu de tout lien? Non assurément; ce choix se fait en vertu de principes préexistants à la critique et au moyen d'une doctrine déjà formée qui lui sert de guide et en quelque sorte de pierre de touche pour l'appréciation des vérités nouvelles. Cette doctrine, qui sert d'appui à l'éclectisme et lui donne son prix, entre infailliblement dans le domaine des autres systèmes, ou de quelqu'un d'eux en particulier.

Sans professer l'éclectisme avec la prétention de concilier les différents systèmes, il nous serait impossible de ne pas reconnaître en comparant les diverses doctrines anciennes et modernes, que toutes sont à peu près d'accord sur un grand nombre de faits et de principes, et que beaucoup de théories ne sont pas aussi opposées et aussi disparates qu'elles le paraissent à ceux qui les combattent. Mais, dans les sciences, un fait insignifiant, une simple réflexion fait apparaître la vérité, de même qu'un seul chiffre ajouté à un nombre augmente dix fois sa valeur. Bienheureux celui qui découvre ce chiffre inconnu ou dédaigné! Mais par combien d'années de méditations cette découverte est-elle quelquefois achetée! Environ cinq cents ans avant notre ère, Philolaüs expliquait, au moyen de la théorie des nombres inventée par son maître Pythagore, que le soleil est au centre du monde, et que la terre et les autres planètes tournent autour de lui, contrairement à l'opinion de ceux qui se guident par le témoignage des yeux; et mille années après, la constatation de ce fait astronomique a donné la célébrité à Copernic et à Galilée : tant est difficile la démonstration de la vérité!

Si l'éclectisme est une philosophie de conciliation et de reconstruction opposée au scepticisme, le mysticisme au contraire est une doctrine sentimentale qui vit à la faveur du scepticisme, lequel lui sert de point d'appui. Quand le malade a perdu toute espérance de recouvrer la santé; quand le voyageur en péril a épuisé tous les moyens de salut, tous deux se souviennent des récits mystérieux qui ont enchanté leur enfance et leur inexpérience, ils font des vœux et des supplications, espérant éviter la mort par quelque secours surhumain et imprévu. Il serait à désirer que s'accomplissent ces espérances!

L'homme est éclairé par deux lumières éclatantes, celle du soleil et celle de la raison; et c'est seulement à défaut de ces deux lumières que nous nous servons des autres, sans cependant nous résigner à vivre privés des premières.

Si le scepticisme est l'écueil contre lequel fait naufrage la philosophie égarée de sa route, le mysticisme est l'espérance d'échapper au danger par un pouvoir supérieur aux facultés humaines. Comme le scepticisme, il nie la certitude de nos perceptions, l'efficacité de la raison et la liberté humaine, mais il les nie seulement en faveur du principe d'autorité, dont il accepte sans preuves tout ce qu'il rejetterait s'il le recevait par des moyens naturels et légitimes; et proscrivant la philosophie avec Tertullien, Arnobe, Lactance et autres, il cherche à fonder sa foi sur les ruines de la raison. Rejeter la raison et l'expérience en faveur de la foi, c'est prétendre fermer les yeux pour mieux voir, c'est prétendre que Dieu nous a donné des guides inutiles et trompeurs, qui nous détournent de la vérité.

Si l'on donne à une semblable doctrine le nom de

système philosophique, nous devrons avouer que la vérité n'est autre chose que ce que nous voulons accepter comme vérité, et que par conséquent toutes les croyances sont vraies. Si la foi dédaigne le témoignage de la raison et de l'expérience, si elle ne veut s'assujettir à aucun critérium naturel, pourquoi donc qualifierions-nous d'erreur la croyance au polythéisme, aux incarnations de Vichnou et à la mission de Mahomet? Qui nous apprendra, sinon la raison et l'expérience, comment, quand et jusqu'à quel point il nous est permis de croire au sentiment, aux révélations extraordinaires, au sens commun, et à la parole d'un chef de doctrine? La raison enfin est l'unique critérium de la vérité, et la plus grande conquête de la foi est de montrer que la raison ne la contredit pas.

Entendons-nous cependant : la raison et l'expérience ne nous obligent pas à rejeter les faits seulement parce qu'ils se présentent sous un aspect mystérieux et extraordinaire, ou contraire à certains principes que nous regardons comme des vérités uniques et infaillibles; à ce titre, le plus savant des anciens Grecs, s'il ressuscitait aujourd'hui parmi nous, pourrait nier tous les phénomènes de l'électricité. La raison nous conseille seulement d'examiner les faits par tous les moyens légitimes qui sont à notre disposition, et de chercher à les comprendre, à les expliquer par notre propre expérience, sans déroger aux principes fondamentaux de la raison. Celui qui ne peut ou ne veut pas se livrer à ce travail lent, est libre de prendre tout autre parti.

La sentence divine qui nous condamne à travailler pour vivre, nous condamne aussi à penser pour savoir; et si aux uns elle accorde sans fatigue la manne du ciel, et à d'autres les nobles inspirations, elle n'étend pas à tous ces dons gratuits, qui sont le partage de ses seuls élus.

La marche de la science est réfléchie, lente et difficile; elle ne se contente pas de révélations exceptionnelles, annoncées par des moyens qui annulent la raison; si le mysticisme renferme des vérités, ce que je suis loin de nier, ces vérités doivent être comprises et admises par l'intelligence humaine; s'il se refuse à cet examen, nous pouvons bien aussi le mettre de côté quand il s'agit de philosophie. Nous ne répudions pas les vérités du mysticisme, nous ne répudions que sa méthode.

Il y a pour toutes choses un temps, un lieu et des circonstances propres. Le mysticisme a une ample moisson dans le genre humain; il ne perd pas les droits que lui donnent l'ignorance des hommes, la difficulté de la science et les misères du monde. Qui de nous n'est pas plus ou moins mystique à quelques époques de la vie? Mais la philosophie aussi a ses droits; et quand l'homme dans la vigueur de l'âge, dans la plénitude de ses facultés, cherche la vérité par les moyens naturels dont la Providence l'a doué à cet effet, le mysticisme pèche par ses bases.

Le sensualisme et le spiritualisme sont les deux grands et uniques systèmes fondamentaux de toute la philosophie. Tous deux sont légitimes, parce qu'ils cherchent la vérité par leurs moyens naturels; tous deux s'appuient sur les faits et sur l'expérience; tous deux peuvent, à ce point de vue, satisfaire l'esprit humain, quoique bien incomplétement; car le champ de la science est immense, et la vie de l'homme ne suffit pas à le cultiver. Ces deux systèmes s'appuient sur des faits psychologiques, et c'est en vertu des lois auxquelles nous sommes assujettis qu'ils affirment quelque chose. Si l'un d'eux s'égare dans sa route, s'il s'attache de préférence à certains faits plutôt qu'à d'autres, s'il se trompe, l'autre se présente pour l'obliger à mieux réfléchir ou pour le corriger; et tous deux marchent infailliblement vers une fusion, vers une seule doctrine.

Toutes les sciences qui prennent le titre de philosophiques s'appuient sur le sensualisme et sur le spiritualisme; les règles de la morale, de la politique et de l'histoire se fondent sur les divers principes et sur les conséquences de ces deux systèmes; et c'est de leurs erreurs et de leurs lacunes que naissent le scepticisme, le matérialisme et le mysticisme.

De ces deux systèmes, le sensualisme est le plus exclusif et le plus rempli de tristes conséquences, parce qu'il nie la raison et la liberté humaine. Mais si les principes qu'il professe étaient vrais, si l'expérience les avait sanctionnés, ses conséquences seraient aussi indifférentes pour l'esprit spéculatif que le sont pour le physicien les conséquences des lois de la gravitation. Néanmoins les faits doivent être en accord avec les principes, autrement il faudrait les soumettre à une vérification nouvelle : car les faits doivent avoir une raison, et la théorie qui ne les explique pas est fausse ou incomplète.

C'est cette vérification nouvelle que nous devons faire avant de rien affirmer à l'égard des deux systèmes qui doivent nous guider dans nos propres recherches. Il y a des faits qui ne peuvent être niés et dont nous demanderons l'explication à ces deux théories philosophiques; nous avons des questions à leur poser, et si ces systèmes ne peuvent résoudre nos doutes, nous chercherons à les résoudre nous-même, sans sortir du domaine de l'expérience et de la raison. Nous n'avons pas l'intention de soutenir aucune doctrine, quel que soit le nom illustre qui l'appuie, aussi ne forcerons-nous pas les faits pour les faire entrer dans tel ou tel moule; nous présenterons avec sincérité le résultat de nos recherches quel qu'il puisse être ; et si ces faits, les principes naturels d'où ils émanent, et leurs légitimes conséquences, nous conduisent à une nouvelle doctrine, nous ne reculerons pas même devant cette nouveauté. Cependant avant d'en arriver là, il convient d'examiner les systèmes connus jusqu'ici, afin que nous puissions donner une raison des déviations auxquelles nous serons entraîné.

La science n'est pas un dogme qui se présente

entier et sans preuves; elle n'est pas non plus une simple critique littéraire qui ne fait que détruire sans rien produire, et vit comme la plante parasite aux dépens du tronc auquel elle s'est attachée; c'est un travail architectonique semblable à celui de la vie, qui décompose pour recomposer.

Nous n'entreprenons pas ce travail sans nous y être longuement et sérieusement préparé. Nous avons successivement étudié, sans aucune idée fixe, les doctrines les plus opposées. Comme nous n'avons aucun droit sur la vérité, que nous ne pouvons la faire à notre gré, et qu'elle continuera à être vérité, à produire nécessairement ce qu'elle doit produire, la nier ou mettre notre opinion à sa place serait un effort inutile et ridicule; peut-être réussirions-nous à nous tromper et à tromper momentanément les autres, mais nous ne changerions pas pour cela la nature des choses.

D'ordinaire, on ne nie certains faits, certaines vérités, que lorsqu'ils semblent contraires à ce qu'on sait, et on rejette la théorie quand elle nie, ne pouvant les expliquer, les faits qu'on regarde comme vrais. Mais quelque extraordinaire et merveilleux que soit un fait, l'esprit l'admet au moyen de quelque explication plausible, et même sans aucune explication; parce que pour l'esprit humain presque tout est possible, et ce qui est possible lui paraît probable ou certain. Le but de la science est avant tout de reconnaître le fait, de chercher ses rapports naturels avec l'ordre de choses dans lequel il se manifeste, les conditions ou les lois qui le produisent ; et si le fait dépasse tout ce que nous savons et paraît contraire à toutes les lois connues, nous devons chercher quelles autres lois peuvent l'expliquer.

L'existence de quelques couches fossiles d'espèces perdues nous fait supposer plusieurs époques géologiques, de grandes révolutions de notre globe, et l'action constante et progressive de la cause créatrice, toujours harmonique dans toutes ses productions ; de même les rêves, les visions, le somnambulisme, nous font supposer un monde purement intellectuel, et des lois que nous ne connaissons pas suffisamment. Ces faits incontestables, le philosophe doit les avoir présents à l'esprit dans ses méditations et ne pas les mettre à l'écart comme s'ils étaient des exceptions sans cause, ou des choses indifférentes : imaginez quelqu'un qui, voulant établir un système général de l'univers, négligerait d'étudier les phénomènes de la vie. Cette manière imparfaite de philosopher n'est déjà plus de notre siècle.

Une difficulté se présente à nous, c'est de donner à nos idées l'ordre et la clarté, sans dépasser l'étendue d'un livre. Mais comme nous croyons plus utile d'adopter la méthode analytique et critique, nous commencerons nos recherches par la doctrine qui nous paraît la plus simple et la plus incomplète, et qui par sa clarté même nous fascine davantage. En outre, les faits qui appartiennent à la sensation étant les plus manifestes à tous les hommes, nous dédaignons ordinairement pour ceux-là les faits purement intellectuels, et confondons les uns avec les autres ; et quand ils se distinguent, nous jugeons que néanmoins ils ne cessent pas d'être soumis aux mêmes lois et de provenir d'un même principe.

Nous commencerons donc par l'analyse de la théorie du sensualisme, et nous apporterons le plus grand soin à séparer le mieux qu'il nous sera possible, au point de vue psychologique et au point de vue physiologique, les faits intellectuels des faits sensibles, et à chercher les lois des uns et des autres ; pour parvenir à ce but, nous entrerons dans le domaine des sciences physique et biologique, parce que, comme nous l'avons dit, la psychologie doit invoquer le témoignage des sciences qui lui paraissent contraires, et qui cependant sont d'accord avec elle, ainsi que nous le verrons en avançant. Cet accord est tellement important, que s'il était impossible, l'une des deux sciences serait fausse ; et si toutes les deux sont vraies, elles ne pourront être opposées et contradictoires, bien que quelquefois une erreur le fasse croire. Toutes les sciences doivent être en harmonie, ou la vérité n'est pas en elles. Qui peut comprendre une politique ou une religion opposées à la morale, et une morale opposée à la psychologie, ou une psychologie opposée à toutes les autres sciences ? A la philosophie appartient de trouver cette harmonie, et cette unité de toutes les sciences et de toutes les choses, et de dénoncer toutes les contradictions comme un signe d'erreur de quelqu'une des parties.

CHAPITRE QUATRIÈME.

Essai sur l'entendement humain, de Locke. — Prétentions, méthode et conclusions du sensualisme. — De l'esprit considéré comme une table rase. — Confusion des idées nécessaires avec leurs conditions. — Opinion de Descartes et de Leibnitz sur l'origine des idées. — Doute de Locke sur la possibilité que la matière pense. — Réfutation. — Considérations et expériences physiologiques sur l'organisation de la matière. — Du principe vital. — Opinion de M. Flourens et d'Isidore-Geoffroy Saint-Hilaire. — Phrénologie.

De même que dans l'antiquité le spiritualisme de Platon n'empêcha pas le sensualisme de son disciple Aristote, de même dans les temps modernes les *Méditations* de Descartes ne mirent point obstacle à l'apparition de l'*Essai sur l'entendement humain*, de Locke; et encore aujourd'hui les deux doctrines opposées sont debout et se combattent l'une l'autre.

Mais quelles sont les prétentions du sensualisme? quelle est sa méthode, quelles sont ses conclusions?

La prétention du sensualisme est de tirer toutes nos idées de la sensation, de tout expliquer par la sensation, et de réduire l'esprit humain à l'unique faculté de sentir.

La méthode qu'il suit est sans doute la méthode psychologique, mais mal appliquée. Au lieu de commencer par l'analyse profonde de nos idées, et de chercher par l'examen à reconnaître leurs divers caractères, il commence par leur origine, et suppose comme incontestable qu'elles ont une seule source, un seul principe, la sensation; les dépouillant ainsi de leur nature pour les faire entrer dans ce lit de Procuste; comme un physicien qui commencerait ses recherches par imaginer un seul élément, une seule loi de l'univers, sur laquelle il façonnerait les faits à sa guise, au lieu de commencer par l'examen des faits, et de partir de là pour s'élever par l'induction à la connaissance des lois qui les régissent; ou comme un médecin qui n'admettant qu'une seule maladie, réduirait sa thérapeutique à un seul moyen de traitement, ainsi que l'a fait Broussais avec son principe de l'irritation.

La conclusion du sensualisme en psychologie est la négation de la raison et de la liberté, ainsi que des idées nécessaires et absolues, principes fondamentaux de l'expérience, sans lesquels la science et l'expérience même seraient impossibles. En morale, c'est la négation de l'idée du devoir et de la justice, en réduisant cette idée à l'intérêt; en esthétique, c'est la négation du beau idéal, en le confondant avec le plaisir qui l'accompagne; en politique, c'est le despotisme absolu de Hobbes.

Que deviendra l'histoire selon la théorie du sensualisme? Une lutte fatale et incessante des passions désordonnées, des intérêts matériels contre le pouvoir de la force, sans aucun but moral. Et la religion? Une superstition fille de l'ignorance, fondée par une politique hypocrite en faveur du pouvoir et d'un ordre purement temporaire. Et quelle sera la mission du poëte sensualiste? Ce sera d'exalter les sens, les plaisirs sensuels, les jouissances matérielles de la vie, la table, les orgies, la volupté.

Ces conclusions sont converties en doctrine; ce n'est pas nous qui les déduisons pour le plaisir de combattre le principe dont elles dérivent, et ceux qui tirent de semblables conséquences les jugent très-logiques et très-sages et se glorifient de leur œuvre. Mais qu'importent les conclusions? Ce qui convient avant tout, c'est de savoir si les principes sur lesquels ils se fondent sont vrais. Examinons ces principes.

« Supposons donc, dit Locke, qu'au commencement l'âme est ce qu'on appelle une *table rase* (tabula rasa), vide de tous caractères, sans aucune idée quelle qu'elle soit; comment vient-elle à recevoir des idées? Par quel moyen en acquiert-elle cette prodigieuse quantité que l'imagination de l'homme, toujours agissante et sans bornes, lui présente avec une variété presque infinie? D'où puise-t-elle tous ces matériaux qui sont comme le fond de tous ses raisonnements et de toutes ses connaissances? A cela je réponds en un mot : De l'*expérience*[1]. »

L'expérience, suivant notre auteur, se compose de la sensation et de la réflexion. « L'entendement, dit-il, ne me paraît avoir, absolument parlant, aucune idée qui ne lui vienne d'une de ces deux origines : les objets externes fournissent à l'esprit les idées des qualités sensibles, c'est-à-dire toutes les différentes perceptions produites en nous par ces qua-

[1] Liv. II, chap. I, § 2.

lités, et l'esprit fournit à l'entendement les idées de ses propres opérations [1]. » A quoi se réduisent ces idées fournies par la réflexion? A cela seulement que l'esprit sait qu'il *perçoit, pense, doute, croit, raisonne, connaît* et *veut*. « J'entends par réflexion, dit-il, la connaissance que l'âme a de ces différentes opérations [2]. » La réflexion, pour Locke, c'est ce que nous appelons conscience; faculté stérile, qui se borne à rendre témoignage des actes de l'esprit; et comme l'origine de la plus grande partie de nos idées dépend entièrement des sens, selon les expressions de l'auteur, la réflexion n'augmente pas la somme de notre science.

Ainsi il commence par une hypothèse, concédant à peine à sa *table rase* cette stérile réflexion, postérieure à la sensation, qui ne lui donne que la connaissance de ce qui se passe en elle-même; et ne pouvant tirer de l'expérience les vérités universelles et nécessaires, il les réduit à de simples abstractions verbales, ce qui équivaut à leur dénier le caractère de vérités absolues avec lequel elles se présentent à notre esprit.

Ainsi, forcé par ses principes exclusifs, tantôt il confond l'idée d'espace pur avec l'idée de corps, et dit que nous acquérons l'idée d'espace au moyen de la vue et du toucher [3]; tantôt il les distingue, et dit : « L'idée que nous avons de la solidité est différente de l'idée d'espace pur [4]. »

[1] Liv. II, chap. I, § 5. — [2] Liv. II, chap. I, § 4. — [3] Liv. II, chap. VIII, § 2 — [4] Liv. II, chap. IV, § 3.

Locke embrouille de la même manière la durée avec la succession, qui la suppose, et réduit l'idée de temps à la succession contingente de nos idées. De là il suivrait que deux hommes, dans le même espace de temps, n'auraient pas une égale durée, l'un pouvant durer plus que l'autre, selon le plus ou le moins de rapidité de ses idées. Et lui-même déclare nulle la durée de l'homme qui dort profondément : comme si la mémoire, qui est pour nous la condition psychologique de l'idée de durée, ne la supposait pas déjà nécessairement indépendante d'elle-même. La succession de nos idées n'est pas la mesure exacte de la durée : pour moi, lorsque je suis très-occupé, que je suis absorbé dans la contemplation des idées qui se succèdent en foule, le temps me semble aussi court qu'il paraît long à celui qui est soumis à un travail forcé. Étrange confusion des idées d'espace et de temps avec celles de corps et de succession, à propos desquelles l'esprit conçoit les premières, non par une abstraction ou par une induction successive, ainsi qu'il arrive pour les idées générales collectives, mais par une induction rapide, spontanée et primitive, une vue, un précept, ou une révélation de la raison pure.

Locke en se livrant à l'empirisme tomba dans un excès opposé à celui de Descartes, qui avait dit : « Rien ne peut venir des objets extérieurs jusqu'à notre âme par l'entremise des sens, que quelques mouvements corporels ; mais ni ces mouvements mêmes, ni les figures qui en proviennent ne sont point conçus par nous tels qu'ils sont dans les organes des sens; d'où il suit que même les idées du mouvement et des figures sont naturellement en nous; et à plus forte raison les idées de la douleur, des couleurs, des sons, et de toutes les choses semblables nous doivent-elles être naturelles, afin que notre esprit, à l'occasion de certains mouvements corporels avec lesquels elles n'ont aucune ressemblance, se les puisse représenter [1]. » Rien de plus vrai que cette observation de Descartes.

Cette théorie des idées innées, ridiculisée par ceux qui ne la comprennent pas, ou qui réduisent l'esprit humain à une table rase, fut expliquée d'une manière satisfaisante par son auteur, répondant aux objections de Hobbes contre ses *Méditations*, de telle manière qu'il atténua tout ce qu'elle avait de répugnant pour l'empirisme. « Lorsque je dis, c'est Descartes qui parle, que quelque idée est née avec nous, ou empreinte naturellement dans nos âmes, je n'entends pas qu'elle se présente toujours à notre pensée, mais j'entends seulement que nous avons en nous-mêmes la faculté de la produire. » Cette vérité est pour nous si certaine jusqu'à un certain point, comme nous le verrons plus loin, que la physiologie elle-même sépare aujourd'hui l'intelligence de la sensibilité, comme elle sépare celle-ci du mouvement volontaire, assignant des organes ou instruments divers à chacune de ces fonctions. Ni la physique, ni la physiologie ne con-

[1] *Œuvres philosophiques*, t. IV, p. 86.

sidèrent la sensation comme l'empreinte de l'impression externe, elles la regardent au contraire, et avec raison, comme un mode spécial et interne de la faculté de sentir, n'ayant aucune ressemblance avec le mouvement organique, qui l'occasionne simplement; et la sensation, ou idée, n'étant pas une image de l'impression, et n'en étant pas produite immédiatement et nécessairement, il s'ensuit qu'elle est ou produite naturellement par l'âme, ou qu'elle lui est innée, ou lui est donnée à l'occasion de l'impression; trois cas différents qui doivent être examinés et jugés.

Locke cependant nie toutes les idées innées, interprétant à sa manière cette théorie, pour avoir le plaisir de la combattre. « Il y a des personnes, dit-il, qui supposent comme vérité incontestable qu'il y a certains principes, certaines notions primitives, nommées autrement notions communes, gravées pour ainsi dire dans notre âme, qui les reçoit dès le premier moment de son existence [1]. » Cette exposition ne nous paraît pas très-fidèle, eu égard à l'explication donnée par Descartes, puisqu'il ne s'agit pas de notions dans l'état actuel d'une connaissance présente à la conscience, ou conservée dans la mémoire, ou formulée en axiome; il s'agit d'une disposition naturelle de notre esprit, née avec lui, indépendante de l'impression externe, et se manifestant spontanément par une vertu naturelle

[1] Liv. I, chap. I.

de l'esprit, et non comme un effet nécessaire de l'impression.

Leibnitz répondant dans ses *Nouveaux essais* à l'*Essai sur l'entendement humain*, de Locke, s'exprime en ces termes :

« La réflexion n'est autre chose qu'une attention à ce qui est en nous, et les sens ne nous donnent point ce que nous portons déjà en nous. Cela étant, peut-on nier qu'il y ait beaucoup d'inné en notre esprit, puisque nous sommes innés à nous-mêmes, pour ainsi dire, et qu'il y ait en nous *être, unité, substance, durée, changement, action, perception, plaisir*, et mille autres objets de nos idées intellectuelles? Ces mêmes objets étant immédiats et toujours présents à notre entendement (quoiqu'ils ne sauraient être toujours aperçus à cause de nos distractions et de nos besoins), pourquoi s'étonner que nous disions que ces idées sont innées avec tout ce qui en dépend? Je me suis servi aussi de la comparaison d'une pierre de marbre tout unie ou de tablettes vides, c'est-à-dire de ce qui s'appelle *tabula rasa* chez les philosophes : car si l'âme ressemblait à ces tablettes vides, les vérités seraient en nous comme la figure d'Hercule est dans un marbre, quand le marbre est tout à fait indifférent à recevoir ou cette figure ou quelque autre. Mais s'il y avait des veines dans la pierre qui marquassent la figure d'Hercule préférablement à d'autres figures, cette pierre y serait plus déterminée et Hercule y serait comme inné en quelque façon, quoiqu'il fallût du travail pour découvrir ces veines et pour les nettoyer par la polissure, en retranchant ce qui les empêche de paraître. C'est ainsi que *les idées et les vérités nous sont innées, comme des inclinations, des dispositions, des habitudes ou des virtualités naturelles, et non pas comme des actions,* quoique ces virtualités soient toujours accompagnées de quelques actions souvent insensibles qui y répondent [1]. »

Quant à la possibilité de l'existence de ces idées innées sans qu'elles se présentent à la conscience avant l'expérience, Leibnitz fait cette observation : « Puisqu'une connaissance acquise peut être cachée dans l'âme par la mémoire, pourquoi la nature ne pourrait-elle pas y avoir aussi caché une connaissance originale [2] ? »

La simple possibilité d'une chose est déjà un argument en sa faveur, quand la théorie opposée, partant d'une hypothèse plutôt que de la sincère observation des faits, ne présente pas des arguments qui aient une plus grande valeur. Cependant comme nous ne sommes pas intéressé à soutenir ici les idées innées, continuons notre analyse.

Locke supposant l'esprit une table rase, ne lui accordant aucune faculté innée, et faisant dériver toutes nos connaissances des sensations produites par l'impression des objets extérieurs, et d'une réflexion stérile, qui sépare, classe, et réunit, sans accroître son capital; considère les idées comme

---

[1] Leibnitz, *Nouveaux essais*, avant-propos. — [2] Leibnitz, liv. I, chap. I, § 5.

les images des choses, renouvelant ainsi la vieille théorie aristotélique des espèces sensibles, et déclare que « l'esprit ne connaît pas les choses immédiatement, mais seulement par l'intervention des idées qu'il en a ; et par conséquent notre connaissance n'est réelle qu'autant qu'il y a conformité entre nos idées et la réalité des choses [1]. » Principe sceptique, qui condamne l'esprit à la perpétuelle ignorance des choses, et le soustrait à ce monde matériel, dont au commencement, suivant Locke, il réfléchissait les images. Laissant de côté pour le moment les conséquences que les propres concitoyens de Locke, Berkeley et Hume, ont tirées d'une semblable théorie, et la longue réfutation qu'en a faite Reid, qui a soutenu une théorie exactement opposée dont il est le créateur, et qui a été suivie par l'école écossaise [2], et poursuivant, comme il convient à notre but, l'exposition abrégée de la doctrine du père du sensualisme moderne, nous terminerons en mentionnant comme une des conséquences de cette doctrine le doute de son propre auteur sur la spiritualité de l'âme.

« Peut-être, dit Locke, ne serons-nous jamais capables de connaître si un être purement matériel pense ou non : par la raison qu'il nous est impos-

---

[1] Liv. IV, chap. IV, § 3.
[2] Les *Nouveaux essais* de Leibnitz, les travaux de Reid et l'*Analyse du système de Locke*, de M. Cousin, contenue dans le troisième volume de son *Cours d'histoire de la philosophie moderne*, nous dispensent d'une longue répétition, et nous n'aborderons que les points essentiels au but que nous nous proposons.

sible de découvrir par la contemplation de nos propres idées, sans la révélation, si Dieu n'a point donné à quelques systèmes de parties matérielles disposées convenablement, la faculté de percevoir et de penser[1]. »

Cet appel au pouvoir de Dieu convient mal ici dans la bouche de celui qui cherche à expliquer toutes choses par l'expérience. Cette contemplation de nos idées qui lui suggérait un tel doute, nous donne une assurance tout à fait contraire. Dans la succession de nos propres idées, dans l'exercice de toutes nos facultés, le moi se reconnaît toujours identique à soi-même, sans augmenter ou diminuer, le même aujourd'hui qu'hier, toujours unique et simple; s'il n'en était pas ainsi, comment la comparaison, le jugement, la mémoire, la conscience, seraient-ils possibles, puisqu'ils supposent l'identité et la simplicité du sujet? Nous savons qu'il n'en est pas de même de la matière, qui est étendue et divisible, et dans un flux perpétuel, comme disaient les anciens; notre corps est dans les mêmes conditions, et par conséquent sans identité. Voltaire, cet esprit si fort et si indépendant, et si souvent sceptique, s'exprime ainsi en formulant cette pensée : « Nous sommes réellement et physiquement comme un fleuve dont toutes les eaux coulent dans un flux perpétuel. C'est le même fleuve par son lit, ses rives, sa source, son embouchure, par tout enfin ce qui n'est pas lui; mais changeant à tout moment

---

[1] Liv. IV, chap. III, § 6.

son eau qui constitue son être, il n'y a nulle identité, nulle *mêmeté* pour ce fleuve. »

Ce n'est pas ici une pensée poétique, c'est un fait vérifié par l'observation de tous les temps, et par les travaux de physiologie expérimentale de M. Flourens au sujet de la formation des os ; ce qui lui a fait dire : « L'être vivant est indépendant de la matière qui constitue son corps, et la force vitale substitue continuellement des matériaux nouveaux aux matériaux anciens. »

A cette hypothèse de Locke nous ne pouvons laisser d'opposer ce qu'a dit avec tant de sagesse ce même illustre philosophe, quand il soutient par des arguments si puissants la spiritualité de l'Être éternel. « Supposer, dit-il, que l'Être éternel pensant ne soit autre chose qu'un amas de parties de matière, dont aucune est non pensante, c'est attribuer toute la sagesse et la connaissance de cet Être éternel à la simple juxtaposition des parties qui le composent ; ce qui est la chose du monde la plus absurde possible. Car des parties de matière qui ne pensent point ont beau être étroitement jointes ensemble, elles ne peuvent acquérir par là qu'une nouvelle relation locale, qui consiste dans une nouvelle situation de ces différentes parties, et il n'est pas possible que cela puisse leur communiquer la pensée et la connaissance [1]. »

Et en parlant de la conscience et de l'identité personnelle, qu'il imagine d'abord pouvoir exister

---

[1] Liv. IV, chap. x, § 16.

sans l'identité de substance, il ajoute : « Je tombe d'accord que l'opinion la plus probable c'est que le sentiment intérieur que nous avons de notre existence et de nos actions est attaché à une seule substance individuelle immatérielle [1]. »

Comment alors supposer que nous ne savons pas si Dieu peut donner ou non la faculté de penser à un système de parties matérielles convenablement disposées, c'est-à-dire à un organe? D'où viendrait à cet organe en flux perpétuel la conscience de sa simplicité, de son indivisibilité et de son identité personnelle, puisqu'il ne les possède pas? Cette fausse conscience serait en vérité le plus grand de tous les mystères. De même que l'âme sait qu'elle demeure simple et identique dans tous ses actes, ne saurait-elle pas aussi qu'elle est étendue et divisible, si elle l'était? Ce qui la distingue de la matière et la constitue esprit, n'est-ce pas la conscience de son unité et de son identité permanente? D'un autre côté, l'organisation de la matière a besoin d'un principe différent et supérieur qui la produise et l'explique; car la matière ne s'organise pas d'elle-même, mais en vertu d'une force étrangère qui la domine, d'un principe impondérable, que l'on appelle vie, et que les anciens nommaient *âme végétative*.

« C'est se faire une fausse idée de la vie, dit le savant Cuvier, que de la considérer comme un simple lien qui retiendrait ensemble les éléments du corps vivant, tandis qu'elle est, au contraire, un

[1] Liv. II, chap. XXVII, § 25.

ressort qui les meut et les transporte sans cesse[1]. »

Dans un sujet si délicat, les raisons qui appuient cette induction ne sont pas surabondantes, et nous voulons fortifier nos propres convictions par des arguments fournis non-seulement par la métaphysique, mais aussi par la physiologie, qui étudie l'organisme et les fonctions du corps. Son témoignage est d'un grand poids dans la question qui nous occupe, et l'accord des physiologistes donne plus de force à celui des spiritualistes. Voici ce que dit le profond Isidore Geoffroy Saint-Hilaire : « Si vivre, c'est en même temps changer et demeurer sans cesse, si un être organisé, bien qu'entièrement renouvelé dans sa substance et complétement transformé, reste pourtant le même individu, il y a nécessairement en lui quelque chose de supérieur à toutes ces combinaisons qui le constituent tour à tour, à toutes ces apparences sous lesquelles il se présente à nos regards.... Au-dessus des faits temporaires et accidentels de la vie, il y a ce qui les relie et les domine tous, au-dessus de tous les modes, le type dont ils dérivent.... C'est ainsi que dans un œuf ou une graine, dans un végétal ou un animal nouvellement éclos, dans un embryon ou un fœtus, dans une larve, comme dans un enfant, nous apercevons, outre les matériaux qui le constituent passagèrement, ce qui fait qu'il sera un jour autre qu'il ne nous paraît, c'est-à-dire, de quelque nom qu'on veuille se servir, le *germe*, le principe de ses

[1] Cuvier, *Règne animal*, Introduction.

développements ultérieurs. *Est quod futurus est,* expressions célèbres de saint Augustin sur l'homme, qui, en un sens général, peuvent être étendues à tous les êtres doués de vie; ils sont, ou du moins commencent déjà à être ce qu'ils seront; et où nos yeux ne distinguent encore rien du type, notre esprit le voit déjà tout entier, et lui rapporte avec certitude tous les états, toutes les phases de la vie. »

Le célèbre naturaliste dit encore en parlant de l'action qui entretient et conserve l'être vivant :
« *Action essentiellement élective :* car elle amène et distribue dans tous les tissus de l'être vivant, non pas indifféremment et au hasard, les molécules de diverse nature qui composent le milieu ambiant, mais, entre toutes et par un véritable choix, celles-là seulement qui peuvent être utiles. Essentiellement élective encore par l'emploi qu'elle en fait après s'en être emparée, les fixant, selon le besoin, sur un point, ou les transportant successivement d'organe en organe, jusqu'à ce que, leur rôle rempli, elle les rejette et en appelle d'autres; ici *formatrice,* là momentanément *conservatrice,* parfois aussi *réparatrice,* et partout selon le type dont l'établissement ou l'entretien reste pour elle, dans la variété des matériaux et des moyens qu'elle met en œuvre, le but, la règle unique et toujours présente.

« D'une *activité élective* et dont la source est dans l'être lui-même, à ce qu'on a si longtemps appelé l'*âme végétative,* à ce qu'on appelle encore dans une école justement célèbre le *principe vital,* il n'y a qu'un pas; mais ce pas est précisément ce qui sépare ici le résultat positif des faits chaque jour observés, de leur interprétation, de leur explication hypothétique[1]. »

M. Flourens, qui de nos jours a acquis une si grande distinction par ses expériences sur la formation des os, et sur le nœud, ou point vital, dit, en vertu même de ces expériences répétées : « Ce n'est pas la *matière* qui vit : une force vit dans la *matière*, et la meut et l'agite et la renouvelle sans cesse.... Toute la matière, tout l'organe matériel, tout l'*être* paraît et disparaît, se fait et se défait, et une seule chose reste, c'est-à-dire celle qui fait et défait, celle qui produit et détruit, c'est-à-dire la *force* qui vit au milieu de la matière et qui la gouverne[2]. »

Telles sont les conclusions fournies par les expériences physiologiques! Cette vérité, les anciens la devinèrent, et la trouvèrent par la simple observation de la nature, sans le secours de ces expériences qui la confirment d'une manière si solennelle. Ils nommèrent cette force *âme irrationnelle, puissance végétative, raison séminale*, etc.; et lui attribuèrent l'organisation de la matière, que la physique moderne n'a pas encore cessé de considérer comme inerte, c'est-à-dire, incapable de se donner à elle-même un mouvement quelconque. « Chaque animal, dit Plotin, est administré par le principe qui fa-

---

[1] *Histoire générale des règnes organiques*, t. II, p. 89.
[2] *De la vie et de l'intelligence*, pag. 6 et 13.

çonne ses organes, et les met en harmonie avec le tout dont ils sont les parties[1]. » Cette vérité reconnue par presque tous les anciens philosophes, dédaignée par les matérialistes et les organicistes comme un rêve de l'ontologie, reparaît aujourd'hui évoquée par l'expérience.

Nous pourrions trouver dans Locke lui-même des arguments en faveur de notre thèse; mais son langage est presque toujours si vague, si incertain, qu'il se prête à toutes les interprétations. Il s'exprime ainsi en parlant de l'identité : « Quant aux créatures vivantes, leur identité ne dépend pas d'une masse composée des mêmes particules, mais de quelque autre chose. Car, en elles, un changement de grandes parties de matière ne donne point atteinte à l'identité.... Ce qui constitue l'unité d'une plante, c'est d'avoir une telle organisation de parties dans un seul corps qui participe à une commune vie; une plante continue d'être la même plante aussi longtemps qu'elle a part à la même vie, quoique cette vie vienne à être communiquée à de nouvelles parties de matière unies vitalement à la plante déjà vivante, en vertu d'une pareille organisation continuée, laquelle convient à cette espèce de plante. Car cette organisation étant en un certain moment dans un certain amas de matière, est distinguée, dans ce composé particulier, de toute autre organisation, et constitue cette vie individuelle qui existe continuellement dès ce moment,

---

[1] Plotin, *Enn.* II, liv. III, § 13.

tant avant qu'après, dans la même continuité de parties insensibles qui se succèdent les unes aux autres, unies au corps vivant de la plante. C'est ainsi qu'elle a cette identité qui la fait être la même plante, et qui fait que toutes ses parties sont les parties d'une même plante, pendant tout le temps qu'elles existent jointes à cette organisation continuée, qui est propre à transmettre cette commune vie à toutes les parties ainsi unies [1]. »

Il y a ici une telle confusion entre ces expressions, une même organisation, un seul corps, une même plante, et une même vie qui se communique à de nouvelles parties de matière, et une même organisation qui transmet la vie à toutes les parties, que je ne sais réellement pas ce que Locke veut dire. Dès qu'il se présente à lui quelque difficulté, son langage devient tellement ambigu, que chaque lecteur peut entendre ce que bon lui semble. Peut-être cette incertitude provient-elle de la lutte entre les faits et sa théorie.

Si donc les plus célèbres physiologistes modernes confirment par leurs expériences cette vérité prévue par les anciens; si dédaignant l'hypothèse de leurs collègues matérialistes, qui font de la vie un phénomène de l'organisation, ridicule changement de l'effet en cause, ils reconnaissent et proclament hautement la nécessité d'une force *essentiellement élective*, d'une force qui vive dans la matière et la gouverne, afin d'expliquer les simples faits de la

[1] Locke, *De l'entendement humain*, liv. II, chap. xxvii, § 3 et 4.

génération, de la nutrition, de l'accroissement, de la forme et du type spécifique : parce que la forme du corps vivant lui est plus essentielle que la matière, ainsi que s'exprime Cuvier; parce que, ce qu'il y a de plus variable et de plus corruptible (dans les animaux et dans les végétaux) c'est la substance qui les compose, selon l'expression de Buffon; parce que ce n'est pas la matière qui vit, comme le démontre M. Flourens; comment donc en métaphysique admettre le doute de Locke? Comment dire que jamais nous ne serons capables de connaître si un être purement matériel pense ou ne pense pas? Comment supposer que Dieu pourrait donner à un assemblage de parties matérielles convenablement disposées les hautes facultés de percevoir, de penser, de juger, d'induire, de généraliser, de se ressouvenir, la raison et la liberté enfin; quand Dieu n'a pas même donné à ces molécules matérielles la vie et la faculté de s'organiser et de se disposer d'une manière adéquate, si une force étrangère ne les oblige, ne les contraint à passer momentanément par une forme, une presse, un type, que cette force leur impose, les renouvelant sans cesse, comme un matériel accessoire que l'on rejette dès qu'il devient inutile? Un semblable doute disparaît devant les faits.

Il y a cependant des esprits obstinés qui sont persuadés que la matière seule existe réellement, que tout au delà est chimère, qu'à elle seule on doit rapporter tous les phénomènes; bien que cependant ils soient inexplicables par cette même matière. Supposons qu'un de ces esprits tenaces nous parle ainsi : Ce n'est pas proprement la matière qui pense, de même qu'elle n'est ni carrée, ni ronde, ni noire, ni blanche, mais elle peut prendre toute forme, toute couleur quelconque; toutefois dès que ses molécules se trouvent disposées d'une manière adéquate, comme Locke et tant d'autres le supposent, dès qu'elles se trouvent organisées et constituées en un organe, en cerveau par exemple, pourquoi cet organe ne pourrait-il penser, de même que la matière organisée en foie produit la bile? — Je réponds en physiologiste à ce raisonnement : Ce n'est pas la matière organisée en foie qui produit la bile; c'est la force vitale qui organisant le foie pour sécréter la bile nécessaire au travail de la digestion, transforme successivement, non au hasard, mais par un choix véritable, une partie du sang en parenchyme hépatique, et dans cet organe une autre partie en bile. Un travail analogue s'opère dans tous les autres organes du corps, selon les besoins et les fonctions qui leur sont assignées. Si cette même *force élective,* comme l'appelle Saint-Hilaire, qui convertit certaines molécules du sang en cerveau, les arrange et les adapte avec intention, afin qu'ainsi organisées elles lui servent d'instrument et de moyen pour percevoir et penser, on est obligé d'avouer que cette force a nécessairement en elle-même, avant d'organiser le cerveau, l'idée de perception et de pensée, ainsi que la connaissance de ce qu'elle va faire, et par conséquent la faculté même de penser et de savoir; de même qu'un habile opticien, doué de la faculté de voir, fabrique un télescope qui puisse lui servir à grossir les objets éloignés. Ce ne serait assurément pas le télescope qui se serait fabriqué lui-même, et qui verrait ; de même ce ne serait pas la matière qui penserait, mais la force immatérielle qui l'aurait organisée. D'un autre côté, dans le foie, outre la force vitale qui le constitue et opère en lui, la sécrétion est matérielle comme le sang dont elle est formée; mais dans le cerveau, outre la puissance supérieure qui l'organise, quelle serait la sécrétion matérielle analogue à l'élément dont il est formé, et qui le nourrit? Dirons-nous que la faculté de penser se trouve dans la force qui organise le cerveau, mais que ses actes, ses idées, ses connaissances enfin, sont des sécrétions, des productions matérielles du cerveau ? La matière ne se transforme qu'en matière. Aurions-nous donc dans le cerveau des idées matérielles extraites du sang? Les figures parfaites de géométrie, les idées abstraites, les idées générales, les idées de vertu, de temps, d'espace, de toutes les choses sensibles et intellectuelles, seraient-elles réellement, physiquement dans le cerveau, naturellement réduites à des points imperceptibles? Et dans ce cas, comment le cerveau, ne voyant pas, ne sentant pas, ne percevant pas le trésor qu'il renfermerait et qu'il aurait produit, saurait-il, devinerait-il que le soleil, par exemple, est un million de fois plus grand que la terre? Mais à quoi bon cette hypothèse absurde, dont je ne suis pas l'auteur, puisque, en admettant que la physiologie ne se trompe pas, la faculté de penser appartiendrait à la force élective qui organise le cerveau, ou à cette âme spirituelle que le doute met à l'écart?

Supposons que l'esprit rebelle à cette démonstration insiste en disant : Qui nous oblige à accorder à la physiologie cette force élective, et à la psychologie une âme spirituelle? Pourquoi la matière ne pourrait-elle pas avoir la propriété de s'organiser indépendamment de cette force vitale? Si nous lui concédons cette propriété, la difficulté disparaît. — Oui, cela est certain; mais il reste à savoir si nous pouvons lui faire une semblable concession, sans que la physique elle-même se révolte. La science de la matière ne suppose pas qu'elle soit l'auteur de la loi d'attraction à laquelle elle obéit aveuglément. Nous avons déjà ici une loi, ou une force supérieure à la matière et que la métaphysique n'a pas inventée. La chimie n'attribue pas les affinités des molécules à des déterminations propres et volontaires de ces mêmes molécules; et si elles ne s'unissent pas volontairement, si elles obéissent à une loi, à une force, il y a donc une autre puissance supérieure à la matière; et ainsi tant d'autres lois auxquelles toutes les sciences ont recours pour expliquer les phénomènes matériels. Ce n'est donc point la métaphysique et la biologie qui refusent à la matière le pouvoir de se déterminer de soi-même ; c'est l'esprit humain, c'est la raison universelle qui ne comprend pas que la matière, cet amas de molécules, puisse être tout, et tout produire par soi-même, sans rien savoir. Il faudrait pour cela que chaque molécule possédât à la fois et innées avec elle toutes les propriétés contraires, qu'elle fût à la fois ronde et carrée ; ce qui est absurde : ou qu'elle eût successivement ces propriétés par sa volonté propre, sans qu'aucune cause l'obligeât à changer de nature, de position et de forme ; ce qui est absurde : ou que chaque molécule eût une seule propriété immuable, sans pouvoir la perdre ni en acquérir aucune autre, et en même temps le pouvoir de s'agréger à des milliers d'autres différentes, chacune ayant sa propriété immuable et particulière, pour constituer ainsi un corps simple et homogène ; ce qui est absurde : ou que toutes les propriétés possibles, y compris celles de penser, de sentir, de vivre, fussent réparties par groupes de molécules, de manière qu'il y eût des molécules triangulaires, d'autres rondes, d'autres pensantes, d'autres sensitives, d'autres législatives, d'autres exécutives, enfin une vaste république de molécules divisées par familles et par classes, et cependant toutes en accord pour se réunir spontanément sans que rien les y obligeât, et formassent le soleil, l'univers, l'homme, et le cerveau pour penser et pour admirer cette étonnante harmonie de molécules stupides ! Si cela n'est pas la plus grande des absurdités, ô raison! qu'y aura-t-il donc d'absurde pour l'homme [1] ?

Le doute élevé par Locke sur la possibilité que la matière ait la faculté de penser n'a donc aucun fondement. Cependant Collins, Dodwell, Priestley et d'autres, ont converti ce doute en vérité !

Quelques phrénologistes modernes, successeurs du célèbre Gall, considérant le cerveau comme un organe multiple de l'intelligence, et séparant ainsi en différentes parties les fonctions inséparables d'un même individu, tirent de l'existence supposée ou réelle de ces organes des arguments contre l'existence du sujet indivisible qui s'en sert, sans trop réfléchir que cette même multiplicité d'organes, comme la variété des sens, est une preuve de plus qu'il y a en outre au-dessus d'eux, infailliblement et nécessairement, un Être unique, identique, qui réunit en soi toutes ces fonctions diverses; car il n'est pas possible que l'absurde arrive au point d'avancer que l'être qui pense en nous n'est pas le même qui se souvient, imagine, calcule, philosophe et poétise.

La phrénologie, en admettant même qu'elle ait quelque fondement, prouve autant contre l'existence d'une âme indivisible, simple et identique, que le prouvait avant elle la diversité des organes externes des sens. L'unité de l'être qui pense sera d'autant plus facile à démontrer que se multiplieront

[1] Dans les chapitres xiii et xiv nous nous occuperons du matérialisme avec plus d'étendue.

davantage les organes de la pensée; au-dessus de la phrénologie il y a la conscience.

L'Essai de Locke sur l'entendement, bien loin d'expliquer l'origine des connaissances humaines au moyen de la sensation et de la réflexion, prouve au contraire que nous possédons une faculté de savoir distincte de celles-là, faculté primitive et essentielle de l'esprit humain, sans laquelle la réflexion lui donnerait bien peu au delà de la sensation. Et si l'esprit découvre par la réflexion des vérités qui dépassent les limites de la sensation, c'est qu'il possède infailliblement une faculté propre à les découvrir; car la réflexion, ce retour sur lui-même, ne lui suffirait pas pour trouver ce qui n'existerait pas en lui de quelque autre manière.

Mais peut-être un autre philosophe plus habile de la même école, ayant reconnu le côté faible du sensualisme et médité sur les objections que lui a faites l'école opposée et sur les coups qu'elle lui a portés, réparera les brèches faites à ce système. Achevons de l'examiner, afin qu'il ne nous reste pas le moindre doute. Nous ne pouvons pas terminer cette étude sur le sensualisme sans parler de Condillac, qui en est le représentant le plus complet. Et si à propos de l'*Essai sur l'entendement humain* nous avons négligé de toucher à un grand nombre de points de la doctrine du sensualisme qui demandent un sérieux examen, c'est parce que nous réservions nos doutes pour Condillac, qui par sa clarté et sa rigueur logique nous donnera la vérité, ou nous détrompera complétement. Dans le premier cas, nous ne ferons aucune difficulté de nous abriter à l'ombre de sa théorie; dans le second, nous dirons notre pensée tout entière, et nous bâtirons comme nous pourrons sur le même terrain, qui, à cause de son peu d'étendue et de ses limites bornées, ne peut renfermer deux camps contraires. Ou la théorie du sensualisme explique sans hypothèse toutes les connaissances humaines, et alors il n'y a rien à lui objecter, ou elle ne les explique pas, et alors elle est incomplète; et nous ne devons pas sacrifier la vérité pour l'amour d'une fausse simplicité, dont le moral et la dignité de l'homme souffrent un si grand dommage. Les physiciens modernes sont plus avisés, eux qui, plutôt que d'adopter une simplicité hypothétique, aiment mieux admettre comme éléments environ soixante-dix substances qui résistent à la décomposition chimique.

CHAPITRE CINQUIÈME.

Principaux travaux philosophiques de Condillac. — Prétention de ce philosophe d'expliquer toutes nos connaissances et toutes nos facultés par la sensation. — Sa méthode hypothétique. — De l'homme statue. — Transformation de la sensation en attention, mémoire, comparaison, jugement, réflexion, désir et volonté. — Réfutation de cette transformation. — Impossibilité d'avoir la moindre connaissance, la sensation même, sans les facultés intellectuelles préexistantes à la sensation. — Démonstration de cette proposition.

Condillac est un disciple de Locke, mais un disciple qui, commençant par suivre la doctrine du maître, la simplifie ensuite, et se fait le chef le plus exclusif et le plus absolu du sensualisme moderne, ce qui lui a acquis une renommée immortelle. Ami de Diderot, de J. J. Rousseau, de Duclos, et lié avec les principaux philosophes de son temps, son unique occupation était, pour ainsi dire, de philosopher. Plutôt géomètre qu'observateur de la nature, son esprit se complaît aux formes abstraites, à la simplification et à la réduction de toutes choses à un seul principe. C'est lui qui a avancé cette célèbre proposition que la science est une langue bien faite, et que tous nos jugements se réduisent à des propositions identiques.

Les principaux travaux philosophiques de Condillac sont : l'*Essai sur l'origine des connaissances hu-*

maines, le *Traité des systèmes*, le *Traité des sensations*, et le *Traité des animaux*.

Dans le premier de ces ouvrages, Condillac se propose de faire dériver nos connaissances et nos facultés de la simple perception ; et trouvant ce dessein très-original, il dit : « Peut-être même que le dessein d'expliquer la génération des opérations de l'âme en les faisant naître d'une simple perception, est si nouveau, que le lecteur aura de la peine à comprendre de quelle manière je l'exécuterai [1]. »

En vérité la difficulté serait grande pour celui qui ne voudrait pas inventer des théories abstraites aux dépens des faits ; ce dessein ne me paraît pas plus compréhensible que celui d'Épicure de tout expliquer par le concours fortuit des atomes.

Mais Condillac, encore dominé à cette époque par l'*Essai sur l'entendement humain*, de Locke, qu'il analyse, détruit sa prétention exclusive en admettant la réflexion comme une faculté distincte, quoiqu'il retourne ensuite à son principe unique. « C'est à la réflexion, dit-il, que nous commençons à entrevoir tout ce dont l'âme est capable. Tant qu'on ne dirige point soi-même son attention, nous avons vu que l'âme est assujettie à tout ce qui l'environne et ne possède rien que par une vertu étrangère. Mais si, maître de son attention, on la guide selon ses désirs, l'âme alors dispose d'elle-même, en tire des idées qu'elle ne doit qu'à elle, et s'enrichit de son propre fonds. »

---

[1] *Traité des sensations*, Essai raisonné.

Mais il se corrige ensuite en disant : « Locke distingue deux origines de nos idées, les sens et la réflexion. Il serait plus exact de ne reconnaître qu'une seule origine ; car dans le principe la réflexion est la sensation même [1]. »

La contradiction paraît évidente ; mais nous ne prétendons pas ici faire la somme des contradictions de Condillac. Elles sont si nombreuses, que cette étude seule donnerait matière à un volume. Mais à la fin il a trouvé le moyen facile de transformer la sensation en attention et en réflexion. Notre but est de chercher quelles vérités peut nous donner le sensualisme exposé et expliqué par Condillac ; allons au fond de sa doctrine, et étudions le *Traité des sensations*, où le savant philosophe résume sa théorie.

« Le principal objet de cet ouvrage, dit l'illustre philosophe, est de faire voir comment toutes nos connaissances et toutes nos facultés viennent des sens, ou, pour parler plus exactement, des sensations [2]. »

Ici tout est simplifié autant qu'il est possible ; ce n'est point de la perception aidée de la réflexion que doivent sortir toutes nos connaissances, non ; c'est de la simple sensation que dérivent toutes nos facultés et toutes nos idées. Et que fait Condillac pour démontrer ce qu'il avance ? Examine-t-il par hasard les principaux faits de l'entendement hu-

---

[1] *Traité des sensations*, p. 11.
[2] *Traité des sensations*, préambule de l'Essai raisonné.

main, les divers caractères de nos différentes idées, pour s'élever de cette analyse à la connaissance de leur origine ? Non; comme Locke, il commence par une hypothèse; il ne laisse ouverte que la porte étroite de la sensation, et ce qui ne pourra passer sain et sauf par cette porte sera mutilé, transformé, ou nié, sans les vacillations de Locke. Condillac qui nous a donné de si bons conseils en faveur de l'observation et de l'expérience, qui a tant déclamé contre les théories hypothétiques de ses prédécesseurs, a recours à l'hypothèse de l'*homme statue* pour démontrer comment nous acquérons toutes nos facultés et toutes nos connaissances.

La raison sur laquelle il s'appuie pour préférer une hypothèse à l'observation, et pour commencer par un être imaginaire, par un état primitif supposé de l'entendement humain, plutôt que par l'état actuel, nous paraît plus captieuse que philosophique. Ainsi Condillac prétend « qu'il serait difficile d'observer dans les enfants les premiers développements de nos facultés, ou de se rappeler ce qui nous est arrivé à nous-mêmes... Nous serions réduits à faire des suppositions; mais des suppositions auraient l'inconvénient de paraître quelquefois gratuites. »

Pour éviter toutes ces difficultés, tous ces inconvénients, toutes ces hypothèses gratuites, Condillac a sans doute un moyen sûr et infaillible. Lequel ? Faire une hypothèse; admettre la sensation comme l'unique origine de toutes nos facultés et de toutes nos connaissances; partir de l'inconnu pour aller au douteux; supposer comme vérité ce qui est en question; imaginer l'*homme statue*, à l'imitation de l'*esprit table rase* de Locke ! Et que prouveraient les déductions d'un principe hypothétique? Nous aurions les vérités par divination. Ceux qui admirent la méthode, la clarté, la précision de Condillac, et qui adoptent sa doctrine, auraient-ils par hasard une égale admiration et une égale confiance envers un naturaliste qui, prétextant la difficulté d'étudier la nature anatomico-physiologique de l'homme sur un homme même, prendrait le parti de l'étudier sur un être imaginaire, ou sur une pierre? Je ne le crois pas.

Quelle est la question? que cherchons-nous à savoir? Il convient avant tout de ne pas perdre de vue l'objet de nos recherches, afin de ne pas divaguer. Nous désirons savoir d'abord quelle est la nature de nos idées; si elles se présentent toutes avec le caractère unique d'idées contingentes, ou si quelques-unes, une seule quelle qu'elle soit, se montre comme nécessaire; si celles-ci peuvent enfin se réduire aux premières, si elles en dérivent, ou si seulement c'est à leur occasion qu'elles se révèlent; si percevoir est sentir; ou si, outre la passivité de recevoir des sensations, nous avons la faculté de percevoir et de juger distincte de cette passivité, et quelque autre faculté encore. Voilà la question posée dans toute sa clarté, et dans l'ordre le plus convenable pour la bien résoudre. Or, commencer par supposer que toutes nos facultés et toutes nos idées dérivent de la sensation, c'est commencer par la fin; c'est commencer en établissant comme vérité ce qui est en question; c'est convertir en principe, avant le temps, ce qui doit être trouvé par l'induction, ce que l'induction seule peut nous donner. Telle est la méthode de Condillac, suivie par toute son école. N'importe; suivons-le sur le terrain qu'il a choisi.

On l'a dit bien des fois, et cela paraît certain : voir des caractères tracés sur un papier, et savoir ce qu'ils signifient; lire un livre, et l'entendre, sont deux choses différentes. Les animaux ont des sensations, ils ont tous les sens, et ils ne perçoivent rien, ils ne savent rien. Percevoir n'est donc pas sentir. Les sensations sont des phénomènes qui s'opèrent en nous, qui tout au plus supposent une cause, ou correspondent à d'autres phénomènes qui sont hors de nous; mais l'idée d'une substance qui les réunit, l'idée d'une cause qui les produit, ne sont pas des sensations. Percevoir n'est donc pas sentir. Les problèmes mathématiques ne se résolvent pas par les sensations; les vérités nécessaires, qui nous guident dans toutes les sciences, ne s'expliquent pas non plus par les sensations, et ne se réduisent pas à des sensations. Voilà ce qui paraissait évident à Platon, à Descartes, à Leibnitz, et à tant d'autres qui avant Condillac étudièrent la philosophie par une méthode différente de la sienne, et ce que beaucoup de philosophes après lui continuent à considérer comme évident. Mais n'affirmons rien pour le moment. Voyons comment Condillac transforme la sensation en chacune de nos facultés; plaçons-nous devant sa statue, et voyons comment le nouveau Pygmalion anime sa Galatée.

Condillac commence en concédant à sa statue une sensation plus vive au milieu d'autres sensations plus faibles : « Aussitôt, dit-il, l'esprit (de la statue) est occupé plus particulièrement de la sensation qui conserve toute sa vivacité, et cette sensation *devient attention*, sans qu'il soit nécessaire de supposer rien de plus dans l'âme... Une sensation est attention, soit parce qu'elle est seule, soit parce qu'elle est plus vive que toutes les autres. »

Voilà la sensation changée, transformée, métamorphosée en attention! Le procédé est facile, et ne peut être plus rapide; il nous suffit de supposer qu'une sensation existe seule, ou soit plus vive que les autres, pour que sur-le-champ ce qui était passif devienne actif, sans qu'il soit nécessaire de supposer rien de plus, pas même cette activité. Par ce procédé un chimiste peut convertir le cuivre en or, en supposant tout simplement que le cuivre devient or, sans rien y ajouter. Mais si la chimie n'opère pas de semblables miracles, la psychologie ne les opère pas davantage; et comme il est probable que Condillac ne voudrait pas accepter ce cuivre pour de l'or de bon aloi, nous ne pouvons non plus admettre la sensation transformée en attention au moyen d'une hypothèse.

Malheureusement pour la théorie de Condillac, le genre humain s'exprime d'une autre manière.

Lorsque quelqu'un, par exemple, éprouve une douleur, il ne dit pas que cette douleur est son attention, mais bien qu'elle attire son attention; il dit qu'il fait tout ce qui est possible pour en détourner son attention, comme il prête volontairement attention aux choses qui lui sont agréables. Cette manière générale de parler prouve qu'en outre de la sensation il y a une force, une faculté active, qui peut lui résister; et que l'attention est un acte de cette faculté active et spontanée, et non une sensation qui ne dépend pas d'elle. La conscience nous dit qu'elle est obligée de recevoir la sensation, mais qu'elle *peut* ne pas y faire attention. Plus la sensation est vive, plus nous sommes passifs; et plus elle est modérée, plus notre activité se manifeste. Si la statue, fausse image de l'homme, n'est pas douée d'une activité propre, elle ne pourra prêter aucune attention à la sensation qui se présente à elle. La sensation pourra encore moins se transformer en attention; elle peut seulement la provoquer, de même qu'on éveille une personne qui dort; mais exciter une faculté endormie ce n'est ni la produire, ni se transformer en cette faculté. Ainsi donc l'attention n'est pas une sensation transformée; c'est un acte produit par une faculté active très-différente de la sensation; et sans cette faculté la sensation même ne pourrait avoir lieu pour nous.

Voyons comment par le même procédé hypothétique Condillac transforme la sensation en mémoire.

« Notre capacité de sentir peut se partager entre la

sensation que nous avons eue et celle que nous avons; nous les apercevons à la fois toutes deux, apercevoir et sentir ces deux sensations, c'est la même chose. Or ce sentiment prend le nom de *sensation* quand l'impression se fait actuellement sur les sens, et il prend celui de *mémoire* lorsqu'elle s'y est faite et qu'elle ne s'y fait plus. »

Sans doute la mémoire est le souvenir du passé; mais ce n'est pas là la question. La difficulté consiste à tirer des sensations la mémoire, qui n'existe pas encore, sans la supposer déjà existante, comme le fait ici le philosophe. Autrement, de quelle manière et où la sensation présente devient-elle une sensation passée, et en se conservant elle-même, sans que la mémoire soit déjà, produit-elle la mémoire qui la conserve?

Pour que l'esprit humain ait en soi quelques sensations comme les ayant déjà reçues antérieurement, pour qu'il sache que les sensations présentes ont déjà quelques instants de durée, il faut qu'il ait 1° la conscience de sa propre existence, distincte de la sensation qui passe, 2° l'idée de durée, 3° la faculté de se souvenir, sans laquelle les sensations passées auraient été oubliées, seraient comme si elles n'avaient pas eu lieu, et la sensation actuelle ne continuerait pas, n'aurait pas de durée. Imaginez un homme doué de la faculté de sentir, mais n'ayant aucune mémoire, n'ayant pas conscience de son identité personnelle, et donnez-lui une sensation qui dure une année entière, et à chaque instant, jusqu'à la fin de l'année, il sera comme si dans ce même instant il commençait à sentir, sans que cette sensation produise en lui la mémoire. C'est ce qui arrive exactement dans les cas d'*amnésie*, où le malade conservant tous ses sens, et ayant perdu la mémoire, ce que j'ai eu occasion d'observer, trouve toujours nouveaux les objets qu'il voit journellement.

J'ai connu dans ce misérable état un infortuné qui avait entièrement oublié tout ce qu'il avait appris. Il ne se rappelait ni un seul mot, ni le nom d'aucune chose, il avait oublié même son propre nom. Cent fois on lui disait une parole, il la répétait presque au même instant avec une grande satisfaction, mais un moment après il ne pouvait déjà plus le faire ; désespéré, il se frappait la tête, mais le mot lui avait échappé. Cependant il n'était ni muet ni sourd ; il avait conscience de soi-même, il sentait, et même trop ; si on l'appelait, il entendait, se retournait, venait, et au second pas oubliait qu'il avait été appelé.

Un autre individu, que j'ai connu dans un état semblable, passait pour fou ; il se rappelait parfaitement tous les mots, tous les noms, mais ayant perdu la mémoire des choses, qui lui paraissaient toujours nouvelles chaque fois qu'il les voyait, il ne savait plus leur appliquer les noms. A chaque moment tout lui semblait si nouveau, qu'il s'informait des noms des personnes et des objets qu'il voyait avec admiration ; et quand on les lui disait, il les répétait, ajoutant qu'il les savait déjà, mais qu'il était étonné de ces objets qu'il n'avait pas encore vus.

Si cet homme eût complétement perdu la mémoire des choses et des mots, en conservant cependant la sensibilité et la conscience de sa personnalité, chaque instant lui eût paru le premier de son existence.

La mémoire n'est donc pas une sensation; elle suppose au contraire, outre la conscience et l'idée de temps, une faculté distincte de la sensation, sans laquelle la sensation n'aurait pas de durée pour nous, et deux sensations ne pourraient être présentes en même temps. Condillac se trompe sur la nature de la mémoire, comme il s'est trompé sur la nature de l'attention.

Il va maintenant transformer la sensation en comparaison et en jugement.

« Dès qu'il y a double attention, il y a comparaison; car être attentif à deux idées et les comparer, c'est la même chose (pour Condillac tout est la même chose). Or on ne peut les comparer sans apercevoir entre elles quelque différence et quelque ressemblance; apercevoir de pareils rapports, c'est juger. C'est ainsi que la sensation devient successivement attention, comparaison, jugement, etc. »

Si c'est de cette manière que la sensation se transforme en attention, en comparaison et en jugement, nous ne sommes point attentifs, nous ne comparons pas, nous ne jugeons pas, ces trois actes n'existent pas pour nous.

L'attention et la mémoire ne dérivant pas de la sensation, la comparaison, qui dépend de l'attention et de la mémoire, ne peut en dériver non plus; la sensation ne peut pas davantage donner naissance au jugement, qui ajoute une idée nouvelle, celle de rapport de ressemblance, ou de différence, idée qui n'est contenue dans aucune des sensations comparées.

Cette perception de rapport suppose une faculté de juger qui n'est pas la sensation. Compare qui veut, et juge qui peut. Deux personnes comparent en même temps deux objets, et leurs jugements sont différents. Dans les sciences, dans la littérature, dans les arts, les jugements des meilleurs critiques varient très-souvent; il n'en serait pas ainsi si les sensations et les perceptions étaient égales pour tous. Le jugement même sur les sensations pures varie non-seulement d'individu à individu, mais aussi sur le même sujet, selon leurs différentes dispositions : telle sensation paraîtra agréable dans un moment, et désagréable dans un autre; tel objet nous paraîtra risible aujourd'hui, et ennuyeux demain. Juger n'est donc pas comparer, comparer n'est pas sentir.

Quant à la réflexion, Condillac la considère comme un emploi de l'attention, conduite d'objet en objet. Nous sommes d'accord avec lui sur ce point. Sauf cependant que l'attention pour nous, ainsi que la réflexion, n'est pas une sensation transformée, comme nous l'avons démontré, mais bien un acte qui dépend de notre activité propre, de la conscience et de la mémoire.

Par le même procédé, Condillac fait sortir de la sensation le désir, et du désir toutes les passions, l'amour, la haine, l'espérance, la crainte, la *volonté*. « Tout cela, dit-il, n'est encore que la sensation transformée. »

Voici comment il définit la volonté : « Un désir absolu, et tel que nous pensons qu'une chose désirée est en notre pouvoir... Je veux signifie je désire. »

Il en est du désir et de la volonté comme de toutes les facultés que nous avons examinées. Le célèbre philosophe pense les avoir fait sortir toutes de la sensation par la force de sa parole puissante, et la sensation demeure stérile, sans produire aucune chose par elle seule.

La sensation peut être la condition du désir, si elle nous fait éprouver un besoin; elle devient passion, si elle entraîne fatalement notre activité à la satisfaire. Mais la condition du désir n'est pas le désir. Un être doué de la seule faculté de sentir, et de mille facultés qui toutes se réduiraient à sentir, sans activité propre qui fût entraînée à faire quelque chose, ne désirerait jamais rien. Nous sentons ou nous voyons beaucoup de choses avec indifférence, sans les désirer et sans les repousser, et le désir se manifeste seulement quand la sensation stimule notre activité, et lui indique un besoin qui veut être satisfait. Ainsi le désir même suppose l'activité dans l'être qui désire.

Si le désir n'est pas une sensation transformée, comment la volonté, qui, bien loin d'être un désir plus fort, se manifeste mieux au contraire en opposition au désir, comme un acte spontané d'une force, d'un pouvoir libre, comment la volonté serait-elle une sensation transformée? Bien des médicaments répugnent au malade, qui ne les désire pas, à cause des sensations désagréables qu'ils lui causent; et cependant il les prend de sa *libre volonté*. L'homme honnête peut désirer les honneurs et les richesses, et ne pas vouloir les acquérir par des moyens illicites. Nous sommes esclaves de nos désirs, mais nous sommes maîtres de notre volonté.

Si l'homme n'avait pas le pouvoir de disposer de sa volonté, comment Zénon d'Élée se serait-il coupé la langue avec les dents, et l'aurait-il crachée à la face du tyran? Comment Socrate serait-il parvenu à vaincre les mauvaises inclinations, les désirs blâmables avec lesquels il était né, et serait-il devenu un modèle de vertu? Comment Démosthènes aurait-il pu corriger ses défauts physiques pour devenir le premier orateur d'Athènes? Comment Guatimozin, souriant sur les charbons ardents, aurait-il pu s'écrier : Suis-je sur un lit de roses? Si quelquefois la volonté s'unit au désir, plus souvent elle le combat, et se rend maîtresse de la sensation. Les martyrs de la philosophie et de la religion prouvent cette vérité; ils la prouvent aussi, ces stoïques sauvages d'Amérique qui regardent comme indigne de l'homme de verser des larmes et de faire entendre une plainte au milieu des plus grands tourments. Aussi Leibnitz dit en parlant de ces sauvages : « Si de telles gens pouvaient garder les avantages du corps et du cœur, et les joindre à nos connaissances, ils nous passeraient de toutes les manières.

Extat ut in mediis turris aprica casis.

Ils seraient par rapport à nous ce qu'un géant est à un nain, une montagne à une colline [1]. »

Mais on pourra dire : Quand nous paraissons vouloir ce qui nous répugne, ou repousser ce que nous désirons, c'est que le désir plus fort et absolu domine le désir plus faible. Le désir qu'a le malade de se guérir, de cesser de souffrir, est plus fort que la répugnance que sa sensibilité montre pour le remède. Le désir ardent chez l'homme de paraître stoïque et de passer pour un héros, dompte les petites passions et les désirs subalternes qui contrarient ce désir. Donc la volonté, comme la définit Condillac, est un désir absolu, et tel que nous pensons qu'une chose désirée est en notre pouvoir. Vouloir, c'est désirer.

Je réponds : Ce prétendu désir absolu dépend d'une délibération, d'un choix, d'un jugement, d'une préférence et d'une activité libre qui peut non-seulement délibérer et préférer, mais se déterminer à faire, ou à cesser de faire ce qu'elle juge

---

[1] *Essai sur la bonté de Dieu et la liberté de l'homme*, part. III, § 256.

le mieux, au mépris de la douleur, de la torture, d'une mort certaine. Au contraire le simple désir ne renferme aucun de ces actes, il se manifeste fatalement, sans choix de notre part, et entraîne l'activité sans qu'elle se soit déterminée, sans qu'elle le veuille. La détermination propre, précédée d'un jugement de préférence et d'un choix arrêté, fait de la volonté un acte libre, bien différent du désir, qui n'est précédé ni d'un choix ni d'une résolution spontanée. Donner le même nom à des actes si dissemblables, c'est tout confondre. Le remords même prouve la différence qui existe entre la volonté et le désir. Personne ne confond une chose avec une autre, excepté celui qui par esprit de système veut identifier des faits divers et opposés.

Sans cette volonté libre, l'homme serait une machine fatale, indifférente, et irresponsable aux yeux de Dieu et aux yeux des hommes des actes nécessaires qui ne lui appartiendraient pas. Sans cette volonté libre, que seraient alors l'éducation, la morale, la législation, la religion et l'histoire? Tyrannie absurde, désirs inutiles, stériles aspirations. Condillac ne pouvait pas ne pas avoir conscience de sa libre volonté, il ne pouvait ignorer les tristes mais logiques conséquences de son système, conséquences rigoureusement déduites par Helvétius, Saint-Lambert et autres; conséquences déduites avant lui des mêmes principes par Hobbes, et par tous les sophistes qui le précédèrent. Mais Condillac ambitionnait la gloire de transformer toutes les choses en sensations quelles qu'elles fussent; et pour y arriver, il lui fallait changer la volonté en désir, le désir en sensation, et en sensations toutes nos facultés. Mais la science ne se réduit pas à une transformation opérée au moyen de paroles, ni à une simplification arbitraire contredite par les faits.

Cette analyse psychologique de la génération des facultés de l'âme selon le sensualisme, nous a prouvé l'existence d'une faculté de percevoir et de juger distincte de la sensation; celle de la mémoire, qui suppose l'identité personnelle et l'idée de temps, inexplicable par la sensation; et celle d'une activité libre, qui soutient l'attention, la comparaison et la réflexion, et se manifeste plus fortement encore dans la volonté.

Toutes ces facultés existent dans l'âme humaine, et si elles n'existaient pas, la sensation, qui ne peut les produire, serait impossible; et la vie intellectuelle ou plutôt sensitive de l'esprit ne serait, rigoureusement parlant, qu'un atome dans le temps, sans succession, sans passé, sans présent, sans futur. Par conséquent, toutes les idées de l'entendement que les sensualistes font sortir par force de la sensation simple ou par eux transformée hypothétiquement, peuvent provenir d'autres facultés qui les expliquent, sans qu'il soit nécessaire de les transformer pour les faire passer par où jamais elles ne pourraient entrer même ainsi mutilées.

Si nous faisions la contre-épreuve du système de la sensation, si nous analysions les idées de substance, de cause, de phénomène, d'effet, d'espace, de temps, du juste, du beau, et tant d'autres qui ont la même origine, il nous serait facile de montrer qu'elles ne nous viennent de la sensation ni directement, ni indirectement. Mais ce travail a été fait par tous les philosophes rationalistes, depuis Platon jusqu'à nos jours; et entre autres par Kant avec une grande profondeur dans la *Critique de la raison pure;* et par M. Cousin avec beaucoup de clarté, de précision et de logique, dans son admirable *Cours d'histoire de la philosophie.* Je n'ai pas la prétention de rivaliser avec de si illustres maîtres; toutefois, comme je n'écris pas pour concourir avec mes savants guides, ni pour répéter ce qu'ils ont dit d'une manière si parfaite, mais pour mieux m'éclairer dans mes propres observations, j'examinerai ici non une de ces idées nécessaires, mais une de nos plus simples connaissances, une notion purement individuelle, qui au premier coup d'œil semble exclusivement sensible, et je chercherai si cette idée peut nous être donnée par la sensation, sans l'intervention d'autres facultés que déjà nous avons reconnu ne pas dériver de la passivité de sentir.

A cet effet il est nécessaire de supposer avec Condillac que la faculté de percevoir est la même que celle de sentir; que la perception n'est autre chose que la sensation, et pour plus de rigueur ne pas s'écarter de ses propres exemples. Il faut d'abord définir le mot « sensation », et ne pas l'employer indifféremment, pour éviter toute confusion. Condillac définissant la perception, qui pour lui est la sensation même, dit : « C'est l'impression occasionnée dans l'âme par l'action des sens. » Cette définition nous oblige à faire ici une observation préliminaire.

En physiologie, comme en psychologie, on distingue l'impression produite dans l'organe des sens, et la sensation qui se présente à l'esprit. Un homme m'appelle, le mouvement produit par l'articulation de sa voix se communique à l'air ambiant, la vibration de l'air, ou plutôt l'air vibré, arrive à mon organe auditif, y produit une vibration, ou, comme on dit, y fait une impression, qui par le nerf est transmise au cerveau. Jusque-là, toute cette série de phénomènes vibratoires s'explique physiquement; mais la sensation, qui n'est pas une conséquence nécessaire de l'impression, n'apparaît pas encore, de même que l'étincelle lumineuse n'est pas produite par le simple mouvement d'une pierre. Si je suis distrait, je n'entends pas cette voix, quoique l'impression existe dans l'organe auditif, je ne sens pas cette impression, je n'ai pas la sensation, le son. Ce son, c'est la sensation, phénomène purement intérieur, purement sensible, qui n'est ni la vibration ni l'impression reçue par l'organe, et n'a rien de semblable à cette impression, mais a seulement du rapport avec elle parce qu'il peut se manifester à notre âme à l'occasion d'une impression dans l'organe. De même nous sentons une douleur si une aiguille nous pique ou si une braise nous brûle en quelque partie du corps; mais cette sensation « douleur » n'a aucune ressemblance avec l'aiguille ni avec la braise, ni avec l'éloignement et le mouvement des molécules de mon corps, physiquement produits par ces deux objets supposés. Ainsi des couleurs, des odeurs, des goûts, de la dureté, de la mollesse, du froid, du plaisir, et de toutes les autres sensations que nous recevons à l'occasion d'une impression organique. Ceci étant une vérité incontestable, ne confondons pas ici la sensation, qui est un phénomène psychologique ou vital, avec l'impression, qui est un phénomène corporel.

Essayons maintenant de tirer une connaissance très-simple de la sensation. N'oublions pas que l'homme ou la statue de Condillac n'a aucune faculté innée, et qu'elle acquiert tout par la sensation. En prenant les choses à la rigueur, comme on doit le faire en philosophie quand on veut trouver la vérité, la sensation ne peut exister là où n'existe pas la faculté de sentir; car quelles que soient les impressions que nous produisions dans un corps, il n'éprouvera aucune sensation s'il ne possède pas la faculté de sentir, qui se révèle dans la sensation, mais ne naît pas d'elle; parce que ce n'est pas l'acte qui donne naissance à la faculté qui le produit. Ici déjà dès son point de départ, la théorie de Condillac rencontre une objection invincible. Pour continuer notre expérience, concédons à la statue, gratuitement et contrairement à l'hypothèse, la simple faculté de sentir, ce qui est déjà lui accorder une *virtualité innée*, comme dirait Leibnitz. Voyons maintenant si avec cette faculté, la seule que quelques sensualistes se croient obligés de reconnaître dans l'homme, nous pourrons tirer, je ne dirai pas déjà une simple connaissance, mais une simple sensation.

Répétons l'exemple même de Condillac. La statue, à laquelle nous voulons bien concéder la faculté de sentir, a seulement, pour commencer, l'odorat; mais ensuite s'ouvriront chez elle les autres sens; et le philosophe s'exprime ainsi : « Si nous lui présentons une rose, elle sera, par rapport à nous, une statue qui sent une rose; mais, par rapport à elle, elle ne sera que l'odeur même de cette fleur. » C'est-à-dire, elle ne pourra se distinguer de sa propre sensation. Et pourquoi la statue sera-t-elle l'odeur, et non une statue qui odore? Pourquoi ne se distinguera-t-elle pas de la sensation, et s'identifie-t-elle avec elle, comme le reconnaît et le confesse l'illustre philosophe?

Par la simple raison que n'ayant pas *conscience de son moi*, elle ne peut distinguer le phénomène du sujet, et reste à l'état du phénomène même.

Mais présentons-lui un œillet.

Elle sera l'odeur de l'œillet, comme auparavant elle était l'odeur de la rose.

Présentons-lui une autre fleur, plusieurs autres encore.

Elle sera toujours l'odeur de la dernière fleur.

La statue n'ayant pas conscience de son individualité personnelle, n'ayant pas de mémoire, ces sensations ne peuvent être toutes présentes pour elle en même temps. Il n'y a ni succession ni présence pour celui qui n'a ni mémoire, ni conscience de soi-même, ce qui nous paraît de la plus grande évidence.

Ouvrons-lui tous les sens; et pour que toutes les sensations possibles lui soient présentes en même temps, admettons, ce qui est facile, qu'elle les reçoive à la fois, et qu'elle éprouve les impressions de tous les sens.

Dans ce cas, elle sera un chaos de sensations dans un espace de temps indéfinissable, un phénomène impossible à concevoir.

Mais la statue qui était la première sensation, ne pourra-t-elle distinguer la seconde de la première, la troisième de la seconde, et ainsi de suite, jusqu'à ce qu'elle se distingue de toutes, et se place comme leur sujet?

Non; car la statue n'ayant pas conscience de soi, n'ayant pas de mémoire, il ne peut y avoir pour elle ni succession ni permanence actuelle de ces sensations oubliées d'instant en instant; il n'y a pas de distinction pour qui n'a pas le pouvoir de distinguer. Une sensation ne se distingue pas soi-même d'une autre sensation, comme une pierre ne se distingue pas soi-même d'une autre chose quelle qu'elle soit; celui-là seul les distingue qui a le pouvoir de les distinguer; et *celui-là* est ici le *moi*, qui n'existe pas encore, et qui doit naître de la sensation, aussi bien que sa mémoire.

Et pourquoi ne pourrions-nous pas supposer que ces sensations persistent, et lui donnent le moi et la mémoire ?

Parce que au moyen de cette supposition on admet déjà le moi et la mémoire comme existant indépendamment de la sensation et avant elle, sans quoi il est impossible que les sensations restent. Elles ne peuvent persister, elles ne peuvent durer en rapport au moi, si l'esprit n'existe pas avant elles, s'il n'a pas de mémoire pour les conserver, et ne sait si elles sont permanentes et ont de la durée. Si nous admettons contre l'hypothèse un moi doué de conscience et de mémoire, antérieur à la sensation, la théorie du sensualisme s'évanouit tout entière, puisqu'elle prétend faire sortir des sensations le moi, la conscience, la mémoire et toutes nos connaissances, sans admettre aucune chose innée et préexistante.

Pour nous, qui avons conscience de notre moi, qui avons la mémoire, le présent se forme par le souvenir du passé et l'espérance du futur; et le présent pour nous est un jour, une heure, une minute. Si nous n'avions aucune mémoire, le présent serait pour nous moins qu'un instant; il serait en rapport au temps comme un point mathématique est en rapport à l'espace. Nous prononcerions un monosyllabe; et avant de prononcer le second le premier serait déjà oublié. Nous regarderions une fleur un jour entier, et oublieux de toutes choses, nous ne saurions au dernier instant de la journée combien de moments, combien de temps auraient duré les sensations de couleur et d'odeur de cette fleur, qui dans ce même instant nous paraîtrait commencer à exister. Que dis-je? Ces sensations ne dureraient pas même un instant pour nous; nous serions comme plongés dans un profond sommeil avec tous nos sens ouverts, et nous n'aurions pas même une sensation; parce que la sensation n'est pas un phénomène abstrait, ni la conscience de soi-même, mais bien un acte ou le phénomène d'un *être* toujours identique, et qui sent ce qui se passe en lui. Supprimons cet être qui demeure identique, supprimons la conscience, supprimons la mémoire, et la sensation disparaît pour nous, elle cesse d'être, elle n'est pas. Donc les sensations ne produisent pas la conscience et la mémoire, mais elles dépendent de la conscience et de la mémoire afin qu'elles soient présentes à l'esprit.

Ainsi la théorie du pur sensualisme ne nous explique pas même une sensation, et à plus forte raison elle n'explique pas toutes nos connaissances; elle nous dit seulement que nous avons des sensations; ce que personne ne nie. — Mais quand cette théorie nous affirme que les sensations supposent une faculté de sentir; qu'elles dépendent d'une impression quelconque dans les organes des sens; qu'elles sont les conditions indispensables de nos connaissances, elle ne peut avancer tout cela uniquement en vertu de la sensation, phénomène qui ne sort pas de soi-même, qui ne peut se rapporter à aucune chose; mais elle l'affirme en vertu d'une faculté de savoir, de percevoir, de juger, de rapporter; faculté dont elle se sert tout en la niant, comme l'antique pyrrhonien niait le mouvement tout en marchant.

Nous sommes heureux de pouvoir fortifier notre jugement de l'opinion d'un des plus profonds penseurs contemporains, compatriote de l'illustre chef du sensualisme.

« Condillac, dit M. Cousin, ne s'est pas aperçu qu'en dépouillant l'homme de toute activité propre, il supprimait le principe même de la sensation. Il en donne bien la condition; il en ôte le fondement. Un milliard d'impressions ne peuvent produire une seule sensation sans la coopération de cette puissance que Condillac a méconnue. Il ne veut pas que nos facultés soient quelque chose d'inné; il veut que tout dérive de *l'impression occasionnée par l'action des objets.* Mais cette impression qui doit tout féconder, qui doit tout produire, est elle-même stérile et ne peut se transformer en une sensation véritable que par l'intervention de quelque chose de différent d'elle, de quelque chose d'inné, qui est l'intelligence elle-même. Otez la conscience, il n'y a rien pour la statue; et pour qu'il y ait conscience, il faut un tout autre principe que les sens. On ne saurait trop le répéter : l'erreur constante de Condillac et de l'école empirique est de croire que c'est à un accident extérieur que l'homme doit sa pensée, son activité, ses sentiments, tandis que c'est dans le fond même de sa nature qu'il puise incessamment la volonté, le sentiment, la pensée... Son procédé habituel est celui d'un logicien algébriste, qui, par une suite d'équations, transforme une quantité connue en des quantités nouvelles et inattendues. Il ne faut pas lui demander des observations fidèles et impartiales. Il ne songe pas aux faits, sinon pour les faire fléchir sous le joug d'une simplicité mensongère[1]. »

Cette citation suffit pour que notre jugement ne paraisse pas trop sévère.

Pour conclure, la sensation, qui est un fait incontestable, suppose nécessairement une faculté de sentir préexistante à la sensation; la mémoire préexistante à la succession des sensations; la conscience, également préexistante à la sensation, et un moi coexistant avec la conscience et la mémoire, et qui suppose nécessairement un *être* réel, permanent et identique, sujet de la conscience et de la mémoire, et qui se distingue de ce qui se passe en lui.

Cette préexistence à la sensation et à l'expérience est ce que dans le langage de Descartes et de Leibnitz on appelle *inné*; si ce terme déplaît, si on le trouve usé, qu'on en invente un autre, qu'on donne à cette préexistence le nom qu'on

---

[1] *Philosophie sensualiste au dix-huitième siècle.* Deuxième leçon, p. 86 et 128. 3ᵉ édition, 1856.

CHAPITRE CINQUIÈME.

voudra, pourvu qu'on reconnaisse que ces choses ne dérivent pas de la sensation et de l'expérience, mais la précèdent et lui préexistent, en dépit de toutes les théories du sensualisme ancien et moderne. Les sensations présentes et passées existent pour nous, parce que nous existions avant de les recevoir, et que nous existions avec toutes nos facultés intellectuelles, lesquelles entrent en action excitées, mais non produites par les sensations.

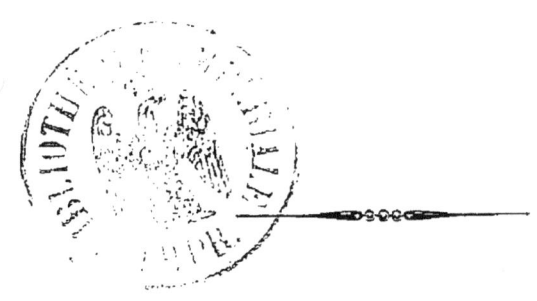

CHAPITRE SIXIÈME.

Nécessité d'une faculté de savoir pour l'explication de nos connaissances. — De l'idée de substance, et du moi. — Confusion et contradictions du sensualisme sur ces idées. — Origine du sensualisme. — Expériences physiologiques sur les facultés de percevoir et de sentir. — Unité de la faculté de savoir dans ses divers actes. — Expériences et observations sur le service que prête le cerveau à la faculté de savoir.

Une théorie peut être fausse en partie, et renfermer cependant d'importantes vérités qui doivent être conservées ; mais quand le principe exclusif sur lequel elle se fonde est faux, ses conclusions ne peuvent être vraies que par une erreur de logique. L'unité apparente, et quelques observations bien fondées, peuvent à peine lui donner un éclat superficiel. Le sensualisme se trouve dans ce cas.

La simplicité n'est pas le caractère de la vérité dans les choses humaines : notre corps est un composé de parties très-différentes, nos organes des sens sont très-compliqués, et la moindre des fonctions vitales dépend d'un tel concours de circonstances, que celui qui les étudie sérieusement est frappé d'admiration. C'est avec raison que Galien pensait composer un hymne à l'Auteur du corps humain en écrivant son livre *De usu partium*. Et pourtant une peau presque uniforme recouvre une fabrique prodigieuse, et dérobe d'innombrables

merveilles à l'œil vulgaire qui ne les dissèque pas.
Les fonctions de l'esprit ne sont pas moins compliquées que celles du corps, et le plus simple de ses actes dérive d'un concours de facultés. L'unité dans la nature, comme dans les œuvres d'art, ne provient pas de la simplicité des moyens employés, mais bien de l'arrangement et de l'harmonie des parties par rapport au sujet et à l'objet.

L'étude de l'homme intellectuel est véritablement le plus bel hymne que la créature puisse adresser à l'Auteur de toutes choses, qui dans sa bonté divine lui a concédé la faculté de s'élever jusqu'à lui par la vérité. C'est seulement par cette étude que l'homme sait ce qu'il est, ce qu'est Dieu, et ce qu'est cette nature si différente de ce qu'elle se présente aux sens.

L'analyse à laquelle nous avons soumis la théorie des sensations, l'examen critique de nos facultés, et de l'une de nos idées les plus simples, nous obligent d'admettre, outre la sensation, un sujet préexistant, doué de conscience et de mémoire, et d'une activité spontanée, inexplicables par la sensation, laquelle sans ces facultés préexistantes passerait inaperçue, n'existerait pas pour l'esprit humain; ce que nous venons de prouver.

L'impuissance de cette théorie pour expliquer nos connaissances est si grande, que quand même, pour se sauver, elle admettrait un être actif préexistant, la conscience, et une mémoire sensitive, elle ne pourrait ainsi expliquer toutes nos connaissances.

De cette manière encore nous ne saurions aucune

chose en dehors de nous; nous ne pourrions sortir de notre conscience, ni rapporter les sensations à aucun objet extérieur. Nous sentirions à peine que nous sentons; il n'y aurait pas perception, et chacun serait l'unique sujet de ses propres modifications, sans qu'il lui fût possible de présumer l'existence d'autres êtres égaux ni d'aucune autre chose. Les hommes se rencontreraient exactement comme des miroirs vivants et animés, qui se réfléchiraient mutuellement, chacun cependant sentant en soi-même son voisin. La sensation, comme tout le monde le sait, est un acte intérieur, une modification de la faculté de sentir, selon l'expression générale, et ne pourrait jamais être rapportée à un objet extérieur, ainsi que nous le faisons tous, si l'âme n'avait naturellement la faculté de le faire. Cette faculté n'est pas la faculté de sentir; ce n'est pas non plus la conscience, ni la mémoire, ni même l'activité, par la raison que la capacité de recevoir et de conserver ne peut être celle de donner et de produire, ou, pour parler plus rigoureusement, celle de juger et de rapporter. De même, la propriété qu'a un corps de se modifier par le choc d'un autre corps n'est pas la même en vertu de laquelle il repousse le projectile et retourne à son ancien état; ce qui oblige le physicien à admettre une force élastique sans laquelle le phénomène de la réflexion ne pourrait avoir lieu. L'élasticité de l'âme, métaphoriquement parlant, est la faculté de percevoir et de juger.

Si nous n'avions pas cette faculté coexistante avec

la faculté de sentir, mais non dérivée de cette dernière, nous ne pourrions dire avec Condillac : « Soit que nous nous élevions, pour parler métaphoriquement, jusque dans les cieux, soit que nous descendions dans les abîmes, nous ne sortons point de nous-mêmes, et ce n'est jamais que notre propre pensée que nous apercevons[1]. » Nous qui avons, grâce à Dieu, la faculté de percevoir, nous pourrions dire cela de l'être sensitif qui ne l'aurait pas ; mais celui qui parle ainsi de soi-même a déjà l'idée de quelque chose au delà de la sensation et de soi-même ; il a déjà l'idée de l'espace, l'idée du ciel et de l'abîme, et en niant la possibilité de sortir, de monter, de descendre, il affirme qu'il a toutes ces idées, qui ne sont pas des sensations ; il affirme que déjà il a fait un effort volontaire ; qu'il cherche à savoir quelque chose de réel au delà des phénomènes qu'il éprouve en soi. Un tel être ne pourrait dire qu'une seule chose : Je sens, j'ai senti telle odeur, telle couleur, tel son ; je sens de diverses manières, et toutes ces sensations constituent le mode par lequel j'existe ; elles sont mes qualités.

Ce n'est donc pas à la théorie des sensations que nous pouvons demander des explications touchant nos perceptions, nos idées et nos facultés. Cette théorie ne peut pas même nous donner une sensation.

Condillac ne faisant pas de distinction entre les perceptions et les sensations, qui à peine les occa-

---

[1] *Essai sur l'origine des connaissances humaines.*

sionnent, dit : « Les sensations considérées comme représentations des objets sensibles s'appellent idées; expression figurée qui dans le sens propre signifie la même chose qu'images. »

Comme Condillac et tous les sensualistes qui l'ont précédé et suivi, considèrent les idées comme les images des choses; comme il dit que la sensation est sentiment par le rapport qu'elle a à l'âme qu'elle modifie, et est idée par le rapport qu'elle a à quelque chose d'extérieur; comme il est évident, selon le même philosophe, que ces idées ne nous font point connaître ce que les êtres sont en eux-mêmes; comme toutes nos connaissances, d'après cette théorie, se réduisent à ces idées sensations qui n'existent qu'en nous seulement; comme ces idées sont des images représentatives de choses que nous ne connaissons pas; comme nous sommes condamnés par ce système à ignorer perpétuellement si les choses sont ce qu'elles nous paraissent, et s'il y a de la ressemblance entre les objets et les images que nous en avons : Condillac par cela même est donc logique quand, acceptant les conséquences de sa théorie, il dit : « Rien dans l'univers n'est visible pour nous; nous n'apercevons que les phénomènes produits par le concours de nos sensations [1]. » C'est logique, mais absurde.

Voilà la théorie du sensualisme qui tombe dans le plus complet scepticisme au sujet de ce même univers matériel en faveur duquel elle avait au com-

---

[1] *Logique*, chap. III.

mencement converti l'esprit humain en une table rase, en un miroir mort ou une collection d'images des impressions extérieures. Maintenant cet univers n'est pas visible pour nous! Maintenant, en vertu des principes mêmes du sensualisme, nous n'apercevons que les phénomènes produits non par l'univers, mais par le concours de nos sensations! C'est donc le sensualisme même qui nie la visibilité du monde physique, et, subjectivant toutes nos connaissances, nous dit que nous n'apercevons que nos propres sensations! Et on s'étonne que Berkeley ait nié l'existence du monde sensible! Et quel droit le sensualisme a-t-il pour l'affirmer, quand cette négation est la conséquence logique de ses principes?

Mais nous avons une idée de l'être, de la substance, sujet ou cause de ces phénomènes auxquels nous rapportons nos sensations. Comment acquérons-nous cette idée? D'où nous vient-elle, puisque la sensation ne nous la donne pas? Voici ce que répond Condillac dans son *Traité des systèmes* : « Si par l'idée de substance on entend l'idée de quelques qualités réunies quelque part, nous connaissons ce que nous appelons substance; mais si l'on entend la connaissance de ce qui sert de fondement à la réunion de ces qualités, nous l'ignorons tout à fait... La substance ne se conçoit même pas, mais on l'imagine pour servir de lien, de soutien aux qualités que l'on conçoit. »

Nous avons ici l'idée de substance réduite à une

idée imaginaire, qui ne se conçoit pas. Mais d'où nous vient cette idée imaginaire, qui ne nous a pas été donnée par la sensation? Comment nous a-t-il été possible de l'imaginer, puisqu'elle est inconcevable? Comment à l'occasion de ces sensations, qui nous représentent seulement des qualités qu'on peut à peine concevoir, pouvons-nous supposer une substance, ou un *lieu* où elles se réunissent, comme le dit Condillac?

Mais cette idée de substance, du sujet des qualités, si vague qu'elle soit, selon l'expression de notre auteur, existe dans notre âme, en admettant même qu'elle ne corresponde à aucune réalité hors de nous. Elle existe dans l'entendement, puisque dans toutes les langues il y a des mots pour l'exprimer ; et si cette idée ne nous vient par aucun de nos sens (et si elle venait par quelqu'un d'eux le sensualisme l'aurait indiqué), quelle est donc la conclusion? C'est sans doute que notre âme a le pouvoir de la produire, ou de la recevoir par une autre voie que la sensation. Nous verrons plus tard si cette idée est la seule que notre âme reçoive par ce nouveau moyen.

Entendons-nous d'abord sur le titre d'imaginaire que Condillac donne à cette idée, et par lequel il semble annoncer que nous la formons de la même manière que par l'imagination nous nous représentons le monstre d'Horace, l'Adamastor de Camoëns, l'enfer de Dante, et toutes les fictions et les images de la poésie, en réunissant arbitrairement les qualités que séparées nous observons par les sens. Telle est en effet la pensée de Condillac quand il dit : « Si par l'idée de substance on entend l'idée de quelques qualités réunies quelque part, nous connaissons ce que nous appelons substance. »

Ici, comme on le voit, l'idée de substance confondue et identifiée avec la substance même, se trouve réduite à la réunion de quelques qualités; et alors c'est une idée imaginaire, comme celle de Vénus ou de Mars. Mais continuant son raisonnement, Condillac distingue parfaitement l'idée de substance, de la réunion des qualités, en disant : « Mais si l'on entend (par l'idée de substance) la connaissance de ce qui sert de fondement à la réunion de ces qualités, nous l'ignorons tout à fait. »

Qu'importe que nous ignorions, selon Condillac et autres, ce qu'est la substance en elle-même ? La physique sait-elle par hasard ce que sont les qualités en elles-mêmes ? La question psychologique consiste à savoir si nous avons cette idée : peu importe que la substance existe ou n'existe pas réellement. A la métaphysique appartient la question relative à la réalité objective de la substance, mais avant la métaphysique il y a la psychologie qui lui sert d'appui.

Si nous n'avions pas cette idée, la science ne chercherait pas à savoir à quel objet elle correspond, et la physique ne supposerait jamais l'existence d'une substance matérielle, sujet caché des phénomènes qu'elle observe.

Il est hors de doute que nous avons cette idée de substance, puisque nous posons des questions à son sujet : il est très-certain que nous ne la formons pas par une abstraction, ou par une réunion d'idées ; et Condillac lui-même, malgré ses détours, malgré qu'il l'ait réduite d'abord, en vertu de son système, à l'idée collective de qualités réunies, la distingue bien ensuite, en disant : « La connaissance de ce qui sert de fondement à la réunion des qualités. » Donc, nous avons idée de quelque chose au delà des qualités. Et comment pourrions-nous donner le titre de qualités à toutes les sensations, s'il n'y avait dans l'esprit humain l'idée de substance ?

Mais cette supposition nécessaire de quelque chose au delà des attributs, et servant de fondement à leur réunion, cette supposition même est l'idée de substance, laquelle n'étant pas une qualité abstraite, ni formée par une réunion de qualités, ne doit pas être appelée idée imaginaire. Qu'est-elle donc ? une idée simple, nécessaire, universelle, une véritable idée, qui existe dans notre entendement, et qui surpassant de beaucoup celle de qualité, ne nous est pas venue, ne peut pas nous venir des sens, par lesquels nous n'acquérons que des idées de qualités.

Remarquons que dans toute cette question, Condillac, qui se propose de tirer des sens toutes nos idées, confond à dessein, pour ne pas démentir sa théorie, l'idée de substance avec son objet, pour envelopper l'idée dans la négation de la connaissance distincte de la substance réelle, comme celui qui identifiant sophistiquement la conception d'un pouvoir occulte avec les objets allégoriques qui nous servent à le représenter, croirait nier l'idée d'existence de ce pouvoir invisible, en niant la réalité de ses simulacres. Je dis que Condillac le fait à dessein par amour de sa théorie, parce qu'il ne confond pas les idées sensibles, ou proprement sensations, avec les qualités réelles des choses auxquelles elles correspondent; aussi dit-il : « Rien dans l'univers n'est visible pour nous; nous n'apercevons que les phénomènes produits par le concours de nos sensations. » Ici il distingue le subjectif de l'objectif.

Outre cette idée de substance des phénomènes physiques, nous avons aussi l'idée d'une substance spirituelle qui constitue notre être propre, ainsi que les idées de cause, d'espace, de temps, du juste, du beau, etc. Toutes ces idées, comme celle de substance en général, existent dans l'esprit humain avec le caractère d'idées universelles, nécessaires et absolues. Personne, à moins d'être un philosophe sensualiste, ne confond l'espace permanent et infini avec les objets finis qui l'occupent; le temps éternel avec la succession des phénomènes; le juste en soi-même avec les prescriptions plus ou moins utiles des lois positives; le beau idéal avec le plaisir qu'il nous cause, etc. Mais le procédé de Condillac, comme celui de Locke et de tous les sensualistes, pour réduire toutes nos idées à n'être que des idées contingentes et relatives, est toujours le même, et consiste à les confondre avec les circonstances qui les accompagnent ou les occasionnent, afin d'en faire des idées adventices par la sensation.

Il est inutile de répéter la même analyse sur chacune de ces idées pour démontrer cette confusion, qui se répète sans cesse. La manière dont l'école de la sensation explique notre propre être spirituel, notre moi, démontrera pour toutes la confusion imposée par un faux système.

Qu'est-ce que le *moi* selon cette théorie? Condillac se reportant, dans son *Traité des sensations*, à la statue image de l'homme, qui ne ressemble en rien à l'homme, dit : « Son moi n'est que la collection des sensations qu'elle éprouve, et de celles que sa mémoire lui rappelle [1]. »

Nous avons ici un *moi* imaginaire sans existence, une collection de sensations présentes et passées, sans sujet qui les réunisse, une collection par conséquent abstraite, faite de soi-même, et formée de phénomènes abstraits aussi, qui n'existent en personne! Car enfin si les sensations n'existent en aucun sujet réel, elles ne peuvent exister nulle part. Qui pourra concevoir des modifications abstraites de l'être, sans un être qui se modifie? une douleur, un plaisir, sans quelqu'un qui les sente ?

Mais Condillac ne s'exprime pas toujours de la même manière; et quand il n'est pas dominé par la théorie du sensualisme, il n'hésite pas à proclamer la vérité. Ainsi il dit dans son *Traité des animaux:*

---

[1] *Traité des sensations*, chap. VI, § 21.

« L'unité de personne suppose nécessairement l'unité de l'être sentant : elle suppose une substance simple, modifiée différemment à l'occasion des impressions qui se font dans les parties du corps. »

Descartes et Leibnitz ne s'exprimeraient pas mieux. Ainsi Condillac repousse, et avec beaucoup de raison, le célèbre doute de Locke sur l'impossibilité supposée de savoir si Dieu donnerait à la matière convenablement disposée la faculté de penser, quand il dit : « Il ne faut pas s'imaginer que pour résoudre cette question il faille connaître l'essence et la nature de la matière. Les raisonnements qu'on fonde sur cette ignorance sont tout à fait frivoles. Il suffit de remarquer que le sujet de la pensée est un. Or un amas de matière n'est pas un : c'est une multitude [1]. »

Voilà de quelle manière heureusement le sensualisme se combat et se détruit lui-même ! Mais si l'unité de personne suppose nécessairement l'unité d'un être pensant, d'une substance simple ; si le philosophe en est persuadé, pourquoi alors dire que le *moi* est une collection de sensations ? Pourquoi dire que la substance ne se conçoit même pas, et que par cette idée on entend seulement une réunion de qualités ? Mais quand pourrons-nous ajouter foi à ce que disent les sensualistes ? Sera-ce quand, en vertu de leur théorie, ils nient les idées nécessaires ? ou quand, forcés par la conscience, ils les affirment ? Qui les oblige à tant de contradictions, si ce

---

[1] *Essai sur l'origine des connaissances humaines*, chap. II.

n'est la fausseté de la théorie de la sensation? Et comment ne pas rejeter pour toujours un principe hypothétique qui nous entraîne à tant d'absurdités?

Condillac, ainsi que l'ont bien observé Royer-Collard et M. Cousin, n'est pas matérialiste, il s'en faut de beaucoup ; il n'est pas spiritualiste, puisqu'il prétend tout expliquer par la sensation : il n'est pas idéaliste, puisqu'il admet des réalités dont nos idées sont les images ; il n'est pas sceptique, puisqu'il affirme beaucoup de vérités ; il n'est pas proprement un sophiste, puisqu'il se montre convaincu de ce qu'il dit : mais comme il se contredit à chaque pas, il se prête à toute supposition. Toutes ses erreurs proviennent de la fausse théorie des sensations.

Ce n'est pas dans le dessein de la combattre et de la réfuter que nous étudions cette théorie, mais pour voir quelle vérité elle peut nous donner. La vérité que nous cherchons nous intéresse par-dessus tout; et si nous ne savons pas ce que nous sommes, ce que sont nos idées, d'où elles nous viennent, ni à quoi elles correspondent, et ce qu'en réalité elles nous annoncent, nous ne saurons rien avec certitude ni de nous-mêmes, ni de Dieu, ni du monde, nous ne pourrons prévoir ce que nous serons : et vivre dans une aussi complète ignorance est un martyre pour celui qui ne se contente pas du sort des brutes. La foi est belle, mais elle n'exclut pas la science, au contraire elle resplendit davantage encore si la philosophie vient la confirmer.

Nous ne suivrons pas la théorie de la sensation

dans tous ses développements et ses conséquences; notre seul but était de l'examiner dans son fondement. Dans l'état actuel des sciences, prétendre tirer toutes nos connaissances de la sensation et de l'expérience, ce n'est pas une simple erreur, c'est une complète absurdité. La physiologie même oppose ses expériences à cette théorie, qui doit enfin disparaître du champ de la philosophie, et rester à peine mentionnée dans son histoire comme une des nombreuses erreurs de l'esprit humain, si abondantes dans l'histoire de toutes les sciences.

Mais qui a pu porter certains penseurs à supposer que toutes nos facultés, toutes nos idées, dérivent exclusivement de la sensation? Cette erreur provient de l'invisibilité des facultés de l'esprit, du peu d'attention qu'on donne à la nature de nos idées, et de l'amour de la simplicité dans la science, dont la cause est dans la tendance naturelle de l'esprit à l'unité.

Nous expliquerons notre pensée par une comparaison.

Si les organes externes de nos sens, au lieu d'être aussi saillants et aussi visibles qu'ils le sont, étaient formés de telle sorte que nous ne pussions les découvrir sans les anatomiser; que, par exemple, nous n'eussions pas le pavillon de l'oreille, et que la peau couvrant l'orifice auditif remplît les fonctions de membrane du tympan; que les yeux et l'organe de l'odorat, également cachés, reçussent les impressions externes au travers d'une peau unie, on ne manquerait pas de juger que la peau est notre unique organe sensitif, que par elle seule nous voyons, nous entendons, nous odorons et nous touchons. Si l'on disait à ces philosophes que la variété de tant de sensations suppose nécessairement une variété d'instruments organiques, cela leur paraîtrait absurde. Sans examiner la différence de nos sensations, ils demeureraient dans la fausse croyance qu'il suffirait d'un organe pour les expliquer toutes : et la théorie, fidèle à cette hypothèse, torturant les sensations diverses, changerait le froid en chaleur, l'odeur en son, le plaisir en douleur; et les empiriques ne seraient convaincus du contraire que si quelque anatomiste, soulevant la peau, leur montrait les organes cachés.

Ainsi procèdent les sensualistes : se bornant à l'examen superficiel de nos idées, des divers caractères avec lesquels elles se présentent, et des moyens qu'elles supposent pour que nous puissions les acquérir; ne voyant pas de quelle manière l'esprit opère dans ses diverses manifestations intellectuelles, ils réduisent tous ses actes à sentir, et toutes ses connaissances à des sensations.

Malheureusement pour eux, mais très-heureusement pour nous, la psychologie ne peut matérialiser l'esprit, et le rendre visible, pas plus qu'elle ne peut rendre sensibles ses nombreuses facultés.

Mais notre esprit se servant, dans quelques-unes de ses opérations qui ont plus de rapport avec le monde sensible, d'organes mis à sa disposition à cet effet par Celui qui lui a donné un corps; la connaissance de ces différents organes, aussi bien que de nos différents sens, prouve d'une manière surabondante non-seulement l'unité du sujet, mais encore la variété de ses diverses opérations et de ses diverses facultés. Et afin de pouvoir joindre aux démonstrations psychologiques, déjà suffisantes par elles-mêmes, la preuve, matérielle pour ainsi dire, que la faculté de percevoir, de juger et de penser, n'est pas la faculté de sentir, nous invoquerons le témoignage de la physiologie expérimentale, qui vient aujourd'hui confirmer ce que la psychologie savait déjà depuis Platon jusqu'à nos jours.

Un des plus profonds physiologistes contemporains, M. Flourens, que déjà nous avons eu occasion de citer, exposant avec la plus grande clarté possible ses expériences sur les organes cérébraux, s'exprime ainsi :

« L'ablation d'un tubercule détermine la perte de la *sensation*, du *sens* de la vue; la rétine devient insensible, l'iris devient immobile.

« L'ablation d'un lobule cérébral laisse la *sensation*, le *sens*, la *sensibilité* de la rétine, la *mobilité* de l'iris; elle ne détruit que la *perception* seule.

« Dans un cas, c'est un fait *sensorial*, et dans l'autre un fait *cérébral;* dans un cas, c'est la perte du *sens;* dans l'autre, c'est la perte de la *perception*.

« La distinction des perceptions et des sensations

est encore un grand résultat, et il est démontré aux yeux.

« Il y a deux moyens de faire perdre la vision par l'encéphale : 1° par les tubercules, c'est la perte du sens, de la sensation; 2° par les lobules, c'est la perte de la perception, de l'intelligence.

« La sensibilité n'est donc pas l'intelligence; penser n'est donc pas sentir; et voilà toute une philosophie renversée...

« L'idée n'est donc pas la sensation; voilà encore une autre preuve du vice de cette philosophie.

« Penser est si peu sentir (même matériellement parlant), que le cerveau est insensible, impassible; on peut le blesser, le piquer, le couper par tranches, sans produire aucune douleur.

« La sensibilité est dans les nerfs de la moelle épinière, où n'est pas l'intelligence; et l'intelligence est dans le cerveau, où n'est pas la sensibilité.

« La sensibilité et l'intelligence sont donc deux faits distincts, et si distincts qu'ils ne résident pas même dans le même organe, qu'ils résident dans deux organes très-différents, très-indépendants l'un de l'autre.

« L'indépendance entre les organes est telle, que l'un (le cerveau) peut être enlevé sans que cela nuise à l'autre (la moelle épinière).

« L'indépendance entre les fonctions est telle, que l'une, l'intelligence, disparaît tout entière avec le cerveau, et qu'alors la sensibilité reste toute, parce que la moelle épinière reste.

« C'est encore ici une opposition admirable. La sensibilité est où n'est pas l'intelligence ; l'intelligence est où n'est pas la sensibilité. L'organe qui pense n'est pas celui qui sent; l'organe qui sent n'est pas celui qui pense.

« Preuve absolue de la distinction de la sensibilité et de l'intelligence, et la première qui le soit à ce point[1]. »

C'est en effet la première preuve physiologique qui arrive à ce point, comme le dit son illustre auteur, mais non la première preuve psychologique : depuis un grand nombre de siècles déjà une philosophie digne de ce nom avait reconnu que percevoir n'est pas sentir.

Voici donc les deux facultés distinctes réunies par le même moi indivisible, et à peine exercées par l'intermédiaire de deux instruments divers et indépendants, séparées matériellement, et en général, par la physiologie expérimentale.

Il est naturel que les sensualistes, à la vue de cette preuve matérielle, reconnaissent leur erreur; erreur inexcusable même avant cette démonstration sensible, dont la psychologie n'a pas besoin pour connaître les faits attestés par la conscience, de même que la médecine n'a pas besoin des analyses chimiques pour connaître les propriétés bienfaisantes des substances qu'elle emploie. Chaque science a sa méthode particulière. Mais de sem-

---

[1] Flourens, *De la vie et de l'intelligence*, sect. II, chap. VIII, p. 45, 46 et 47.

blables démonstrations ne nuisent pas à la vérité ; et la valeur des preuves étant relative aux intelligences auxquelles on les adresse, les plus faibles paraissent quelquefois avoir plus de poids : ainsi certains aliments particuliers, bien reçus par quelques estomacs, sont repoussés par d'autres, mais lorsqu'ils sont mêlés à d'autres aliments, ils sont agréables à tous et se digèrent avec plus de facilité. Il est bon d'employer des preuves de toutes sortes.

De tout ce que nous venons de démontrer, nous pouvons conclure sans hésiter, que, outre la faculté de sentir, qui par elle seule ne produit rien, outre une activité propre, nécessaire pour qu'il puisse sentir, être attentif et agir, l'esprit possède une faculté de savoir aussi bien ce qui est en lui, que ce qui se passe hors de lui.

Savoir ce qui se passe en soi-même, avoir la science de tous ses actes, c'est ce qu'on appelle « conscience ».

La conscience est la science réfléchie en quelqu'un, individualisée, personnalisée, possédée par un sujet actif, et convertie ainsi en faculté individuelle.

Savoir, avoir la science de ce qui se passe hors de soi-même, c'est ce qu'on appelle percevoir.

La perception suppose nécessairement la conscience. Celui qui n'a pas la conscience de sa propre existence ne peut d'aucune manière se distinguer d'aucune chose, ne peut avoir ni perception ni science d'aucune chose en soi ou hors de soi.

La conscience suppose aussi des perceptions, non

pour qu'elle existe dans l'esprit, mais pour qu'il puisse se remplir et s'occuper d'autres objets hors de soi-même.

Les perceptions actuelles et les perceptions passées supposent toujours la conscience, sans laquelle elles n'existeraient pas; mais la conscience n'a pas besoin de perceptions actuelles pour s'exercer; elle peut penser au moyen des perceptions passées qui se trouvent dans sa mémoire.

La conscience n'est donc pas un mode de percevoir, ni une faculté distincte de la faculté de savoir, comme quelques philosophes l'ont pensé, mais bien cette faculté même de savoir, qui se connaît avant tout, et qui en percevant s'aperçoit.

Percevoir, c'est savoir quelque chose hors de soi, c'est un mode de savoir, un mode par lequel la conscience reçoit les notions des choses extérieures, par conséquent un acte de la conscience, qui, pour ainsi dire, s'enrichit.

Savoir ce qui est en soi, ou hors de soi, c'est en même temps distinguer et affirmer un objet d'un autre, soit en rapport au sujet qui le perçoit, soit en rapport à quelque autre objet : distinguer et affirmer, c'est comparer et juger.

Comme en toute perception le sujet qui perçoit se distingue de la chose perçue, toute perception implique un jugement.

Distinguer un jugement d'un autre jugement, ou une perception d'une autre perception, comparer pour mieux percevoir ses rapports, c'est réfléchir.

La réflexion est donc un acte de la conscience attentive, acte par lequel elle cherche à percevoir les rapports entre les choses qui l'occupent.

Percevoir les rapports de conformité et de similitude entre beaucoup de perceptions et de jugements, c'est généraliser et induire.

Percevoir un fait particulier comme égal à beaucoup d'autres déjà observés, et lui attribuer la règle généralisée, c'est déduire.

La conscience raisonne aussi bien quand de jugement en jugement elle s'élève à un principe général ou type commun à plusieurs objets jugés, que quand, faisant usage du principe général, elle en tire toutes les conséquences qu'il contient. Le terme « raisonner » explique l'ordre logique de ces deux opérations.

Toutes ces facultés, modes ou degrés de percevoir, ne sont autre chose que des exercices, des actes divers et successifs d'une même faculté, la conscience, ou faculté de savoir possédée par un être actif qui se connaît, et connaît.

L'être actif qui possède la faculté de savoir reste toujours identique, et la conscience reste avec lui contemporaine de sa durée. Cette durée de la conscience est la mémoire considérée comme faculté.

La mémoire est la conscience du passé, la conscience de la durée et de la succession. La perte de la conscience entraîne la perte de la mémoire, comme la perte complète de la mémoire est la perte de la conscience.

La mémoire nous révèle l'identité du moi et de la conscience, parce qu'elle est le fait même de la durée identique du moi conscient.

Elle est la base et la condition nécessaire de la contemporanéité et de la succession de toutes nos idées.

Elle est quelquefois spontanée, parce que la conscience est spontanée : nous ne percevons pas parce que nous voulons, mais parce que nous sommes contraints, forcés de percevoir.

Elle dépend quelquefois d'une volition; parce que la faculté de savoir a été donnée à un être actif, qui a besoin de savoir, parce qu'il a des devoirs à accomplir; et s'il ne pouvait d'aucune manière disposer de ses facultés, il ne serait ni libre, ni moral, ni responsable d'aucune chose. Et l'homme est par-dessus tout un être moral.

Tout ce que l'on dit de la mémoire on peut le dire également de l'imagination; car l'imagination n'est que la mémoire des choses sensibles qui est dans la conscience.

Quant à la fantaisie, ou imagination créatrice, c'est, comme tout le monde le sait, l'exercice de l'activité propre de l'esprit, qui à son gré dispose des faits existants dans sa mémoire ou dans son imagination, ou laisse la conscience les présenter selon l'ordre de leurs harmonies naturelles.

Toutes ces facultés, ou plutôt ces actes divers d'une même faculté, de même que les faits différents de la passivité de sentir, supposent un être actif, unique, simple et permanent, qui possédait ces facultés avant de les exercer, qui préexistait avec ces facultés avant de prendre un corps, et qui peut par conséquent survivre à la désorganisation du corps, lorsque cessera la force vitale qui lui sert de médiateur pour qu'il puisse l'utiliser ; de même que nous croyons que les éléments simples du corps ne s'annihilent pas lorsqu'ils sont répudiés par la vie qui les avait subjugués pour quelque temps.

Si l'esprit pour exercer son intelligence, ou plutôt sa perception externe, a besoin d'un instrument organique, unique, ou d'un instrument multiple, comme il a besoin pour ses sensations d'organes variés qui reçoivent les impressions extérieures, c'est une question qui appartient plutôt à l'anatomie physiologique qu'à la psychologie. Quelle que soit la solution finale de cette difficulté, elle ne détruira pas l'unité de l'être unique pensant, ni l'unité des actes de la faculté de percevoir, attestée par la conscience, dont le témoignage est irrécusable.

Mais il est à propos de remarquer ici que, tandis que quelques phrénologistes, Gall, Spurzheim, Broussais et autres, considèrent le cerveau comme un organe multiple de l'intelligence, et désignent des protubérances pour les divers actes d'une même faculté, le savant physiologiste M. Flourens, qui par ses expériences répétées sur le cerveau nous semble mériter une plus grande considération, s'exprime ainsi contrairement à ces observations cranioscopiques superficielles :

« On peut enlever sur un animal, soit par devant, soit par derrière, soit par les côtés, une portion assez étendue des lobules ou hémisphères cérébraux, sans qu'aucune faculté intellectuelle soit perdue : toute l'intelligence subsiste.

« Mais passé une certaine limite, dès qu'une faculté disparaît, toutes disparaissent.

« Et il y a plus, on peut conduire l'expérience de manière que la lésion puisse guérir, et les fonctions renaître. Eh bien encore, dès qu'une faculté renaît, toutes renaissent. Tout se perd, tout renaît donc à la fois, tout n'est donc qu'un ; l'intelligence est donc essentiellement une faculté une.

« Voilà la preuve physiologique de l'unité de l'intelligence ; la preuve philosophique est bien plus forte sans doute ; mais il faut parler à chacun son langage ; et aux mauvaises philosophies qui se prétendent l'appui de la physiologie, il faut montrer que cet appui n'est pas, et que la physiologie ne dément pas le sens intime [1]. »

Ces paroles révèlent une intelligence qui comprend bien les choses. Mais une observation est encore ici indispensable.

De ces expériences physiologiques on peut en effet conclure que le cerveau est un organe unique de l'intelligence indivisible.

Cependant ce fait sera-t-il une preuve que l'intelligence ou la faculté de savoir dépend du cerveau pour s'exercer dans toute son étendue et dans toute son unité ? que l'esprit, le moi doué de conscience,

[1] Flourens, *De la vie et de l'intelligence*, chap. VIII, p. 49.

a besoin de cet organe pour exercer tous les actes de sa conscience? qu'il disparaît et s'annihile après la mort avec tout ce qui lui est propre, tel qu'un phénomène organique, comme quelque matérialiste pourrait le supposer inconséquemment?

Non. Avant tout il est clair que s'il n'y a aucune condition organique pour que l'esprit puisse se servir du corps, se révéler et agir en lui, il doit l'abandonner, ainsi qu'il le fait par la cessation de la vie, ou interrompre temporairement son action et sa correspondance avec ce corps.

En second lieu, nous savons par les expériences de l'illustre secrétaire perpétuel de l'Académie des sciences de l'Institut de France, que « si on enlève sur un animal un seul lobule, l'animal perd la vue de l'œil du côté opposé; mais l'intelligence subsiste; un seul lobule y suffit, comme un seul œil suffit à la vision. » Preuve évidente que l'intelligence n'a pas besoin d'un organe entier pour demeurer entière. Elle cesse seulement, sans que la vie s'arrête, quand on enlève les deux lobules cérébraux.

Ne serait-ce pas parce qu'étant l'organe central où se réunissent toutes les impressions venues de l'extérieur par les nerfs, et en même temps l'organe qui reçoit les volitions de l'esprit, et les transmet aux diverses parties du corps qui doivent les exécuter, le cerveau lui est par conséquent nécessaire pour les perceptions et volitions actuelles? que cessant de percevoir, par la perte de son instrument central, l'esprit cesse par cela même de se manifester par le moyen de ce corps en rapport avec le monde extérieur, sans néanmoins cesser d'exister avec toutes ses facultés? et que dans cet état, comme dans un sommeil sans rêve, faute de sensations et de perceptions, il n'ait pas de motif de faire usage de sa conscience, ou de moyen de se manifester, et nous paraisse ainsi privé de conscience, parce qu'il ne lui est pas permis, pendant qu'il se sert d'un corps, de se distinguer d'une chose quelconque sans l'opposition et le concours de ce même corps? mais qu'une fois complétement séparé des organes, il recouvre son indépendance, et avec elle les facultés qui lui sont propres? Qui pourrait le nier? Ne voyons-nous pas un corps simple de la nature physique perdre en apparence ses propriétés quand il est combiné avec un autre de qualités opposées, et les recouvrer quand il s'en sépare? Ne voyons-nous pas dans notre corps tant d'éléments simples et organiques unis et inoffensifs tant que la force vitale les assujettit, et reprendre, dès qu'ils sont rendus libres, les propriétés qu'ils paraissaient avoir perdues? Qui en doute?

Si la matière du cerveau ne s'organise pas d'elle-même, si elle n'est qu'un amas de molécules sans unité et sans identité, elle ne peut penser, et par conséquent ne peut être l'organe propre, la condition indispensable de la pensée, de la faculté de savoir. Le cerveau n'est que la condition temporaire de la permanence de l'impression et de la sensation; afin que l'esprit perçoive d'une manière relative, comme au travers d'un nuage, et non comme il pourrait connaître. C'est ainsi que les sens et leurs organes respectifs externes ne sont pas, par rapport aux êtres qui s'en servent, des conditions nécessaires pour qu'ils sentent les choses comme elles sont, et tous de la même manière, mais bien pour qu'ils les sentent d'une manière qui soit en rapport avec leurs besoins et leurs destinations diverses. Le condor et la fourmi ne voient pas comme l'homme : avec d'autres organes nous verrions d'une autre manière. Ainsi l'influence du cerveau sur l'esprit se borne à le faire percevoir avec plus de difficulté, d'une manière relative, comme il lui convient de percevoir dans ce monde, où il a des devoirs à accomplir; parce que l'homme est avant tout, par-dessus tout, et à la fin de tout, un être moral. L'esprit délivré du corps, celui-ci tombe sous l'empire des lois générales de la matière, et l'esprit s'échappera avec sa conscience, avec tout ce qui lui est propre, et il continuera à savoir de la manière que Dieu l'a déterminé; ce que, philosophiquement parlant, nous ne pouvons savoir maintenant d'une manière claire, exempte de doute; parce que cette science anticipée nuirait à l'ordre moral de la société humaine et à la moralité de chaque individu.

Cette thèse n'est pas épuisée, car les raisons qui militent en sa faveur se multiplieront de plus en plus, et prendront une force nouvelle à mesure que nous avancerons dans l'étude de l'entendement; et plus loin peut-être nous démontrerons d'une manière claire ce que nous avons seulement indiqué ici comme une simple possibilité.

CHAPITRE SEPTIÈME.

Exposition des idées universelles. — Accord des diverses théories du spiritualisme. — De la perception externe. — Séparation anormale de la sensation sans perception. — Conditions de la perception. — Loi générale des sensations et des impressions. — Expériences qui démontrent ces lois. — Théorie du son, de la lumière, des couleurs et de toutes les autres sensations. — Rapport des sensations avec les qualités des corps.

Celui qui écrit sur des sujets peu connus doit s'efforcer d'être clair et précis, s'il veut être compris de tous comme il le désire. Je sais que chacun aime à trouver un certain degré de mystérieux en rapport avec ses capacités ; et que beaucoup de bons livres perdraient peut-être aux yeux des savants plus de la moitié de leur valeur s'ils étaient écrits dans un langage moins abstrus et moins vague. L'obscurité de l'expression, qui couvre tant d'incertitudes, est, pour ainsi dire, le mystérieux de la science, et ce qui stimule la curiosité des adeptes et les excite à exercer leur perspicacité dans des choses inaccessibles aux profanes. Mais à combien de fausses interprétations, à combien d'accusations injustes ne sont pas exposés même ces écrivains qui recherchant la précision et la clarté, n'ont pas assez d'égard au sens dans lequel peuvent être prises les propositions qu'ils avancent, et à plus forte raison encore ceux qui à dessein embrouillent leurs idées déjà vagues et indéterminées dans un style obscur? La philosophie est par elle-même si sublime et si élevée pour l'intelligence du vulgaire, qu'on peut bien lui épargner l'ornement de formules mystérieuses et de termes sibyllins, qui la déprécient aux yeux de ceux qui devraient l'aimer le plus. Combien elle serait utile et profitable si tous pouvaient la comprendre! Je m'efforcerai donc de m'exprimer de telle manière que l'on me comprenne sans équivoque et sans nuire à la vérité.

En admettant que l'esprit humain soit doué, comme cela est prouvé, d'une faculté de savoir qui lui donne la conscience de sa propre existence dès que son activité entre en action, sollicitée par la perception de quelque objet signalé par la sensation, qui se manifeste à l'occasion de l'impression communiquée par cet objet extérieur aux organes de son corps, toutes les difficultés ne disparaissent pas cependant; on n'en explique pas plus facilement par quel procédé l'esprit acquiert toutes ses connaissances, dont un grand nombre, celles qui constituent proprement la science, dépassent l'expérience, et paraissent en être des conditions préexistantes plutôt que le résultat.

Les spiritualistes s'accordent à reconnaître dans l'être pensant une faculté de savoir, distincte de la faculté de sentir, qui tantôt a besoin de celle-ci, et entre en exercice avec elle, tantôt en est indépendante, et agit par soi-même, ce qui a lieu également par la faculté de sentir. La faculté de savoir reçoit aussi le nom d'intelligence, de raison et d'entendement.

Si les spiritualistes sont d'accord en ce point, il y a cependant entre les plus habiles une grande divergence quand ils veulent expliquer le degré d'indépendance et de simultanéité de ces facultés; l'action que toutes deux prêtent à l'activité propre de l'esprit, ou qu'elles en reçoivent; si par hasard cette activité est une conséquence de l'action des deux facultés, ou si en étant distincte, comme le sont entre elles les deux facultés elles-mêmes, nous devons la considérer comme une faculté propre, dans laquelle se révèle davantage la personnalité du moi; ce que je n'hésite pas à affirmer avec Maine de Biran et M. Cousin.

Il y a également une grande divergence entre les spiritualistes quand ils veulent expliquer comment l'esprit acquiert les idées générales de genres et d'espèces; d'où lui viennent certaines idées universelles et nécessaires qui servent de fondement à toutes ses perceptions et à toutes ses connaissances, telles que les idées pures de substance, de temps, d'espace, d'infini, du juste et du beau; ainsi que toutes ces conceptions évidentes et absolues qui, formulées en axiomes par les mathématiques, servent à démontrer la vérité de leurs déductions sans qu'elles-mêmes aient besoin d'être démontrées.

Il est encore un troisième point de divergence, c'est la véracité de nos facultés, le degré de confiance que doit avoir à nos yeux leur témoignage, et par conséquent quelle est la vérité réelle, objective des choses qu'elles témoignent : ce qui est le critérium le plus élevé de la vérité.

En effet, voir, percevoir un ou mille objets de la nature, ce n'est pas la même chose que comprendre que ces objets, quel que soit leur nombre passé, présent et futur, se composent tous de qualités et d'une substance; que malgré leur immense variété et leurs différences individuelles ils présentent tous des types généraux, qui nous obligent à les classer; que tous ces objets finis sont contenus dans un espace infini, et se succèdent dans un temps aussi infini; que rien ne commence et n'arrive sans cause; de même, percevoir telle ou telle forme imparfaite de la nature n'est pas la même chose que concevoir le beau, ou le cercle parfait, ainsi que tous ces principes évidents sur lesquels s'appuie la géométrie; et d'autres idées nécessaires qui nous servent de guide et de règle dans nos jugements.

Ainsi nos connaissances se présentant à nous avec des caractères divers et distincts, il n'est pas étonnant que les moyens par lesquels nous les acquérons paraissent divers et distincts; il ne semblera pas étrange que cette difficulté donne naissance à une divergence d'opinions, puisqu'il nous est plus facile de savoir que d'expliquer comment nous savons.

La difficulté du problème une fois bien comprise, il sera plus facile de saisir la raison du désaccord des philosophes et de la variété de leurs théories, pour expliquer et résoudre ce problème.

Étudiées comme elles doivent l'être, la théorie des idées archétypes de Platon, celle des idées innées de Descartes, celle de la vision en Dieu de Malebranche, de l'harmonie préétablie de Leibnitz, ne sont pas aussi absurdes qu'elles le paraissent. Elles pourront ne pas satisfaire tous les esprits, soit par la manière dont elles ont été exposées, soit par l'impossibilité de les vérifier, soit par le défaut de quelque fait mal observé qui trouble la logique des jugements; de même que dans une expérience chimique l'élément qui échappe, quoique à une dose infiniment petite, rend impossible la synthèse, et, sans cependant que l'expérience entière soit fausse, nous laisse incertains sur sa valeur. Ceux qui se hâtent de censurer et de réprouver ressemblent à ces reviseurs qui bornant leur pénétration aux erreurs typographiques, et ignorant le sujet de l'ouvrage, substituent des mots à d'autres, et font dire aux auteurs ce qu'ils n'ont jamais pensé.

Cependant, malgré la variété des doctrines de la grande école spiritualiste, il y a en réalité, plus qu'en apparence, beaucoup d'analogie et de points de contact entre Platon, Plotin, saint Augustin, Descartes, Malebranche, Leibnitz, Bossuet et tous ceux qui les ont suivis et les suivent encore; de même qu'il y a une grande conformité entre tous les sensualistes, qui pour ainsi dire se copient les uns les autres.

Mais comme je ne me suis pas proposé de soutenir leurs théories ou de les combattre dans tel ou tel point, je ne les exposerai pas ici en forme de résumé. Pour qu'on puisse juger convenablement une doctrine philosophique, il faut connaître tous ses antécédents ainsi que les raisons sur lesquelles elle s'appuie; il serait donc nécessaire d'en faire une longue exposition historique, qui dépasserait le plan de ce travail. Dans ma modeste tentative, ayant en moi-même l'intelligence, le modèle que je désire étudier et connaître, j'imiterai l'apprenti qui devient plus habile en travaillant avec assiduité qu'en écoutant. Si l'occasion se présente, j'invoquerai le jugement de ceux qui m'ont servi de guides.

Il convient dans cette étude de commencer par le plus simple, par l'objet qui éveille notre conscience, par l'examen de la perception externe.

L'exposition critique que nous avons faite de la théorie du sensualisme nous a amené à conclure que percevoir n'est pas sentir, et que sentir n'est pas percevoir; que ce sont des actes très-distincts de deux facultés distinctes; et si la perception d'un objet extérieur est toujours accompagnée de sensation et paraît être une seule chose, un acte unique, c'est parce que ces deux facultés se réunissent, se correspondent, agissent en même temps, sans intervalle, comme sans dépendance d'une véritable causalité, mais de simple corrélation. Si en règle générale les deux actes coïncident toujours, l'analyse cependant ne laisse pas de les distinguer; et, par exception, la nature les sépare quelquefois, comme pour nous enseigner à ne pas les confondre.

Dans la perception d'un objet extérieur quelconque, une pierre, un animal, le soleil ou la lune, nous avons les sensations de couleur, de forme, ou limite de la couleur, du mouvement; et selon la nature de cet objet, nous pourrions avoir les sensations du son et de l'odeur; si nous le touchions, nous aurions les sensations de dureté, de chaleur, de froid et de douleur. Toutes ces sensations sont dans l'être qui sent, et demeureraient en lui, si la faculté de percevoir ne les rapportait immédiatement à un objet extérieur, par les mêmes canaux qui avaient transmis non les sensations, qui n'existent pas hors de la sensibilité, mais bien les impressions, qui simplement les occasionnent.

Nous avons donc dans la perception, outre ce que nous aurons à noter plus loin, 1° la sensation, qui signale en nous une impression organique; 2° la présence ou l'*intuition* d'un objet extérieur, auquel la conscience rapporte, attribue les sensations comme signes d'autant d'autres qualités occultes de cet objet, et met ses sensations à la place de ces qualités, comme la lumière qui traverse un vitrage multicolore en réfléchit toutes les couleurs sur l'objet qu'elle frappe.

Le rapport de nos sensations à un objet hors de nous, et la présence de cet objet comme réellement existant avec ces qualités données par la sensation, constituent la perception externe. Sans cette coïncidence et l'union de la sensation, qui est le signe de la qualité occulte d'un individu et de la conception de cet individu, qui est la croyance à son existence comme cause extérieure de la sensation, il n'y aurait pas proprement perception sensible.

La connaissance complète de tous les éléments de la perception, de tout ce qu'elle renferme en elle, étant la condition nécessaire pour que nous puissions résoudre peut-être toutes les difficultés de la philosophie, il convient de l'examiner dans toutes ses parties, de séparer tous ses éléments, et de voir tout ce qu'elle renferme. Les conséquences de cette connaissance profonde sont plus grandes et plus importantes que cette connaissance même; mais sans elle ces conséquences n'auraient pas de valeur scientifique; de même la connaissance des lois générales de l'attraction a par elle-même peu d'importance, mais elle est d'une valeur immense, incalculable, dans l'application et l'explication des phénomènes physiques.

La sensation, disons-nous, est à peine un signe en nous qui demeurerait en nous, si la conscience ne la rapportait pas à quelque chose hors de nous. C'est ce qu'il convient de prouver plutôt par des exemples que par le simple raisonnement.

Si jamais la nature n'avait présenté le fait de la paralysie du mouvement en conservant la sensibilité, et de la paralysie de la sensibilité en conservant le mouvement, jamais ceux qui veulent l'expérience, et non les raisonnements, n'auraient cessé de considérer ces deux phénomènes comme dépendants l'un de l'autre, malgré leurs différences ; jamais le physiologiste anglais docteur Bell n'aurait eu l'idée de reproduire ces faits séparément, et de démontrer pour toujours l'existence de nerfs distincts pour ces fonctions distinctes.

Le raisonnement sépare parfaitement la perception de la sensation, et nous apprend ce que celle-ci serait toute seule ; mais la nature les sépare aussi, et confirme le raisonnement. Outre les expériences de M. Flourens, et quelques exemples cités dans les ouvrages de philosophie et de médecine, nous avons eu occasion d'observer un fait important, qui mérite d'être exposé.

Un illustre médecin, mon ami, ayant à faire sur un de ses malades une opération assez douloureuse, me communiqua l'intention où il était de le soumettre d'abord à l'éthérisation, afin de lui épargner les douleurs. La curiosité m'engagea à l'accompagner au lit du malade, qui par sa condition se trouvait à la merci de mon ami. Ce malheureux, après avoir respiré l'éther, demeura dans un état complet d'immobilité et de stupeur ; il ne voyait rien, n'entendait rien ; ses yeux étaient fixes, ses pupilles dilatées ; il semblait une statue assise. Nous pensions qu'il était entièrement insensible, comme il devait l'être par l'action de l'éther. Cependant dès que le bistouri, dans la main de l'habile opérateur, pénétra dans la vaste tumeur qui de la partie postérieure de l'oreille gauche lui descendait jusque sur le cou, le malheureux commença à pousser des cris horribles et perçants, et plus forts peut-être qu'il n'aurait faits'il n'eût été dans cet état. Son visage était tout contracté, son corps en proie aux convulsions, et il agitait ses bras en avant comme quelqu'un qui marche dans les ténèbres. Tout en lui annonçait une douleur profonde et intérieure. Cependant sa tête ne fuyait pas le fer, et ses mains ne se portaient pas à l'endroit où était la tumeur, il paraissait ne pas savoir d'où lui venait la douleur. L'opération finie, l'appareil appliqué, il cessa seulement de crier quand, quelques instants après, il revint à lui comme s'il se réveillait; il porta la main vers la partie opérée, et apercevant les ligatures et ne sentant plus la tumeur, il demanda en souriant si on la lui avait enlevée. En apprenant que l'opération était terminée, il s'écria avec admiration : Mais je n'ai rien senti! — Comment n'avez-vous rien senti, lui dis-je, puisque vous avez tant crié? — J'ai crié? Je n'ai rien vu, je n'ai rien senti, comment ai-je pu crier?

Les paroles de cet homme équivalaient à ceci : Je n'ai perçu aucune chose, je n'ai eu conscience d'aucune chose, par conséquent je ne me rappelle rien. Si j'ai crié, je l'ai fait comme une machine, sans liberté, sans le vouloir, sans le savoir. Si j'ai senti l'attouchement du fer, la pression de la main de l'opérateur, et la douleur, c'est que toutes ces sensations étaient dans la faculté de sentir, et comme je n'étais pas présent à mon corps, je ne pouvais avoir conscience de ces sensations, ni les rapporter à aucune chose hors de moi-même ; elles n'ont pas eu de durée pour moi, et je ne me les rappelle pas. Elles étaient dans la faculté de sentir séparée de la conscience, comme si elles eussent été dans une autre personne, à mon insu, parce que je ne suis pas la faculté de sentir, ni la sensation ; moi, je suis l'être actif doué de conscience, je peux sentir, ou ne pas sentir ce qui se passe dans mon corps.

Il est probable, ou plutôt il est certain, que l'action de l'éther s'était communiquée au cerveau, instrument indirect de la perception externe, sans paralyser les nerfs, instruments de la sensibilité.

La sensation était de fait dans la faculté de sentir, mais l'âme dans cet état n'ayant aucune perception de ce qui se passait hors d'elle, ne pouvait objectiver ces sensations, dont elle n'avait pas même conscience, les sensations spéciales des sens supérieurs, qui mettent son activité propre en rapport avec le corps et les objets extérieurs, ayant cessé de se manifester.

Ce fait, et quelques autres semblables que nous pourrions citer, sépare parfaitement la sensation de la conscience et de la conception, et montre ce que serait, ce qu'est pour nous la sensation seule par elle-même, sans perception.

Lorsque, dans la jouissance de notre activité et de la faculté de savoir, mais absorbés dans de profondes pensées, comme on le rapporte du célèbre Archimède, nous ne percevons pas ce qui se passe autour de nous, il peut bien arriver que les sensations existent de fait dans la faculté de sentir, comme existent dans nos organes les impressions des objets extérieurs ; mais notre âme tout entière ravie en extase dans la contemplation de sujets plus sublimes, ne fait pas attention aux objets extérieurs, et par conséquent ne leur rapporte pas ces sensations inaperçues par sa conscience. Si cependant on disait, avec quelques philosophes, que dans un tel cas il n'y a pas de fait sensation, bien qu'il y ait impression, confondant ainsi la conscience avec la sensation, et la sensation avec la perception, nous serions de la même manière obligés de reconnaître et d'avouer 1° que la sensation n'est pas une conséquence nécessaire de l'impression ; 2° que la sensation pour nous être présente a besoin de la conscience et de l'attention, sans que la conscience ait besoin de sensations ; 3° que l'esprit peut être actif, et penser, sans sentir, sans percevoir les objets extérieurs ; parce que la perception d'un objet extérieur est l'*intuition* d'un objet auquel nous rapportons les sensations.

Les sensations, ou au moins quelques-unes, peuvent exister dans la force vitale, sans conscience, sans mémoire, sans perception extérieure ; et l'être vivant peut se mouvoir, se guider par ces sensations, sans les rapporter à aucune chose, sans les objectiver. Avoir des sensations, rigoureusement parlant, ce n'est pas la même chose qu'avoir conscience des sensations, ni la même chose qu'avoir des perceptions ; comme respirer et se mouvoir n'est pas la même chose qu'avoir les sensations de la respiration et du mouvement.

Ce point démontré, examinons maintenant ce que sont les sensations en rapport aux impressions et aux objets extérieurs.

Toutes nos sensations, modes divers de la faculté de sentir, sont naturellement classées par nos sens. Leur manifestation actuelle suppose une impression ou un mouvement spécial, communiqué par les objets extérieurs aux nerfs destinés à le recevoir, et par ces nerfs transmis au cerveau, ou à la partie du cerveau où réside la faculté de sentir.

Toutes les impressions ou modifications reçues et transmises par les nerfs optiques occasionnent des sensations de couleurs, de limites, de distances et de mouvements de ces couleurs entre elles. Tous les mouvements susceptibles d'être transmis par les nerfs acoustiques occasionnent des sensations de sons. Tous ceux qui sont transmis par les nerfs olfactifs sont signalés par les diverses odeurs. Ceux qui sont communiqués par les nerfs spéciaux du tact sont sentis comme dureté, ou résistance, étendue de la résistance, égalité ou inégalité de la résistance; et tous les mouvements qui se communiquent par les nerfs du tact général, qui est le tact répandu dans tout le corps, sont sentis comme poids, froid et chaleur.

Si ces mouvements organiques sont indifférents à la vie, ils sont sentis avec les caractères spéciaux que nous venons de désigner, de couleur, de son, d'odeur, de goût, de dureté, etc. S'ils sont utiles à la vie, non-seulement les sensations correspondantes conservent ces caractères spéciaux et respectifs, mais encore elles semblent agréables. Si ces mêmes mouvements sont nuisibles, rapides, et troublent l'état normal de nos organes, les sensations qui se manifestent sont douloureuses, sans perdre néanmoins leurs caractères spécifiques. Mais si ces mêmes mouvements sont complétement nuisibles, insupportables et désorganisateurs, l'unique sensation qui se présente c'est la douleur.

Toutes les sensations générales et spéciales peuvent être agréables ou désagréables; toutes peuvent être douleur.

Le plaisir et la douleur ne sont donc pas des sensations spéciales, mais des degrés d'intensité de toutes les sensations; et le plaisir même exagéré finit par devenir douleur. La douleur résume enfin toutes les sensations, et correspond au plus haut degré de force de toutes les impressions.

Un morceau de glace longtemps en contact avec notre corps finit par provoquer une sensation de douleur aussi forte que si c'était un charbon allumé; la combustion détermine également une douleur accompagnée de frissonnement comme la précédente, et se confond avec celle-là, si nous ne les distinguons par la perception des objets qui les occasionnent. Si nous touchons un corps, nous avons la sensation propre du toucher, qui est la résistance ; mais si nous serrons très-fortement même un doigt contre l'autre, nous avons seulement la sensation de douleur localisée, égale en tout à celle que nous recevons si nous appuyons le bout des doigts sur une braise, ou pendant longtemps contre de la glace.

Cette expérience est à la portée de tout le monde, et chacun peut la vérifier. Hâtons-nous d'en tirer la conclusion, qui est très-importante et très-lumineuse.

Si donc toutes les impressions reçues par les nerfs de la sensibilité générale et spéciale, et transmises par ces nerfs, ou par quelque fluide qui est en eux, au centre de la sensation, peuvent occasionner la douleur, ou par suite de l'état de nos organes, ou parce que ces impressions sont plus fortes qu'elles ne devraient l'être, il s'ensuit que toutes ces impressions sont analogues, de la même nature, et que leur variété spécifique dépend de la variété spécifique de la même chose, de son degré d'intensité, de la variété des nerfs, et de l'état de nos organes.

La nature d'une seule impression étant connue, la nature générale de toutes les impressions sera également connue, et nous aurons ainsi la loi générale des impressions. Nous voulons dire que si une sensation, par exemple, est occasionnée par la vibration ou le mouvement moléculaire d'un corps, et si l'impression que reçoit le nerf est cette vibration qui par lui se propage, ou en lui se transmet par un fluide au centre de la sensation, toutes les autres impressions organiques sont aussi des espèces de mouvements, de vibrations particulières communiquées médiatement ou immédiatement par les vibrations ou mouvements analogues des corps.

Un fait bien observé donne la loi générale de tous les faits analogues ; la fumée qui s'élève du feu, la comète qui erre dans l'espace, ne sont pas moins assujetties aux lois générales de l'attraction que la pierre qui tombe sur la terre.

L'oreille nous donnera la clef de l'énigme. Je pourrais exposer la théorie physiologique et physique de l'audition, mais je préfère laisser la parole à un savant.

« On peut établir, dit W. Herschell, que le phénomène du *son* produit par une corde de musique, ou par une cloche, est le résultat d'une opération qui consiste en un rapide mouvement vibratoire de ses parties, lequel est premièrement communiqué à l'air, puis à l'oreille; cependant l'effet immédiat qui succède dans les organes de l'ouïe n'éveille pas la moindre idée d'un tel mouvement [1]. »

Entendons bien ce que dit Herschell. Le mouvement vibratoire de la corde, ou de quelque corps qui vibre, se communique à l'air, par conséquent l'air vibre d'une manière analogue; cette vibration se communique à l'oreille, et fait vibrer semblablement le nerf auditif, ou quelque fluide nerveux ou électrique, recevant le choc de la vibration, la propage au centre, c'est-à-dire se meut, ou vibre.

[1] *Discours sur l'étude de la philosophie naturelle*, § 74.

En résultat, la sensation du son se manifeste à l'occasion d'un mouvement vibratoire spécial, susceptible d'être transmis par le nerf acoustique, destiné à le recevoir.

« Cependant, dit W. Herschell, l'effet immédiat qui succède dans nos organes de l'ouïe n'éveille pas la moindre idée d'un tel mouvement. »

Cela est certain, parce que tous les mouvements susceptibles d'être transmis par les nerfs auditifs arrivant au centre où se manifeste la sensation, seront toujours sentis comme des sons et non comme des mouvements. Si l'on se met le doigt dans l'oreille, la pression sera sentie par le doigt comme résistance, et comme son par l'oreille. Si nous serrons fortement les paupières, le mouvement produit par la pression sur l'œil sera senti comme couleur par la vue, et non comme mouvement, et comme douleur par les paupières. Si nous agitons fortement le bras, le mouvement de toutes ses molécules sera senti comme chaleur, et non comme mouvement. Il en est de même avec toutes les sensations spéciales.

On peut dire, sans figure, que dans la production de la sensation, la faculté de sentir se règle, quant à l'espèce, d'après les nerfs qui lui transmettent le mouvement; et quant à la variété, ou aux degrés, d'après l'intensité relative de ces mêmes mouvements. De manière que si le mouvement transmis ordinairement par le nerf acoustique pouvait, par une anomalie organique, être transmis par le nerf optique, ce serait la sensation de couleur, et non celle de son, qui se manifesterait.

Dans la première période de la fièvre intermittente, quand la force vitale se concentre, que les molécules du corps se resserrent, et que tous les membres se crispent, ce mouvement de cohésion anormal est senti comme froid, même pendant les plus grandes chaleurs. Dans la seconde période, quand la force vitale réagit, que le corps se dilate, ce mouvement expansif est signalé par la sensation de chaleur. Dans la troisième période, quand les pores s'ouvrent, et que la sueur se vaporise, ce plus grand mouvement expansif sans résistance est senti comme fraîcheur. Et comme ce mouvement convient au corps et est le terme de la réaction vitale, il lui paraît agréable; jusqu'à ce que se prolongeant au delà d'une certaine limite, il commence à être senti comme faiblesse, et finit par être senti comme douleur.

La sensation propre du toucher, qui est la dureté à tous ses degrés, correspond à tous les degrés du mouvement de cohésion des parties du corps touché, jusqu'à une certaine limite qui cesse d'être sensible au toucher.

Depuis Newton, les physiciens reconnaissent, et avec raison, que les couleurs ne sont pas dans les corps où elles s'objectivent, mais ils les placent dans la lumière, où elles ne sont pas non plus réellement : à moins que le mot « lumière » ne désigne en général toute l'échelle chromatique des sensations produites par la faculté de sentir à l'occasion des mouvements transmis par le nerf optique.

Si le fluide supposé impondérable que l'on nomme lumière, répandu dans toute la nature, ne nous occasionne les sensations de couleurs que quand il se trouve dans un mouvement vibratoire déterminé qui lui est communiqué par le mouvement du soleil, et sans lequel il serait aussi noir que les ténèbres, il ne peut y avoir le moindre doute que c'est ce mouvement, et non le fluide même, en admettant qu'il existe, qui provoque la sensation de couleur. J'admets l'exactitude de tout ce que disent les physiciens sur la marche et les mouvements de la lumière, mais je n'admets pas qu'il y ait en elle des rayons colorés. Heureusement la théorie des vibrations de Descartes, Huyghens et Fresnel est aujourd'hui généralement adoptée, de préférence à la théorie de l'émission, imaginée par Newton.

Toutes ces couleurs primitives et intermédiaires ne sont que les différents degrés des sensations, occasionnées par les différents degrés d'un même mouvement transmis par le nerf optique. La preuve physiologique de ce fait, c'est que quand le mouvement qui détermine la sensation de blancheur se prolonge et fatigue le nerf par son éclat, il se manifeste un mouvement de réaction qui nous fait voir les objets blancs tachés de noir. Et lorsque cette sensation de blancheur éclatante arrive à sa plus grande intensité, la réaction est telle que nous ne voyons rien, nous demeurons éblouis, et tout nous paraît dans les ténèbres, phénomène bien connu de tout le monde.

Si le mouvement qui occasionne la sensation de la couleur écarlate est celui qui fatigue le nerf, le mouvement de réaction nous donne la couleur verte. Et *à priori*, d'après la sensation de couleur que nous éprouvons fortement, nous pouvons désigner toutes les sensations de couleurs produites par le mouvement de réaction nerveuse.

Si nous suivons l'échelle graduée des sensations optiques, en commençant par la blancheur de neige, qui correspond au plus fort mouvement vibratoire du nerf qui la transmet, et en passant au jaune, à l'écarlate, au bleu et au noir, qui correspondent au repos de ce nerf, nous verrons qu'infailliblement l'action prolongée qui détermine une sensation de couleur occasionne dans la réaction la sensation corrélative, ou opposée à la sensation primitive : ainsi, pour le blanc, le noir; pour le noir, le blanc; pour le jaune, le violet; pour le violet, le jaune; pour l'incarnat, le vert; pour le vert, l'incarnat; pour le bleu, l'orange; pour l'orange, le bleu.

Cet ordre n'est cependant pas arbitraire et dû au hasard. L'échelle des couleurs simples, jaune, écarlate et bleu, étant faite, ainsi que celle des couleurs mixtes, orange, violet et vert, nous aurons pour chaque couleur primitive celle qui résulte des deux autres couleurs qui n'entraient pas dans la première sensation, et pour chaque couleur composée la couleur simple qui n'entre pas dans la composition.

J'ai fait bien des fois cette expérience, d'autres l'ont répétée à ma demande, et nous avons toujours obtenu le même résultat.

Un jour que j'étais assis devant une porte vitrée sur laquelle frappait le soleil, je vis à travers les vitres le ciel bleu clair, et les châssis couleur cendrée, couleur qui résulte du mélange du blanc et du noir. Me sentant les yeux fatigués par cette impression prolongée, je fermai les paupières, et ce que j'avais vu auparavant bleu clair me paraissait de couleur orange blanchâtre et opaque, les châssis cendrés, je les voyais couleur de châtaigne et transparents, justement la couleur résultant du jaune, de l'incarnat et du bleu, qui n'entrent pas dans le cendré.

Comment aurions-nous ces couleurs succédanées, qui ne sont données par aucun objet et dans aucun ordre harmonique, si le nerf optique irrité par la durée du premier mouvement ne se modifiait par une loi d'équilibre vital, de sorte qu'il puisse occasionner ces sensations secondaires au moyen desquelles la vue se repose en rapport aux premières?

Quand réveillés au milieu de la nuit, dans l'obscurité et le silence, nous croyons entendre une voix sourde et insolite qui nous inspire la terreur, nous sentons immédiatement un frisson général, un mouvement de concentration vitale accompagné de la sensation de froid. Notre âme attentive dans sa crainte semble s'approcher des yeux et des oreilles pour épier le péril; des couleurs et des figures errent devant les yeux, les oreilles bourdonnent, la bouche sèche paraît amère, et les narines tremblotantes, se contractant pour modérer la fatigue de la respiration, semblent flairer et sentir quelque odeur.

D'où nous viendraient ces sensations de froid, de couleurs, de son, de goût et d'odeur, si tous les nerfs agités par le mouvement général de frayeur ne les occasionnaient, et si la faculté de sentir ne les produisait aussi variées, aussi relatives que les nerfs spéciaux vibrés en même temps par le même mouvement?

Si la sensation du toucher, celle de dureté, n'est pas occasionnée par la matière qui cède sans résistance, mais bien par la force du mouvement de cohésion qui agit dans le corps; les sensations de goût et d'odeur, comme celles de couleurs et de sons, sont aussi occasionnées par des mouvements, et non par des qualités spéciales des corps.

Voyons quelle est la pensée de W. Herschell sur ce sujet. « Il y a une multitude d'exemples d'impressions sensibles que nous ne pouvons, actuellement au moins, considérer que comme de simples sensations. Telles sont celles que produisent en nous l'amer et le doux, etc. Nous pourrions, en jugeant superficiellement, les prendre comme des propriétés primaires; mais l'exemple du son nous enseigne à être plus circonspects, et nous porte à les considérer plutôt comme de purs résultats de quelque *procédé secret qui agit sur nos organes, et tellement subtil qu'il nous échappe.* Une simple expérience rendra cette idée plus sensible. Une solution du sel que les chimistes nomment nitrate d'argent, et une solution d'hyposulfate de soude, produisent chacune séparément, quand nous les goûtons, une sensation d'amertume extrêmement désagréable, et mêlées sont de la plus douce saveur. Le sel désigné sous le nom de tungstate de soude est doux quand nous le goûtons, et un moment après amer comme la casse[1]. »

Herschell a entrevu la vérité, comme beaucoup d'autres physiciens et physiologistes, et le doute et l'hésitation qu'il laisse voir proviennent seulement de la tendance naturelle des physiciens et de tous les hommes à considérer comme qualités des choses ce qui n'est donné que par la faculté de sentir, et objectivé dans les choses par la perception. *Le procédé secret et subtil qui agit sur nos organes,* comme s'exprime le célèbre physicien, n'est que le mouvement des molécules du corps; *mouvement qui doit être sujet aux lois générales de l'attraction et de l'expansion;* mouvements qui transmis par les nerfs sont diversement signalés par la faculté de sentir, selon les nerfs qui les transmettent.

Si ces mouvements étaient sentis comme des mouvements, jamais l'homme ne parviendrait par l'expérience à les discerner dans tous leurs degrés, et ne pourrait se servir des choses dont à chaque moment il a besoin pour vivre. Il serait comme un

---

[1] *Discours sur la philosophie naturelle,* § 74.

individu placé devant une vaste bibliothèque dont les livres, sans ordre, sans numéros, ne porteraient extérieurement ni intérieurement aucun titre indiquant les sujets des ouvrages et les noms des auteurs. Il relirait mille fois tous ces livres sans jamais pouvoir en distinguer aucun ; à moins que *à priori*, avant d'entrer dans cette bibliothèque, il ne sût par cœur toutes les sciences, tous les livres, tous les auteurs, afin de pouvoir par la simple lecture d'une page séparer les volumes, les classer, les spécifier, et les marquer à l'extérieur de signes différents qui pussent lui servir à tout instant.

Les sensations sont pour les qualités occultes des choses, c'est-à-dire pour les mouvements des choses, ce que sont les titres pour les livres, soit avant, soit après que nous les connaissons. Elles sont de purs signes de mouvements et de degrés de mouvements, signes qui ne sont pas reçus du dehors, mais produits naturellement par la faculté de sentir, et objectivés par la perception, par la faculté de savoir.

Toutes les sensations existent *à priori* et sont classées dans la faculté qui les produit par les lois qui la régissent, selon les besoins du corps et les besoins temporaires de l'esprit. Le type, la règle des sensations est dans cette faculté, comme le type d'un arbre est dans le germe qui le développe, et non dans la terre, dans l'eau, ou dans l'air qui le nourrissent ; comme le type du corps humain est dans la force vitale qui l'organise, et non dans les molécules qui entrent et sortent dans un flux continuel.

Voilà pourquoi l'immortel Descartes disait avec tant de profondeur : « Rien ne peut venir des objets extérieurs jusqu'à notre âme par l'entremise des sens, que quelques mouvements corporels; mais ni ces mouvements mêmes, ni les figures qui en proviennent ne sont point conçus par nous tels qu'ils sont dans les organes des sens; d'où il suit que même les idées du mouvement et des figures sont naturellement en nous; et à plus forte raison les idées de la douleur, des couleurs, des sons, et de toutes les choses semblables nous doivent-elles être naturelles, afin que notre esprit, à l'occasion de certains mouvements corporels avec lesquels ils n'ont aucune ressemblance, se les puisse représenter. »

Ce qui est de la plus grande évidence, dès que l'on donne aussi à la sensation le nom d'idée, et que le mot « représenter » s'entend par percevoir, ou distinguer.

Voilà la raison des idées innées de Descartes, de l'harmonie préétablie de Leibnitz, et de la vision en Dieu de Malebranche.

Selon les principes de l'harmonie préétablie, il n'y a aucune communication réciproque entre l'âme et le corps; et toutes les idées sont originairement dans l'esprit, qui les tire de son propre fonds, aussi bien que toutes ses pensées : « De sorte que, dit Leibnitz, les lois qui lient les pensées de l'âme dans l'ordre des causes finales et suivant l'évolution des perceptions, doivent produire des images qui se rencontrent et s'accordent avec les impressions des corps sur nos organes ; et que les lois des mouvements dans le corps, qui s'entre-suivent dans l'ordre des causes efficientes, se rencontrent aussi et s'accordent tellement avec les pensées de l'âme, que le corps est porté à agir dans le temps que l'âme le veut [1]. »

Toutes ces théories des spiritualistes, si dissemblables en apparence, sont comme des livres écrits en langues différentes, et qui traduits disent tous la même chose avec des expressions diverses et figurées. Chacun entend mieux le livre écrit en sa propre langue, et tous ont les mêmes notions, sans toutefois se comprendre entre eux, à moins que connaissant les différentes langues, ils ne laissent de côté les mots et ne tiennent compte que des idées qu'ils expriment.

[1] *Essais sur la bonté de Dieu et la liberté humaine,* partie Ire, § 62.

CHAPITRE HUITIÈME.

Classification des sens en rapport avec les faits principaux de l'existence de l'homme. — Où sont les sensations. — La sensibité n'est pas une faculté de l'âme spirituelle. — Considérations sur la sensibilité des animaux et des végétaux. — Usage du cerveau. — Explication des actes instinctifs des animaux, sans conscience.

Il est incontestable, comme nous venons de le voir, que toutes les sensations existent *à priori* dans la faculté de sentir, et manquent seulement d'un stimulant pour se manifester : comme dans le germe préexiste le type de l'être futur, ou comme l'Iliade préexistait dans la pensée d'Homère avant qu'il la composât. Toutes les impressions qui les provoquent consistent en mouvements vibratoires, compatibles avec les nerfs qui les transmettent au cerveau; et toutes les qualités des corps se réduisent à des mouvements divers, dépendants des lois générales de la cohésion et de l'expansion, et des lois spéciales des affinités : à l'exception de l'étendue, qui est la dimension de l'espace occupé par le mouvement, et à l'exception de la forme, qui est pour chaque corps inerte la limite où s'équilibrent les mouvements d'expansion et de cohésion, et se déterminent l'état solide, liquide, ou gazeux.

On ne peut avoir aucune idée de la matière sans l'étendue et la forme; mais ces conditions, que l'on nomme propriétés essentielles des corps, ne dépendent pas plus de la matière, qu'il ne dépend de l'eau d'être solide, liquide ou gazeuse.

Ainsi nous pouvons définir les sensations : des modes divers de la sensibilité, occasionnés par les mouvements des nerfs respectifs, et qui servent à l'esprit de signes naturels et *à priori* du mouvement des corps.

Les règles des sensations n'existent pas seulement *à priori* dans la faculté de sentir, qui sert également à l'esprit et au corps, elles se trouvent en outre classées dans les divers sens, qui par leurs usages signalent les faits essentiels de l'existence humaine temporaire.

Ainsi, l'ouïe convient plus à l'intelligence pure que tous les autres sens. C'est par l'ouïe que nous acquérons le langage articulé; c'est par son intermédiaire que nous jouissons des charmes de la poésie, de l'éloquence et de la musique; la privation de l'ouïe condamne l'homme au mutisme, l'empêche de communiquer intellectuellement avec les autres hommes, et le fait paraître tout à fait stupide, si quelqu'un doué de ce sens n'invente un moyen de suppléer à une si grande privation. Seul l'esprit élevé et cultivé jouit parfaitement de l'ouïe. Nous rions et nous pleurons plus souvent de ce que nous entendons que de ce que nous voyons; jamais un tableau, un monument ne produit en nous autant d'émotion qu'une tragédie ou une comédie. La plus belle aurore nous paraît froide et morte, si elle n'est saluée par le chant des oiseaux ; et le fracas du tonnerre qui gronde dans l'espace est plus majestueux que le feu de l'éclair qui sillonne les ténèbres. Le spectacle de la nature, la solitude des forêts, les champs de bataille, les scènes de deuil et de douleur, que souvent nous voyons avec indifférence, toutes ces misères de l'humanité, toutes ces ridicules faiblesses des hommes dont nous sommes témoins sans la moindre émotion, nous attendrissent, nous touchent ou nous récréent, si nous les entendons raconter ou décrire ; comme si l'intelligence ne pouvait comprendre que par son sens de prédilection. Une parole entendue nous ranime, nous fortifie, ou nous abat et nous fait pâlir. Dans un obscur cachot, sans aucun secours extérieur, le prisonnier, en chantant et en parlant, peut se donner à lui-même le plaisir d'entendre, et par ce moyen calmer ses chagrins. C'est le sens qui enrichit le plus la mémoire, et sert le plus à la conscience et à la raison. La conscience, l'inspiration, la raison même, nous semble une voix occulte qui nous parle et nous conseille. Si l'homme n'était éclairé par la raison, qui soustrait son âme au monde sensible, et l'élève à la contemplation des vérités nécessaires et générales, l'ouïe serait pour lui, comme pour les animaux, le dernier de tous les sens. Le corps ne participe à ses jouissances tout intellectuelles que d'une manière indirecte et par la satisfaction même de l'esprit. Les sensations de l'ouïe ne sont des signes d'aucun besoin physique, ne représentent aucune chose utile au corps, et mieux que toutes les autres sensations révèlent le mouvement qui les occasionne.

On ne peut se lasser d'admirer les merveilles de ce sens qui explique mieux celles de tous les autres, quand on considère que dans un vaste salon de bal, l'air exhalé par la respiration de milliers de personnes, coupé et agité par leurs mouvements, emporté par les danseurs, décomposé par la combustion de mille lumières, vibré par tant d'instruments de musique divers, sortant et entrant en colonnes par les fenêtres, puisse transmettre tous ces mouvements réunis aux nerfs auditifs, en sorte qu'ils soient tous reçus et sentis comme sons, et en même temps perçus, différenciés, harmonisés par l'intelligence! Si les yeux pouvaient voir tous ces mouvements réunis en mille directions diverses, partant à chaque instant de tous les points, se propageant de tous les côtés, se succédant sans interruption, comme des milliers de tourbillons qui se heurtent désordonnément, quelle confusion, quel vertige, quel chaos cela ne semblerait-il pas! Cependant nous pouvons dire de cet air vibré de mille manières différentes ce que Galilée, forcé par le saint-office de nier le mouvement de la terre, disait à voix basse : *E pur si muove! Et pourtant elle se meut!* Et c'est de cette manière que nous entendons.

Si l'ouïe est le sens qui sert le plus à l'intelligence pure de l'esprit, et lui donne l'instrument le plus naturel, la parole, pour s'entendre avec soi-même, et se révéler aux autres esprits intelligents, la vue est le sens qui révèle le mieux la réunion de l'intelligence avec la faculté de sentir, et le rapproche davantage du monde extérieur. C'est le sens de l'imagination, qui réunit les sensations de tous les sens. C'est par ce sens que l'esprit tend toujours à représenter au moyen des formes et des couleurs la substance des corps, leurs idées, sa propre substance, et jusqu'à Dieu même. Si ce sens n'existait pas, jamais la théorie des idées images des choses n'aurait paru dans le monde. C'est le sens des extériorités, des arts plastiques, du luxe et de la vanité. Mieux que tous les autres sens il sert à la rapide et multiple perception externe des apparences, mais ses signes variés de figures, de couleurs et de mouvements troublent l'intelligence dans la contemplation sublime des idées pures. La privation même de la vue dès le berceau ne cause pas un grave dommage à l'intelligence, et fortifie la volonté ; et si elle vient à nous manquer au milieu de la vie, l'intelligence en acquiert plus de force. Si Homère et Milton eussent été sourds au lieu d'être aveugles, il est bien probable que nous ne posséderions pas l'Iliade et le Paradis perdu. Le savant universel Diogène d'Alexandrie, maître de saint Jérôme, et le célèbre Saunderson, un des plus grands mathématiciens de l'Angleterre, étaient aveugles. Je ne connais de sourd-muet que Navarette, élève de Titien, qui par la peinture ait acquis quelque renommée.

L'odorat est le sens de la vie, et mieux que tous les autres sens nous révèle l'existence d'une force vitale qui organise le corps. Les sensations qu'il reçoit agissent directement sur cette force. Une odeur peut nous tuer sur-le-champ, en laissant intacte l'organisation; une odeur nous rappelle à la vie, qui paraissait nous abandonner. Ce ne sont pas les particules délétères qui pénétrant avec l'air dans les poumons, suffoquent le malheureux qui respire les vapeurs mortelles et le frappent de mort à l'instant; ce même air infect respiré par la bouche en plus grande quantité, sans que l'odorat en soit impressionné, ne cause pas une mort si prompte : c'est l'odeur, la simple sensation d'odeur qui le tue! La douleur la plus violente, le sphacèle, la destruction d'une partie de l'organisme ne produisent pas un aussi rapide effet sur la vie qu'une odeur. Le malade exténué et affamé par une diète trop prolongée, sent plus vite renaître ses forces en respirant l'aliment, qu'en le prenant sans en sentir l'arome. Quelques remèdes opèrent plus promptement par l'odeur, que par leur action tardive sur l'estomac et sur l'organisme. Si les médecins étudiaient mieux les propriétés des odeurs sur la vie, ils guériraient facilement plusieurs maladies vitales; comme les anciens guérissaient par le moyen de la musique celles qui troublent l'intelligence; moyen aujourd'hui beaucoup trop négligé. Si nous dormons, toutes les sensations fortes nous réveillent; mais certaines odeurs éteignent la vie même pendant le sommeil, sans nous éveiller. Je crois, et beaucoup de faits le prouvent, que les animaux se guident presque exclusivement par des odeurs déterminées, que nous ne sentons point.

Après l'odorat, vient le goût, sens purement organique, qui indique les besoins du corps, de la vie unie à la matière; comme la vue montre mieux l'intelligence unie à la sensation. Il examine naturellement, sous la surveillance de l'odorat, les qualités des substances dont la vie a besoin pour renouveler continuellement son corps; aussi les médecins ne négligent-ils jamais de le consulter, et d'examiner avec soin son organe particulier.

Le tact est le sens physique et matériel par excellence. La sensation principale qu'il nous donne, la résistance, fait supposer l'impénétrabilité, qui constitue la matérialité. Toutes les autres sensations du tact général, qui par cela même qu'il est un sens purement physique se trouve répandu dans tout le corps, le poids, le froid, la chaleur, signes de la gravitation, de la cohésion et de l'expansion, nous donnent ces trois phénomènes primitifs du corps inerte.

Outre ces cinq sens nous avons la motricité, le mouvement, qui, je ne sais pourquoi, n'est pas considéré comme un sens distinct, aujourd'hui que l'on sait qu'il y a des nerfs spéciaux pour le mouvement, longtemps confondu avec la sensibilité. Ce sens, ou cette puissance, correspond à l'activité propre de l'esprit, lie tous les autres sens et les subordonne à la volonté; manifeste le pouvoir de la volition libre, et son action souveraine sur le corps. Et comme les sensations tactiles sont pour nous des signes de l'impénétrabilité inerte dans l'espace, de la cohésion et de l'expansion, ces trois conditions fondamentales de la corporéité, et dont l'équilibre produit la forme sensible; de même le mouvement volontaire est le signe de l'activité libre et causale, dans laquelle se révèle plus particulièrement la personnalité de l'esprit, la force, le sujet de l'intelligence; comme le mouvement involontaire manifeste l'action instinctive de la vie animale.

Chose admirable ! De même que l'esprit uni au corps, bien qu'ils soient de nature opposée, paraît ne faire qu'un avec lui, et est en même temps actif par la volonté, et passif par la sensibilité, deux faits que l'on dirait dépendre l'un de l'autre et former une seule chose indivisible, quoique différents de nature ; de même les instruments de ces deux fonctions, les nerfs du mouvement et ceux de la sensibilité, sont complexes, et à peine séparés dans leurs origines ou racines. De plus, les racines et les filets qui transmettent les volitions des mouvements sont antérieurs aux racines des filets de la sensibilité, comme pour indiquer par leur position la priorité de l'activité sur la passivité. L'esprit humain peut trouver ces harmonies, mais il ne les invente pas, de même qu'il n'a pas inventé son corps.

Tous les sens servent directement ou indirectement à l'esprit et au corps; toutes les sensations qu'ils reçoivent sont des modifications ou actes de la faculté de sentir; mais pour chaque fait spécial et distinct de la constitution harmonique de l'homme il y a un sens particulier, dont les sensations lui sont plus utiles et plus agréables, dont l'absence lui est plus nuisible; et par ces sensations nous pouvons naturellement séparer ces éléments ou faits distincts. Ainsi pour l'intelligence pure et la conscience, nous avons l'ouïe et la parole; pour la perception externe, la vue; pour la force vitale, l'odorat; pour l'organisme, le goût; pour l'activité libre, le mouvement; pour le corps inerte, le tact.

Je distingue ici la sensibilité proprement dite, propriété essentielle de la force vitale, qui sent mais n'a ni conscience ni mémoire des sensations, de la perception externe ou perceptibilité de l'esprit, qui reçoit, réfère et objective ces sensations, lesquelles sont pour lui les signes des choses. La perceptibilité est la faculté de l'esprit qui correspond avec la sensibilité vitale, se sert des sensations, les réunit et les conserve dans la mémoire, et le fait paraître sensible par la conscience de leur perception immédiate.

La sensibilité est dans la force vitale. C'est cette force qui se modifie et produit la sensation qui se présente à notre âme. Si la sensibilité était dans l'âme intelligente et libre, chaque fois que l'âme se souviendrait d'une sensation elle la sentirait de nouveau, de même que chaque fois qu'elle se souvient d'une conception elle la conçoit de nouveau; mais si elle se rappelle une douleur, ou une odeur, elle ne les sent pas de nouveau, et quand elle se rappelle une couleur, elle ne la voit pas, et la représente seulement dans un objet quelconque qu'elle perçoit. La conscience et la mémoire des sensations ne sont pas des actes de sensibilité et ne dépendent pas de la sensibilité; ce sont des actes de perceptibilité conservés dans la mémoire.

Un animal inférieur, un insecte, sent l'odeur, le goût, le froid, la chaleur dans des espèces et des degrés relatifs à ses besoins vitaux; il se guide momentanément par ces sensations, machinalement et instinctivement, sans en avoir conscience et sans en conserver la mémoire; de même, sans conscience et sans mémoire, les animaux herbivores, dès qu'ils naissent, prennent instinctivement les aliments qui leur conviennent, selon leurs sensations vitales, leurs espèces ou leurs instincts.

L'erreur des philosophes qui font de la passivité de sentir une faculté de l'âme humaine intelligente, vient de ce que l'âme paraît avoir conscience des sensations, et semble les sentir immédiatement. Mais la conscience d'une sensation n'est que la conscience de la perception d'une chose accompagnée de sensation. L'âme paraît avoir conscience de l'appétit comme d'un acte qui lui appartient, et ce n'est pas elle qui appète et désire; elle a quelquefois conscience de la perception accompagnée de sensation du mouvement involontaire du corps, et ce n'est pas elle qui le meut. Si l'esprit n'avait pas la perception du mouvement, il n'aurait pas la sensation du mouvement; s'il n'avait pas la sensation du mouvement, il n'aurait pas dans l'état normal la perception du mouvement; mais les deux faits sont distincts et se séparent dans l'état anormal. Le paralytique du mouvement peut le percevoir sans le sentir; pendant le sommeil, la vie sent l'action de l'odeur, sans que nous en ayons conscience. L'insecte sent, mais ne perçoit pas, et le somnambule perçoit quelquefois sans cependant sentir les impressions produites sur son corps.

L'esprit, à parler avec exactitude, n'a pas conscience des sensations comme de modifications qui lui appartiennent, de même qu'il n'a pas conscience du soleil, de son propre corps et du mouvement du corps; il a seulement conscience des perceptions de toutes ces choses; quant aux sensations mêmes, il en a seulement une perception immédiate, par son union immédiate avec la force vitale sensitive, qui est le médiateur de l'esprit avec le corps.

La vie qui sent sans conscience est la véritable *nature plastique* imaginée par Cudworth pour expliquer l'action réciproque de l'âme et du corps; mais ici ce n'est pas une hypothèse, c'est un fait, c'est une force réelle, démontrée par la raison et par l'expérience, et non le fruit de l'imagination.

Nous ne devons donc pas dire que l'âme est douée d'intelligence, de sensibilité et d'activité, mais bien qu'elle est douée d'intelligence, de perceptibilité, et d'activité libre, ou liberté.

La force vitale aussi étant active, mais non libre, et la force de l'esprit se manifestant dans sa libre volonté, nous devons dire activité libre, ou liberté, et non simplement activité.

La propriété de sentir séparée de l'âme, ainsi que la raison et la saine expérience le demandent, l'explication de beaucoup de phénomènes physiologiques et naturels deviendra facile ; de même que l'idée de Galilée de supposer le soleil au centre de notre système planétaire, vérité aujourd'hui incontestable, a donné l'explication d'un grand nombre de phénomènes astronomiques. Il y a seulement cette différence, que la vérité astronomique fut trouvée au moyen d'une hypothèse scientifique, et que celle que nous présentons ici est le résultat de l'observation, et de l'expérience sanctionnée par la raison.

Si la sublime intelligence de Kant, observant mieux les faits distincts de la nature, eût séparé la sensibilité de la perceptibilité, il n'aurait pas considéré la conscience comme un sens intime, comme un mode de la sensibilité, et ayant reconnu mieux que personne les caractères nécessaires et absolus du temps et de l'espace, il ne les aurait pas considérés comme des conditions et des formes *à priori* et *subjectives* de la sensibilité, au lieu de les considérer comme des intuitions pures *à priori* et *objectives* de la raison. Cette erreur fondamentale a vicié toute son admirable *Critique de la raison pure*, et l'a conduit à ce subjectivisme ou plutôt à ce *nihilisme* complet, malgré l'intention où il était de combattre le scepticisme de Hume, qu'il a fortifié au lieu de le détruire.

M. Cousin[1], digne interprète de Kant, dans son examen de la *Critique de la raison pure,* du philosophe de Kœnigsberg, a vu l'erreur et l'a marquée avec le doigt du maître ; mais la réfutation qu'il fait de cette erreur nous paraît incomplète, parce que lui-même considère la sensibilité comme une faculté de l'âme, et la sensation comme un phénomène de la conscience : comme si la sensation était une modification de l'esprit humain !

Malheureusement je ne puis citer en faveur de ce que j'avance l'opinion d'aucun philosophe ancien ou moderne ; tous d'un commun accord attribuent la sensibilité à l'âme. En compensation cependant je présente des faits dans lesquels la sensation se sépare de la conscience, comme la perception se sépare de la sensation.

La célèbre école d'Alexandrie, il est vrai, parle d'une âme irrationnelle sensitive, comme elle parle d'une puissance végétative. Si j'ai bien compris Plotin, aussi remarquable par son obscurité que par sa doctrine élevée, il imagine une *nature animale,* différente de l'âme et du corps, à laquelle appartient la sensation. Trouvant de la difficulté à attribuer la faculté de sentir à l'âme ou au corps, il a recours à cette *nature animale* mixte, et dit : « Si on nous demande maintenant pourquoi *nous* sen-

[1] *Philosophie de Kant*, par M. Victor Cousin.

tons, nous répondrons : c'est parce que nous ne sommes pas séparés de la *nature animale*, bien qu'il y ait en *nous* des principes d'un genre plus élevé, qui concourent à former le tout si complexe de la *nature humaine*. Quant à la faculté de sentir propre à l'âme, elle ne doit pas percevoir les objets sensibles eux-mêmes, mais seulement leurs formes, imprimées dans l'animal par la *sensation*, parce que ces formes ont déjà quelque chose de la nature *intelligible* : la *sensation extérieure propre à l'animal* n'est que l'image de la sensation propre à l'âme[1]. »

Plotin, comme nous le voyons par ce passage et par plusieurs autres, supposait une *nature intermédiaire*, dans laquelle existe la sensation, une faculté de sentir propre à l'âme, une sensation extérieure propre à l'animal, une sensation intérieure propre à l'âme, et dont la première n'est que l'image. De cette confusion de mots on peut inférer seulement que la profonde intelligence du philosophe de Lycopolis distinguait, mais d'une manière obscure, deux espèces de sensations, intérieures et extérieures, dans le doute où il était à qui il devait les attribuer exclusivement.

Les physiologistes et les naturalistes modernes, d'accord avec tous les philosophes pour attribuer à l'âme humaine la faculté de sentir, et ne pouvant expliquer certains phénomènes de la vie végétale

---

[1] Plotin, *Ennéade* I, liv. I, § 7.

ou purement animale, abandonnèrent la *tonicité* de van Helmont et Stahl, l'*irritabilité* de Glisson et Haller, le *mécanisme* de Boërhaave, la *contractibilité* de Blumenbach, et tous eurent recours à une *sensibilité* organique et à une *sensibilité* animale.

Le docteur Bretonneau reconnut l'action anesthésique de l'éther sur la sensitive (*mimosa pudica*), et le docteur Leclerc l'endormit avec le laudanum. Comment nier à cette plante un certain degré de sensibilité latente, propriété essentiellement vitale, qui peut-être se modifie indéfiniment? Peut-être tous les êtres vivants sentent-ils, ce que nous n'osons affirmer. N'ayant aucune sensation des opérations occultes de la vie organique de notre propre corps qui ne sont pas des opérations mécaniques; ignorant complétement de quelle manière nos organes choisissent et tirent du sang le matériel qui leur convient; ne sachant pas même comment en certains cas la sensibilité se modifie pour nous présenter les sensations que nous recevons, nous ne pouvons savoir en quoi consiste cette sensibilité organique que possèdent en commun les végétaux et les animaux. Parmi ceux-ci, les plus bas placés dans l'échelle paraissent avoir les sensations tactiles, et ceux qui sont plus élevés paraissent posséder l'ouïe.

L'homme seul a la conscience, seul il a l'intelligence, seul il a la liberté; lui seul a une âme, lui seul est doué du langage et de la possession de soi-même. Où il n'y a pas conscience, raison et liberté, il n'y a pas une âme spirituelle, il n'y a ni raisonnement intérieur, ni langage.

La sensibilité n'est pas une faculté de l'âme spirituelle qui pense; c'est une propriété de la force vitale immatérielle qui organise le corps, et au travers de laquelle nous percevons.

Le cerveau n'est pas l'organe de l'intelligence, de la conscience et de la liberté, il n'est que le bulbe nutritif des nerfs, et l'organe où les impressions transmises par les nerfs cérébraux augmentent d'intensité et de durée, afin que la vie sensible, qui n'a ni la conscience ni la possession de soi-même, puisse par la continuation du mouvement, ou de l'impression du cerveau, continuer son opération commencée. Si cette durée de l'impression n'existait pas, il n'y aurait pas durée de la sensation pour la sensibilité de la vie. Ce n'est pas que cette durée lui soit connue; mais commencée d'instant en instant, la vie opère d'instant en instant; de même une pierre se meut aussi longtemps qu'elle est poussée; et si la pierre sentait sans conscience, comme la vie, elle serait mue par elle-même, elle sentirait successivement, et oublierait successivement la sensation du mouvement antécédent, de sorte qu'en arrivant au terme du mouvement, elle s'arrêterait, et cesserait de sentir la dernière sensation, de même qu'elle avait cessé de sentir toutes les autres; et pour quiconque verrait cette pierre et l'observerait, elle paraîtrait se mouvoir avec la connaissance de ce qu'elle fait.

Mais on pourrait m'opposer les belles expériences de M. Flourens que j'ai citées moi-même : « Si on enlève à un animal les deux lobules cérébraux à la fois, il perd tous les sens : il ne voit, il n'entend plus; il perd tous ses instincts; il ne sait plus ni se défendre, ni s'abriter, ni fuir, ni manger; il perd toute intelligence, toute perception, toute volition, toute action spontanée [1]. »

Donc, outre la faculté de sentir, l'animal a une intelligence, il a la perception, il a la libre volonté et la conscience, par conséquent il a une âme, qui se sert du cerveau comme d'un instrument.

A cela je réponds, que de ces admirables expériences on peut seulement conclure logiquement que lorsque l'animal est privé du cerveau, il perd les sens supérieurs, les sensations de l'ouïe, de la vue, de l'odorat et du goût qui dépendent du cerveau, et reste réduit à la vie végétative, comme s'il était né sourd, aveugle, privé d'odorat et de goût.

Il ne perd pas la vie, parce que la vie ne réside pas dans le cerveau, et qu'elle a son siége, chez l'animal, dans la moelle allongée, comme le suppose l'illustre physiologiste. Il ne perd pas les sensations du tact général, parce que ces sensations, chez l'animal, ont leur instrument dans les faisceaux postérieurs de la moelle spinale. Il ne perdra pas les mouvements involontaires, parce que ces mouvements dépendent des faisceaux antérieurs de

[1] *De la vie et de l'intelligence*, chap. VIII, p. 42.

la même moelle. L'animal perdant les sensations supérieures cesse d'être un animal : c'est un végétal avec la forme animale, et il paraîtra ainsi perdre l'intelligence.

On pourrait retourner l'argument et me dire : Le cerveau et les sensations supérieures donnés à l'animal, il acquiert l'intelligence, et par conséquent une âme avec toutes ses facultés plus ou moins développées ; et dans ce cas, ou les sensations supérieures et le cerveau expliquent tout dans l'homme comme dans l'animal, ou s'ils n'expliquent pas tout dans l'homme, ils ne l'expliquent pas davantage dans la brute, et nous devons lui accorder une âme distincte de la sensibilité, ou la refuser à l'homme.

Je réponds : Toutes les sensations supérieures que l'homme a en commun avec les animaux expliquent parfaitement les actes et les instincts des brutes, mais elles n'expliquent pas la conscience, le moi distinct de la sensation, la mémoire, la raison, la liberté, l'induction, la déduction et la parole.

L'animal peut se mouvoir, marcher, manger et exercer beaucoup d'autres actes en vertu d'une sensation présente et successive, et pour cela il n'a pas besoin de conscience et d'un moi. Je ne sache pas qu'un animal agisse en vertu d'une conception passée, ni qu'il se recueille en lui-même pour méditer sur son état, sur ce qu'il fait et ce qu'il lui conviendrait de faire, s'il a un passé, et

CHAPITRE HUITIÈME.

s'il a un avenir. Il peut sentir du plaisir pour une sensation présente, comme il en a senti pour une sensation égale passée il y a un an, sans se souvenir de la première, et ainsi paraître avoir la conscience et la mémoire, sans cependant posséder ces facultés; comme la plante au printemps produit de nouvelles fleurs, répète ce qu'elle a fait au printemps précédent, sans conscience du présent, sans souvenir du passé. Il peut comme la fourmi, comme l'abeille, préparer son cellier, paraître avoir conscience de ce qu'il fait, et penser à l'avenir; de même que la vie organique sans conscience prépare son cellier dans le tissu cellulaire de l'animal. Il peut au moyen de sensations diverses plus ou moins convenables à ses besoins vitaux, paraître hésiter, délibérer, choisir et se décider; comme le faible liseron sans conscience s'incline, vacille, se courbe, jusqu'à ce qu'il trouve un appui auquel il s'attache, et cherche à s'assurer par ses vrilles aux branches qu'il rencontre. Comme le chien et le cheval, il peut paraître reconnaître son maître, lui être fidèle, le défendre, par des instincts naturels que modifie l'habitude, par une action magnétique que nous exerçons sur ces animaux, action connue, que nous ne devons pas mépriser dans l'explication de certains faits, et que tous les êtres exercent les uns sur les autres, le plus souvent sans en avoir connaissance.

L'équilibre des différentes sensations peut donner à l'animal des instincts divers et innés, et le modifier par le temps, comme la plante se modifie par le terrain et la température, mais il ne lui donne pas l'intelligence.

Quand on me prouvera que l'animal a conscience de soi-même, qu'il a la raison, la liberté et la parole; qu'il a comme nous des perceptions des choses, et non de simples sensations; qu'il induit et déduit, qu'il a des idées générales et nécessaires, je dirai que l'animal a une âme, outre la vie sensitive.

Mais qui pourra pénétrer et lire dans la conscience des animaux, que je ne vois se révéler en aucune chose, quoiqu'ils aient des sensations semblables aux nôtres, peut-être même meilleures que les nôtres, et des instincts supérieurs dès le moment de leur naissance? Si l'homme avait ces instincts, avec l'âme qu'il possède, il serait beaucoup plus avancé, et n'aurait pas besoin d'une longue et débile enfance pour apprendre. Il ne me paraît pas plus raisonnable de supposer que les animaux ont conscience d'eux-mêmes, seulement parce qu'ils ont des sensations, que de supposer que les aveugles voient, seulement parce qu'ils ont des yeux.

Enfin, l'âme humaine, l'être spirituel qui pense et a conscience de ses actes, n'est pas la substance de la vie, comme celle-ci n'est pas la substance des corps; elle ne peut avoir aucune propriété qui soit identique avec celle de quelque autre substance; de même que la vie et la matière n'ont aucune des facultés de l'esprit; et si la vie est douée de sensibilité, il n'est pas croyable que cette propriété appartienne en même temps à l'âme et à la vie.

Cependant si la propriété de sentir n'appartient pas à notre âme, c'est-à-dire si ce n'est pas elle qui se modifie pour produire la sensation, cette propriété de la force vitale a, pour ainsi dire, de l'affinité avec la faculté de percevoir, et fait en sorte que l'âme en recevant la sensation par son entremise, puisse se servir du corps, et convertir naturellement en signes de ses perceptions ces sensations, qui les accompagnent immédiatement.

Si l'on admet généralement que l'âme agit sur le corps, et celui-ci sur l'âme, par l'intermédiaire de la vie; que les besoins organiques se présentent à l'esprit par les sensations de la faim, de la soif et de la douleur, il sera plus facile de comprendre que les sensations sont des modifications de la sensibilité vitale, qui n'est pas une force matérielle, et peut servir de médiateur entre l'âme et le corps.

Si ce n'est pas l'âme qui se modifie pour produire les sensations de soif ou de douleur, si elle les reçoit seulement, et perçoit ce que signifient ces sensations, pourquoi n'en serait-il pas de même pour les sons et les couleurs ? Je ne vois pas en cela une plus grande difficulté pour l'explication des faits que dans l'opinion contraire généralement acceptée, que les sensations sont des modifications de l'être qui pense.

L'existence d'une force immatérielle qui organise le corps est aussi incontestable que l'existence d'un esprit qui pense, et qui n'a pas conscience que c'est lui qui organise son corps et qui opère dans l'intérieur de ses organes. Cette force identique, sensitive et organisatrice est le lien entre l'esprit et le corps; pourquoi ne serait-ce pas elle qui se modifie en présence des impressions organiques, et communique immédiatement à l'esprit ses propres affections involontaires?

Ceux qui supposent que l'esprit humain se borne à la faculté de sentir, pourront croire qu'ainsi nous le dépouillons de sa principale, de son unique faculté. Mais comme pour nous ce ne sont pas les couleurs, les sons et les odeurs, ni la sensibilité tout entière qui pense, juge, raisonne, induit, déduit, délibère et veut, nous ne croyons le déposséder d'aucune chose en attribuant ces modifications involontaires à la force vitale qui organise le corps, force que nous considérons comme immatérielle, et qui meut l'animal d'une manière instinctive.

CHAPITRE NEUVIÈME.

Récapitulation du chapitre précédent. — Conditions nécessaires pour qu'il y ait perception. — Objections et réfutation. — Ce que sont les sensations pour la conscience. — Si les animaux perçoivent de la même manière que l'homme, et s'ils ont conscience de leurs actes. — Comment on peut expliquer tous leurs actes sans conscience. — De l'instinct et de l'intelligence. — Réponse à quelques opinions sur l'intelligence des animaux.

Pour connaître parfaitement un objet quelconque, un élément simple tant de l'intelligence que de la nature physique, il faut le séparer, le distinguer de tout ce qui n'est pas lui, de tous les autres éléments auxquels il peut se trouver uni. En procédant à cette analyse, l'esprit observateur chemine en examinant, en percevant et affirmant de nouvelles choses, de nouveaux rapports, et paraît quelquefois oublier l'objet principal de ses recherches. Mais cet objet, dont l'étude l'entraîne à des observations accessoires, est sans cesse présent à son esprit. C'est ce qui nous arrive maintenant dans l'examen de la perception externe, que nous ne perdons pas de vue.

Toutes nos perceptions externes étant occasionnées par des sensations ou en étant accompagnées, nous devons avant tout séparer par tous les moyens les deux éléments qui les constituent, l'élément purement intellectuel, et l'élément sensible; l'intuition et la sensation qui lui sert de signe.

Nous connaissons l'élément sensible, la sensation produite par la sensibilité à l'occasion d'une impression externe. Nous savons que toutes les impressions, ainsi appelées improprement, se réduisent à des mouvements des nerfs de la sensibilité générale et spéciale : que tous ces mouvements leur sont communiqués par des mouvements analogues des corps, susceptibles d'être transmis par les nerfs au cerveau : que les espèces de sensations, suivant nos sens, dépendent des spécialités des organes nerveux, et leur variété dans chaque sens, du degré d'intensité du même mouvement; et nous avons été conduit à affirmer que tous ces mouvements sont soumis aux lois générales de l'attraction, et aux lois spéciales des affinités.

Nous savons de plus que ces mêmes mouvements nerveux peuvent être produits par une réaction vitale, venue de l'activité spontanée de la vie sensitive, et que dans ce cas se manifeste une sensation pure, succédanée, contraire à la précédente, sans objet extérieur qui l'ait occasionnée et auquel elle puisse être rapportée.

Nous avons reconnu aussi que ces sensations ne sont pas des images des mouvements, et ne les représentent d'aucune manière; parce qu'un mouvement ne peut être représenté que par un mouvement analogue, et non par une couleur ou par une odeur; de même que la sensation de douleur ne représente pas le son : que ces sensations sont des modifications spéciales de la faculté de sentir, qui ne ressemblent en rien aux modifications nerveuses ou corporelles qui les déterminent; qu'elles ne viennent pas de dehors, et sont au contraire produites par la sensibilité, en vertu de lois particulières auxquelles celle-ci est subordonnée.

Nous avons vu que ces sensations, en tant que sensations pures, sont dans l'être sensible, et lui servent de guide suivant ses besoins, mais sans lui donner la conscience, un moi qui se distingue d'elles-mêmes, qui puisse librement leur résister, et s'en servir comme de signes d'une chose quelconque.

Nous avons vu encore que ces sensations expliquent parfaitement tous les actes instinctifs de la vie animale, ainsi que beaucoup d'actes de la vie humaine, sans conscience, sans détermination libre et sans perception.

Que faut-il donc, outre la sensation, pour qu'il y ait perception? — 1° Un *moi* actif, conscient, préexistant à la sensation, et qui en la recevant s'en distingue cependant; 2° qui la prenne comme un *signe* naturel d'une chose réelle dont il a une intuition ou croyance spontanée; 3° qui rapporte ce signe à l'objet de l'intuition, et le perçoive de cette manière.

Si le moi était sensible, et qu'il reçût la sensation comme une affection ou modification de sa propre substance, il ne se distinguerait pas de cette sensation, il serait la sensation même, comme le dit bien Condillac, il n'aurait par conséquent aucune perception; et mille sensations diverses qui se succéderaient en lui, disparaîtraient; et lui, se modifiant de sensation en sensation, serait toujours la dernière, sans se distinguer d'aucune, sans conscience de soi-même, sans perception; ce que déjà nous avons démontré dans le chapitre cinquième.

Si nous imaginions ce principe sensible dans un corps en tout semblable à celui de l'homme, organisé par ce principe, ou par la Providence, et, comme la vie même, présent dans tous les organes, ayant par les mouvements des nerfs toutes les sensations que nous avons, et pouvant par l'impulsion de ces sensations mouvoir son corps, il ferait tout ce que fait un animal. Que dis-je? il ferait peut-être beaucoup moins, parce qu'étant dans le corps humain, toutes les conditions nécessaires pour qu'il eût des instincts lui manqueraient peut-être. Et cette force étant purement sensible, il souffrirait toutes ces sensations; et ayant, ainsi que la vie, une activité spontanée, il donnerait instinctivement le mouvement à son corps. Mais la sensation pour cette force étant cette force elle-même modifiée, le mouvement instinctif pour cette force étant cette force elle-même qui se meut, elle ne pourrait se distinguer de la sensation, ni du mouvement, ni de son corps; elle ne pourrait dire en soi-même : moi; elle n'aurait ni conscience de soi, ni science d'aucune chose; elle n'aurait vraiment pas une perception. Il n'y aurait pas enfin dans ce corps une âme distincte de la vie, et pouvant se distinguer et se séparer de la vie et du corps.

Mais, dira-t-on, la faculté de sentir, qui produit et a en soi tant de sensations en même temps, ne pourra-t-elle pas peu à peu se distinguer de ses sensations, de sa manière d'être, et les distinguer l'une de l'autre, et ainsi se constituer le *moi* des sensations?

C'est l'objection la plus forte que l'on puisse faire, et en même temps peut-être la plus inconsidérée. Pour qu'une chose se distingue d'une autre, il faut qu'elle ne soit pas la chose même dont elle veut se distinguer. Rien ne se distingue de soi-même, mais de ce qui n'est pas lui. En outre, il faut que la chose qui se distingue d'une autre ait conscience de sa propre existence indépendante de la chose dont elle se différencie; cette conscience doit préexister à la distinction, et ne pas être produite par la chose distinguée, 1° parce que celle-ci n'a pas non plus conscience de soi, et que personne ne donne ce qu'il n'a pas; 2° parce que quand même elle aurait cette conscience, la conscience est inaliénable, et que personne ne peut communiquer sa conscience à un autre.

Comment donc la faculté de sentir, je dirai plus, un être uniquement sensible, peut-il se distinguer de sa manière d'être, sans laquelle il ne se sent pas, s'ignore, et n'existe pas pour soi-même? Comment cette faculté de sentir, qui est un mode d'être du sujet à qui elle appartient, et dont elle ne se différencie pas, peut-elle se distinguer de son propre acte, de sa propre modification, dans laquelle elle se révèle, avec laquelle elle s'identifie, sans laquelle elle ne se sent pas? Cela est impossible. Un fait intérieur à la portée de tous, montrera cette impossibilité absolue.

Que chacun entre en soi-même, s'examine et se demande : Puis-je me distinguer de ma conscience, et sans conscience d'aucune chose, me connaître, ou me sentir, et dire : moi?

Non. Dans ce cas, c'est comme si j'étais plongé dans un sommeil profond, comme si je n'existais pas.

Mais quand je me réveille, puis-je me connaître, ou me sentir, sans penser à rien, ou sans sentir aucune chose?

Cela est impossible. Dans ce cas, mon corps serait éveillé, et je dormirais profondément au dedans de mon corps.

Mais quand je pense, quand j'exerce un acte de conscience, est-ce que je me distingue de la conscience, si je suis cette même conscience en acte? Impossible.

Cette conscience que c'est moi-même, cette conscience abstraite, peut-elle avoir conscience de soi-même, et se dire : moi?

Cela est impossible; parce que la conscience c'est moi-même, en tant que j'exerce un acte de conscience, et sans moi, sans cet acte de conscience, elle n'existe en personne, n'est rien. Je suis dans ma conscience, et la conscience est dans son acte, comme l'acte est dans la conscience, et la conscience dans son propre sujet ; et cette trinité fondamentale, indistinguible, constitue le moi. Une seule de ces trois conditions supprimée, le moi disparaît pour soi-même.

Comme la modification, l'acte, la qualité, la faculté d'un sujet quelconque, c'est ce même sujet modifié, en action, en exercice, et hors de lui ne sont rien pour lui, n'existent pas réellement ; comme le mouvement d'une corde est cette corde en mouvement, et hors de la corde et de quelque autre chose qui se meut, il n'est rien, il n'existe réellement pas, et sera à peine une abstraction de l'esprit, une loi abstraite qui n'est exécutée par personne, et qui sera à peine dans l'intelligence de celui qui l'a pensée ; il s'ensuit que rien dans ce monde ne se distingue de ce qui le constitue ; qu'aucun être ne peut se distinguer de sa manière d'être ; que nulle faculté de l'être ne peut se distinguer de son propre mode d'opérer, parce que ce mode d'opérer est une modification propre, c'est lui-même modifié. Cela est certain.

Donc la faculté de sentir ne peut se distinguer de la sensation, parce que la sensation est elle-même en acte.

Donc le sujet sensitif, de qui la sensation est une modification inséparable, indistinctible de son propre être, ne peut se distinguer de cette sensation, ni de mille autres, et se constituer spectateur des sensations, quand toutes elles sont lui-même. Cela est évident. Supposer le contraire serait absurde.

Les spiritualistes et les rationalistes comprennent cette vérité, qui est de la plus grande évidence; et les sensualistes ne pourront la mettre en doute; car, outre qu'elle est incontestable de sa nature, elle a été reconnue et proclamée par le chef du sensualisme moderne, par un esprit éminent et pénétrant, qui, par une simple erreur fondamentale, ou plutôt par l'amour d'une simplicité systématique, fut entraîné, comme tant d'autres de même mérite, à une série d'erreurs. Condillac, attribuant la sensibilité à l'âme, et comprenant que la sensation est cette même faculté en acte, une modification d'elle-même, ne pouvant d'aucune manière séparer la modification de son sujet ni le sujet de sa propre modification, parce qu'ils sont indistinctibles et identiques, forcé par la logique, dit que « le moi des sensations n'est que la collection des sensations [1]. » En s'exprimant ainsi, Condillac a montré qu'il comprenait très-bien la question. Seulement ce moi collectif et imaginaire n'est pas notre moi, qui se distingue des sensations.

L'illustre philosophe comprenant de plus que la modification d'un sujet est inséparable de ce sujet,

---

[1] *Traité des sensations*, chap. viii, § 21.

ce qui n'est pas difficile à concevoir ; et que ni une modification, ni un million de modifications qu'il éprouve ne le font sortir hors de ces modifications, ou hors de lui-même, se vit encore contraint par la logique de dire :

« Rien dans l'univers n'est visible pour nous ; nous n'apercevons que les phénomènes produits par le concours de nos sensations. Soit que nous nous élevions jusque dans les cieux, soit que nous descendions dans les abîmes, nous ne sortons point de nous-mêmes, et ce n'est jamais que notre propre pensée que nous apercevons [1]. »

Pour être plus correct et plus conforme à ses principes, Condillac aurait dû dire : Soit que la collection des sensations s'élève avec son sujet jusque dans les cieux, soit qu'elle descende avec lui dans les abîmes, ce groupe inséparable ne sort pas de soi-même, et tout ce qu'il sent n'est autre chose que ses nouvelles modifications.

Mais nous ne sommes pas ce *nous* de Condillac, ce *nous* n'est pas notre âme. C'est le sujet des sensations, qui ne sent que ses propres modifications, qui ne sort pas d'elles, qui est chacune d'elles, comme ces modifications sont lui-même modifié. Si Condillac se contredit quelquefois, ce n'est pas en vertu de la logique, mais en vertu du fait, plus fort que la théorie qui le nie ; c'est en vertu de la vérité, plus forte que l'erreur. Ceux qui admettant le

---

[1] *Logique*, chap. III.

même principe causal de toutes les erreurs, croient avec de vaines paroles corriger les illusions du maître, se contredisent comme lui, entraînés par le fait, par la vérité qu'ils ne veulent pas admettre ; comme les mystiques qui nient l'autorité de la raison, tout en se servant d'elle pour prouver leurs conjectures.

Le fait, la vérité, c'est que nous, notre âme, le sujet actif qui pense, et reçoit la sensation, se distingue de la chose pensée et perçue, comme il se distingue de la sensation. Il ne se distingue pas de l'acte de penser et de percevoir, parce qu'il se révèle dans cet acte ; cet acte c'est lui en action, c'est sa conscience ; mais il se distingue de l'objet de la pensée, de l'objet de la sensation. Quand il perçoit, ou voit quelque objet extérieur (je me borne pour l'instant aux objets sensibles), le soleil par exemple, il le perçoit et le voit dans l'espace, et ne croit pas, ne pense pas que ce soleil soit un acte de sa conscience, une production de sa pensée, une modification de son être ; il ne croit pas que les sensations qu'il reçoit, celles de sons, de couleurs, d'odeur, de dureté, etc., soient des actes de sa conscience, des modifications de sa propre substance ; au contraire, se distinguant parfaitement des sensations, qu'il place dans son corps, ou hors de son propre corps, il se croit spectateur, et non acteur, de ce qu'il perçoit, le patient, non le sujet de la sensation.

La croyance invincible, incontestable, qu'il perçoit, et qu'il existe réellement en percevant, est en lui, et le constitue conscient de soi-même. Il ne pourrait même dire : « Je ne pense pas, je n'existe pas, » parce qu'en parlant ainsi il affirmerait de soi-même le contraire de ce qu'il dirait. Il ne peut pas dire : « Quand je cesse de penser je cesse d'exister, » parce qu'il sait, il a la science intime que mille fois il a semblé cesser de penser, sans cesser d'exister, et continue à exercer sa pensée, en restant ce qu'il était.

Si le scepticisme s'arrête devant cette évidence, il doit également s'arrêter devant une autre évidence d'égale force, et corrélative; c'est que la conscience d'une perception n'est que la conscience que l'objet perçu et senti n'est pas la perception elle-même, un acte intérieur, une modification sans objet; mais que cet objet existe hors de la perception, est un être différent, indépendant et produit par une cause étrangère. Tel est le moi de la conscience; tel est le témoignage qu'il donne de soi-même et des choses en même temps.

La faculté de savoir, qui lui donne la connaissance de soi-même, est conscience en rapport à lui, et science en rapport aux choses qu'elle lui montre. La conscience n'est pas un sens intime, comme on l'appelle, c'est une *science intime*.

Le moi humain qui a la conscience de lui-même, et en même temps la science de quelque chose hors de lui, est le véritable moi, l'unique point de départ d'une bonne psychologie; et non pas un moi abstrait, ou une sensation, qui n'est pas une modification du moi qui perçoit, et qui la considère comme un signe de la chose perçue.

La sensation est pour nous, pour notre conscience, comme quelque autre chose que nous percevons immédiatement. Si nous disons qu'elle est en nous, c'est parce que, en langage vulgaire, nous nous confondons toujours avec notre corps organisé par la vie sensitive, véritable sujet de la sensation. Si l'esprit la sent, c'est parce que c'est là le mode naturel de la recevoir immédiatement, par le contact pour ainsi dire immédiat qui existe entre eux, et pour qu'il ne la regarde pas comme un objet réel d'intuition pure, mais bien comme un simple phénomène, un signe des choses, que de cette manière on appelle sensibles, et qui ainsi le font sortir hors de soi-même. Si l'esprit souffre, s'il se réjouit par le moyen de ses sensations, quelquefois sans le vouloir, c'est afin qu'il soit attentif aux besoins de la vie de son corps, et fasse pour lui ce que la vie seule ne peut faire par elle-même, dès qu'elle a été soumise à son libre arbitre par le côté seulement qui peut lui servir, et non en totalité, puisque le corps ne nous est pas entièrement assujetti.

La vie dans le corps humain, que l'on me permette cette comparaison, opère comme un habile ministre qui pouvant par lui seul connaître les besoins de l'État et y remédier, soumet ce qui concerne la haute politique à l'approbation du souverain constitutionnel dont il est le sujet, et attend ses ordres pour les exécuter; mais le souverain et le ministre ne se consultent pas dans les choses qui touchent aux affaires ordinaires et à la vie privée ; ils agissent quelquefois à l'imitation l'un de l'autre, mais chacun cependant par sa propre détermination. Dans le corps de l'animal la vie est souveraine, et fait tout ce qu'elle peut, sans libre choix, selon ses propres lois nécessaires.

Pour l'esprit, cependant, recevoir une sensation, ce n'est pas en être le sujet, c'est au contraire, comme nous l'avons déjà dit, en être le patient, le spectateur sympathique.

Tous les philosophes disent que les sensations sont des modifications de l'âme, et ne nous font pas sortir de nous-mêmes ; ceci est bien loin d'être vrai, car ce sont les sensations, et seulement les sensations, qui dans l'état actuel nous provoquent à sortir de nous-mêmes. Si les sensations étaient des modifications de quelque faculté de notre âme, jamais nous ne pourrions naturellement les objectiver en aucune chose.

Les savants placent les sensations dans la conscience, dans le moi, dont ils font une simple affection : tous les hommes les placent dans les choses, et les considèrent comme les qualités de ces choses; cependant elles ne sont ni dans le moi ni dans les objets, elles sont dans la sensibilité vitale, dont elles sont des modifications.

Ne nous confondons pas avec un corps organisé,

parce que nous nous trouvons dans ce corps, ne lui prenons pas, ne nous attribuons pas ce qui lui appartient de fait et de droit naturel ; évitons également l'erreur d'attribuer aux sens ce qui est propre à l'esprit, et gardons-nous de penser que nous leur devons autre chose que les sensations.

Nous croyons avoir surabondamment démontré par les faits, par les expériences, par le témoignage incontestable de la conscience, que les sensations ne sont pas des modifications d'aucune faculté de notre esprit, mais bien de simples phénomènes de la sensibilité vitale, et pour nous des signes intuitifs et naturels, qui excitent la faculté de savoir à percevoir les objets, que de cette manière nous appelons sensibles.

Finissons-en avec cette subjectivation des sensations, avec cette hypothèse gratuite, avec cet antique aveuglement de la philosophie.

Si l'on veut appeler sentir l'impossibilité où se trouve l'esprit, dans son existence corporelle, de ne pas recevoir les sensations qui lui sont données, qu'on dise alors qu'il a la passivité de sentir, et non la faculté ou propriété de sentir; parce que cette faculté, ou propriété, appartient à ce qui produit la sensation, non à moi qui la souffre. Je ne pense pas qu'on puisse dire de personne qu'il a la faculté de recevoir une blessure ou un coup de pierre. Il ne pourra pas toujours l'éviter; mais une impossibilité n'est pas une faculté.

Les mots, il est vrai, ont le sens que l'on veut

leur donner, la difficulté est de les comprendre. Mais les espèces sensibles, les idées images, les impressions de l'âme, les sensations transformées, les tables rases, ne sont pas des figures de rhétorique, ce sont des théories qui entraînent à beaucoup d'erreurs, ce sont des expressions comprises littéralement. Les mots ont aussi leur logique. Mais nous ne nous occupons pas de mots, nous traitons de faits qu'il convient de désigner d'une manière appropriée.

Les sensations étant tirées du moi et données à qui elles appartiennent, la psychologie s'éclaircit, et avec elle toutes les sciences. De cette manière nous saurons ce qui est propre à l'esprit, ce qui est propre à la vie, ce qui est propre à la matière inerte. Nous saurons ce qui résulte de la vie unie au corps qu'elle organise, et de l'âme qui se sert de ce corps organisé. Ainsi nous saurons ce qu'est une intuition pure ou conception, ce qu'est une sensation et une perception sensible.

Les sens, qui sont par eux-mêmes sans raison, donnent à l'esprit de pures sensations, et rien de plus : le mouvement même est une sensation pour l'esprit. Toutes les sensations sont des phénomènes, des apparences, et des signes pour l'esprit d'autres phénomènes, d'autres apparences, mais des signes qui ne les représentent réellement pas comme ils sont, et qui seulement les classent et les spécifient, comme nous l'avons démontré.

C'est par ces signes intuitifs et immédiats que l'esprit connaît les choses comme elles se présentent naturellement. Cette connaissance intuitive signalée par la sensation, c'est la perception sensible. Par cette perception, les sensations, ou signes des choses, sont naturellement rapportées à ces choses. Ainsi les sons nous paraissent venir de dehors par les oreilles; les couleurs nous paraissent exister dans les objets, sans que nos yeux et le sens de la vue souffrent aucune modification, et sans que l'esprit même exerce aucun acte pour voir. Et cependant combien de conditions sont nécessaires pour que la vision s'opère!

Mais la perception d'une chose, le premier acte qu'exerce notre âme et par lequel elle commence à se révéler, n'est pas, comme elle le paraît, une simple sensation, telle qu'est la sensation pour les animaux, qui n'en dépassent pas les bornes. Pour l'esprit humain la sensation motive une perception, sans laquelle il ne se présente pas. Pour que la perception survienne, il faut que l'esprit doué de la faculté innée de savoir ait en même temps une intuition immédiate de la sensation; intuition de soi-même comme distinct de cette sensation, et intuition d'un objet auquel il la rapporte. La première intuition est la sensation, la seconde est la conscience, la troisième, dans laquelle s'objective la première, est proprement la perception sensible.

Cette première perception est renfermée dans les autres intuitions pures comme un point dans la circonférence d'un cercle, que plus tard l'esprit distingue et sépare; telles sont les intuitions de substance, de cause, d'espace et de temps, sans lesquelles l'esprit ne pourrait avoir les intuitions corrélatives de phénomène, d'effet, de matière et de succession.

Il convient avant tout de prévenir une objection. On dira peut-être que j'expose les choses à ma manière, selon l'état actuel de l'esprit et du développement de sa faculté de savoir, mais qu'il n'en était pas ainsi au commencement; que le premier acte de l'esprit fut une simple sensation, et que de sensation en sensation il en vint à se distinguer d'elles, les distinguant les unes des autres, et formant et amassant ainsi tout son capital de science.

Je réponds : la connaissance astronomique qui nous est acquise aujourd'hui que le soleil est au centre de notre système planétaire, qu'il est 1,407,124 fois plus grand que la terre, ne change en aucune façon les conditions naturelles de notre vision; et nous voyons le soleil aujourd'hui dans le même lieu et de la même grandeur que nous l'avons vu pour la première fois dans notre enfance. Tout ce que la science nous a appris de plus relativement au soleil et à toutes les choses, ce ne sont pas des perceptions sensibles, mais des intuitions, ou conceptions, induites ou déduites les unes des autres par un continuel travail de l'esprit, travail de sa faculté de savoir soutenue par sa volonté, et où les sens n'entrent pour rien. La sensation de couleur s'objective en un point lumineux du ciel, que nous appelons comète ou planète, et concourt à nous le faire apercevoir, mais ne nous fait point connaître ce qu'est ce point, quelle est sa grandeur réelle, sa marche, sa force attractive, et pourquoi il reparaît après mille années de chemin ; toutes ces connaissances dépendent de l'intelligence convenablement employée par notre volonté.

Ne confondons pas les perceptions sensibles par lesquelles l'esprit commence à se manifester, avec les autres opérations de ses facultés intellectuelles. Les conditions de la perception sensible sont toujours les mêmes pour tous, dans tous les temps et dans tous les âges ; elle est aujourd'hui absolument semblable à ce qu'elle fut au premier jour.

Si l'esprit eût commencé par une simple sensation, sans se distinguer de cette sensation et sans la rapporter à aucune chose, il n'eût eu aucune perception ; il eût été comme un homme endormi qu'on retourne d'un côté et de l'autre, sans le réveiller, sans qu'il fasse attention à quoi que ce soit ; la sensation, en admettant même qu'il l'eût reçue, eût été perdue pour lui.

On peut me faire une autre objection. On dira peut-être que si pour avoir une perception sensible il faut que l'esprit ait conscience de soi-même, qu'il se distingue de la sensation, et la rapporte à un objet, c'est-à-dire qu'il ait des intuitions, ce qui est seulement propre à la faculté de savoir ; nous sommes alors obligés de concéder aussi cette faculté aux animaux puisqu'ils ont des perceptions sensibles.

Cette objection se trouve en partie résolue dans le

chapitre précédent; mais ici je la considère simplement au point de vue de la perception actuelle, telle que nous l'exerçons. L'animal dort, et, comme nous, paraît cesser de percevoir; il se réveille, et paraît percevoir les choses comme nous les percevons. Voilà la force de l'objection.

Il est bien évident que ce n'est pas par la simple perception sensible que nous pouvons résoudre cette difficulté, mais par une série d'expériences et de jugements, ainsi que se résolvent la plupart des difficultés.

Qui pourra nous dire si l'animal a conscience de soi-même, et s'il a la science des choses telles qu'elles se présentent à nous par la perception sensible ? qu'il voit et entend exactement comme nous voyons et entendons, avec toutes les conditions de la perception ?

Notre image se réfléchit dans les yeux d'un animal, comme elle se réfléchit dans un miroir, comme l'image de l'animal se réfléchit dans nos yeux; et de là nous concluons que l'animal nous perçoit comme nous le percevons, et qu'il a conscience de soi-même et science de ce que nous sommes. De même un enfant pourrait penser que son image qu'il voit dans un miroir le voit lui-même.

Les sensations peuvent être dans l'animal des choses différentes de ce qu'elles sont pour nous; elles peuvent être dans la sensibilité même des organes, et les guider instinctivement vers les choses extérieures, sans qu'ils aient une conscience, sans que les objets extérieurs se présentent à eux tels que par la perception ils se montrent à nous.

Savons-nous par hasard comment la sensitive entend le bruit d'une voiture et se contracte à ce bruit, et comment par l'habitude elle y devient indifférente? Savons-nous comment nos organes sentent la présence d'un corps étranger et conspirent pour l'expulser, en formant à l'extérieur du corps une tumeur suppurante dont ils n'ont pas eu besoin pour le porter à ce point? Savons-nous en quoi consiste ce tact subtil, ou ce palais délicat, au moyen duquel nos organes extraient du sang la partie qui leur convient, et rejettent les autres?

La sensibilité vitale opérant dans le corps qui n'a pas une faculté de savoir, un être conscient et libre à qui elle présente et soumet ses modifications, telles que les sensations que nous recevons par elle, peut, en rapport au corps qu'elle organise, et se trouvant seule avec lui, se modifier d'une autre manière, toujours en rapport aux organes et à leurs besoins, et diriger par ces modifications spéciales l'animal dont elle dispose seule et qu'elle gouverne à son gré. Le poisson trouve-t-il salées et froides les eaux de la mer dans lesquelles il vit, comme nous les trouvons nous-mêmes? Les animaux qui se nourrissent de substances qui sont pour nous insipides, désagréables, répulsives et nuisibles, sentent-ils les mêmes goûts, souffrent-ils à un moindre degré les mêmes incommodités qu'elles nous causent? Je ne le crois pas.

Si nous pouvons comprendre que la sensibilité vitale se modifie selon les espèces d'animaux, pourquoi ne pourrions-nous comprendre que les sensations agissent en eux comme des instincts, sans que l'animal ait conscience et possession de soi-même?

Sans aucun doute, les animaux paraissent intelligents. Mais autre chose est paraître intelligent, et autre chose est posséder l'intelligence. Une intelligence supérieure peut diriger les animaux, sans qu'ils aient conscience de leurs actes. Dès qu'ils naissent, ils montrent plus d'intelligence que nos enfants, justement parce qu'ils ne possèdent pas cette intelligence étrangère qui les fait agir sans qu'ils aient besoin d'apprendre comme nous, qui possédant l'intelligence comme une faculté particulière, sommes obligés de la cultiver. Si l'homme n'était pas doué de liberté, bien que nous le supposions intelligent, il ne se posséderait pas, agirait instinctivement, sans conscience; alors l'intelligence ne serait pas une faculté propre à l'homme, elle le guiderait du dehors, et il n'aurait pas besoin d'une âme spirituelle, intelligente et consciente d'elle-même : telle est la condition des animaux.

Rien ne montre plus l'intelligence que l'organisation même du corps animal. Cette multitude d'organes, qui travaillent avec un accord parfait, à l'insu l'un de l'autre; se communiquant, sans s'entendre, par des télégraphes nerveux; alimentés par des vaisseaux sanguins, avec des fabriques différentes, des dépôts et des canaux d'écoulement; tout cela s'opérant dans le plus complet silence, et soumis à un gouvernement supérieur, à une intelligence suprême qui veille sur eux avec un soin continuel ! Cependant si nous n'invoquons pas la sagesse divine, nous serons obligés d'avouer que la vie en sait plus que nous, puisque nous ne savons pas en faire autant. Mais il reste à savoir si la vie sait ce qu'elle produit, et qui le lui a enseigné, et si les animaux mêmes savent ce qu'ils font. Pour nous, nous savons ce que nous faisons par nous-mêmes, nous avons conscience de nous et de ce que nous pouvons.

Les animaux n'ont pas plus conscience d'eux-mêmes, ils ne savent pas plus ce qu'ils font, ne perçoivent pas plus les choses, que les abeilles ne connaissent la géométrie, quoiqu'elles se montrent si savantes dans les mathématiques, que dans la construction de leurs cellules elles résolvent le problème transcendantal *de maxima* et *de minima;* et que dans la fabrication de la cire et du miel elles dépassent tous les chimistes de l'espèce humaine !

Ainsi donc la sensibilité vitale des abeilles peut tolérer impunément la jusquiame et l'aconit, qui sont pour nous des poisons mortels; elle peut fabriquer la cire et le miel sans apprendre; elle peut les constituer en un état indépendant, ou grande famille souveraine, comme des organes divers d'un seul corps, sans cependant qu'elles aient la moindre notion de législation et de politique; mais ne se pourrait-il pas qu'elle les guide seulement par les yeux à la recherche des fleurs, sans que ces insectes sachent ce qu'ils font et aient conscience d'eux-mêmes?

Que de fois l'homme doué de conscience et d'une science profonde des choses, exécute des actes extérieurs qui dépendent de la vision et du tact, sans conscience de ce qu'il fait, et par conséquent sans véritable perception externe! Que de somnambules spontanés se lèvent, marchent, se dirigent parfaitement vers les objets, répondent, agissent, comme s'ils avaient des perceptions; et quand ils s'éveillent au milieu de la fatigue de leur corps, et recouvrent leur conscience, s'émerveillent de tout, du lieu où ils se trouvent, et de ce qu'a fait leur corps à son insu!

Les exceptions à la règle générale de la nature nous révèlent de grandes vérités; vérités peut-être plus transcendantes et plus instructives que les vérités communes. Sans les songes, sans la folie, sans le délire, l'ivresse, la paralysie, qui font que les uns entendent, voient, et ont des sensations et des perceptions différentes de celles qu'éprouvent les hommes en général, il est probable, peut-être même certain, que jamais aucun philosophe n'eût été conduit à douter de la véracité de nos facultés, dans l'impossibilité où il eût été d'expliquer ces phénomènes si instructifs au moyen de ses théories imparfaites.

Avant l'invention du baromètre par Torricelli, et

ses expériences sur la pesanteur de l'air, les anciens, pour expliquer quelques phénomènes physiques, se contentaient de l'axiome, que *la nature a horreur du vide.* Nous comprenons aujourd'hui, depuis Newton, que les astres ainsi que les corps se meuvent en vertu de la loi générale de l'attraction ; nous comprenons que d'un germe imperceptible la vie fasse, en vertu de lois spéciales, sortir un arbre et produire des fruits; que cette vie sensitive organise un corps animal, et lui fasse quelquefois exécuter instinctivement des choses merveilleuses; ne pourrons-nous donc pas comprendre que les animaux dirigés par la sensibilité agissent instinctivement sans avoir connaissance de ce qu'ils font ? et ne pourrons-nous pas comprendre aussi, que l'esprit distinct du corps et de la sensibilité est une puissance libre, douée de la faculté de savoir qui lui donne la conscience de soi-même et les intuitions des choses; qu'en se séparant quelquefois du corps, la vie opère dans ce corps les actes qu'elle s'est habituée à faire sous nos ordres, et agit de la même manière dans les animaux qui n'ont pas conscience d'eux-mêmes et sont privés des perceptions telles que nous les avons, et que les animaux enfin soient comme des somnambules éveillés? Ces faits seront-ils plus étonnants que le mouvement régulier des astres, l'organisation des corps et nos mouvements involontaires? Si nous disons que nous avons des perceptions, et la conscience que nous les avons, c'est parce que cela est pour nous la première, la plus incontestable vérité, devant laquelle se courbe le plus audacieux et le plus absolu scepticisme.

Nous craignons d'aller plus avant, et de laisser derrière nous quelque point douteux dans lequel pourrait se retrancher quelque objection. La science humaine est lente, et n'abandonne pas ce qu'elle a acquis pour une nouveauté, sans être assurée d'y trouver un avantage. Une seule vérité bien démontrée est pour elle une grande conquête. Du sort de cette question dépendent beaucoup de vérités. Examinons encore l'intelligence des animaux.

Un savant contemporain pour qui j'ai la plus haute estime, un de ces hommes qui ne se contentent pas de transmettre la science comme ils l'ont reçue, M. Flourens, rapporte le fait suivant. Un castor, pris sur les bords du Rhône, et venant à peine de naître, fut transporté au jardin des plantes de Paris, où il fut allaité artificiellement. Ce castor n'avait pas vu ses parents, il n'avait rien pu apprendre d'eux. Il avait dans le jardin une petite maisonnette et n'avait pas besoin de cabane. Mais aussitôt qu'il trouva de la terre, de l'eau et des branches, il se construisit une cabane, et du premier coup la bâtit aussi bien et aussi solide que l'auraient pu faire les castors les plus exercés.

Dans cet acte d'un animal qui fait ce qu'il n'a pas appris, l'illustre physiologiste reconnaît l'instinct naturel; mais pour le chien, le cheval et l'éléphant qui font des choses que nous leur enseignons, et que jamais ils ne feraient instinctivement, il croit que ces actes dénotent visiblement un certain degré d'intelligence.

Considérant cependant la distance immense qui existe entre cette intelligence limitée et celle de l'homme, il donne à celle-ci le nom de raison, et s'exprime ainsi :

« L'*instinct* agit sans connaître ; l'*intelligence* agit et connaît ; et la *raison*, la *raison* seule, connaît et se connaît.

» Et c'est parce qu'elle *se connaît* que la raison se voit et se juge, et que, se jugeant, elle s'élève de l'*intellectuel* au *moral*.

» Le *moral* n'appartient qu'à l'homme.

» La *raison* se voit; la *raison* se juge; la *raison* s'étudie; et l'étude de la *raison* par la *raison*, l'étude de l'*esprit* par l'*esprit*, est toute la philosophie humaine [1]. »

Je reconnais avec M. Flourens que l'instinct agit sans connaître, et par conséquent sans conscience, sans intelligence.

Je reconnais également avec lui que la raison se connaît, et connaît, juge, et se juge; et pour cette faculté seulement le savant professeur réserve le mot *esprit*.

Mais qu'est-ce que cette intelligence qui connaît, sans se connaître ? Est-ce une faculté intermédiaire, différente de l'instinct et de la raison, ou un degré plus élevé de l'instinct ? un instinct modifié ? Dans ce cas c'est l'instinct même.

---

[1] *De la vie et de l'intelligence*, chap. VII, p. 77 et 78.

Je comprends une raison qui se connaît, et connaît, parce que je la trouve en moi-même. Je comprends qu'un corps organisé et sensible se meuve par des lois naturelles et instinctives, sans savoir, sans conscience de soi, parce que je vois en mon corps et hors de lui mille exemples de ce fait. Mais je ne comprends pas un être qui connaît, sans se connaître, sans conscience de soi-même.

Pour moi, connaître, percevoir, savoir une chose, c'est en même temps connaître et savoir que je la connais; c'est avoir conscience de moi-même, et science de cette chose. Mais si quelqu'un pouvait connaître une chose sans être conscient de ce qu'il fait et connaît, de fait, cet être ne connaîtrait rien, n'aurait aucune intelligence, et agirait par un instinct primitif, ou perfectionné.

Et avons-nous par hasard besoin de recourir à l'hypothèse d'une intelligence qui connaît sans se connaître, pour expliquer le simple fait d'un instinct naturel contrarié et modifié par une force étrangère et supérieure ? L'industrie humaine n'a-t-elle pas produit une grande variété d'arbustes, de fleurs et de fruits ? La rose sauvage, à laquelle la nature n'a donné que cinq pétales, ne voit-elle pas ses étamines transformées par les efforts de la culture en de nombreux et nouveaux pétales qui enrichissent sa belle corolle ? Combien de fruits changent de nature et se perfectionnent par les mêmes efforts ! Les orangers et un grand nombre d'autres arbres ne produisent-ils pas des fruits mixtes au moyen de la greffe ? Et quoiqu'ils sortent de leurs lois naturelles, ces arbres, ces plantes, apprennent-ils quelque chose, se montrent-ils intelligents, et paraissent-ils connaître nos desseins?

Si Buffon a dit que le végétal est un animal qui dort [1], nous pouvons dire aussi que l'animal est un végétal éveillé et qui marche, sans leur faire aucune injure; parce que rien ne nous oblige à leur concéder ce qui ne se révèle en eux par aucun signe. Pour que les pieds des Chinoises se développent contre les lois de la nature, ont-ils besoin par hasard de savoir pourquoi ils sont torturés, quoiqu'ils sentent la pression des liens qui les entourent? Le climat, la nature du sol, les aliments, les habitudes, ne modifient-ils pas tous les êtres vivants, et nous-mêmes, sans que l'intelligence y entre pour quelque chose? Les animaux soumis encore tout jeunes à un nouveau régime, contrariés dans leurs instincts, forcés à faire ce que nous voulons, ne peuvent-ils donc acquérir de nouvelles habitudes? La force musculaire, l'aplomb, la légèreté, l'adresse acrobatique d'un Tuccaro, d'un Furioso, d'une Saqui, dépendent-ils de l'intelligence, ou d'un continuel exercice? L'intelligence invente, mais l'exécution animale dépend de l'habitude.

M. Flourens, penseur profond, spiritualiste en philosophie, vitaliste en physiologie, réserve la raison à l'esprit, à l'âme; à qui donc appartiendra en définitive cette intelligence qui connaît sans se

[1] Tome II, p. 313.

connaître? Une telle intelligence, si elle pouvait exister, ne serait à mes yeux qu'un instinct modifié par la culture de l'homme, dont nous venons de donner quelques exemples.

L'analogie de certains actes nous oblige quelquefois à nous servir d'un langage figuré, nuisible à la science, et qui désoriente celui qui ne le comprend pas. A ce propos, nous ne pouvons oublier de citer un passage du chef de l'école écossaise, de la philosophie du sens commun.

Reid s'exprime ainsi en parlant du langage : « A peine le petit poussin est-il éclos qu'il entend déjà les sons par lesquels sa mère l'invite à manger et par lesquels elle lui exprime ou sa joie ou ses alarmes ; un chien, un cheval, distingue très-bien, au ton de la voix de l'homme qui lui parle, si l'on prétend le caresser ou le menacer. Mais les brutes, autant que nous en pouvons juger, n'ont aucune notion ni de contrat, ni de convention, ni d'obligation morale d'y être fidèle. Si la nature leur avait donné ces notions, probablement elle leur aurait donné des signes naturels pour les exprimer ; quand elle refuse ces notions, il est aussi impossible de les acquérir par le secours de l'art, qu'il l'est à un aveugle de se faire une idée des couleurs. Il y a des animaux qui sont sensibles à l'honneur et aux affronts ; il y en a qui ont du ressentiment et de la reconnaissance, mais il n'y en a pas un, du moins autant que nous en pouvons juger, qui puisse faire une promesse, ou donner sa foi, parce qu'ils ne portent point ces notions en eux-mêmes. Si donc le genre humain n'avait pas ces notions infuses, et qu'il n'eût pas reçu des signes naturels pour les exprimer, les hommes, avec tout leur esprit et leur génie, n'eussent jamais été capables d'inventer un langage [1]. »

Il résulte de là que certains animaux, les poussins mêmes, pour nous faire honte, plus heureux que nos enfants, plus favorisés par la nature, naissent avec la faculté de savoir, avec un langage et des idées innées! Si cela n'est pas un instinct sans conscience, je ne sais ce que diront les sensualistes, et ceux qui nient les idées innées. D'autres animaux plus favorisés encore distinguent seulement par le son de la voix de l'homme sa pensée cachée et ses intentions. L'homme n'a quelquefois pas tant de jugement et de pénétration, et si ce n'est pas là de l'instinct, sans intelligence, c'est au moins une grande finesse et une grande pénétration! Le philosophe paraît cependant croire, autant qu'il en peut juger, que les animaux n'ont aucune notion de contrat et d'obligation, sans quoi ils auraient infailliblement des signes pour exprimer ces idées! Probablement la nature les destinant à une vie indépendante et antisociale, a voulu leur éviter les querelles et les procès avec nous. Si la supériorité de l'homme consiste dans le pouvoir de faire des contrats, la Providence en vérité nous a accordé un grand bienfait!

---

[1] Reid, *Recherches sur l'entendement humain*, chap. IV, sect. 2.

Mais il y a des *animaux sensibles* à l'*honneur*, aux *affronts*, pleins de *ressentiment* et de *reconnaissance!* Oh! alors, ces animaux-là ont la conscience de leur dignité personnelle! Ils savent ce qui leur est dû, et ce qu'ils doivent à ceux qui les traitent avec bienveillance ; ils ont par conséquent des idées morales innées du droit et du devoir, du juste et de l'injuste ; et s'ils ne s'engagent pas par des promesses, s'ils ne font point de contrats, s'ils ne gardent pas la foi promise, c'est sans doute parce que ce sont des fripons, qui entendent tout, et feignent d'être muets quand ils le veulent, et par conséquent doivent être passibles de nos lois pénales.

Voyons maintenant comment s'exprime ce même profond philosophe, quand il ridiculise comme elle le mérite la théorie de l'auteur des *Recherches sur la matière et l'esprit*, malgré le nom illustre qu'il a dans la science.

« Priestley, dit-il, nie tous les mystères. Il pense, et se réjouit de penser, que les plantes ont jusqu'à un certain point des sensations. Quant aux animaux inférieurs, ils ne diffèrent de nous que par le degré de leur infériorité même. Il ne leur manque que la promesse de la résurrection. S'il en est ainsi, je ne sais pourquoi le procureur du roi ne recevrait pas l'ordre de poursuivre les animaux criminels, et pourquoi, vous, ô juges! ne leur intenteriez pas des procès. Vous devez de la reconnaissance au docteur Priestley, qui vous enseigne une partie de votre devoir, que vous ignoriez complétement.

J'oublie cependant que je dois me plaindre du législateur qui ne vous a pas donné de lois à ce sujet. Quoi qu'il en soit, j'espère que le jour où un animal sera cité devant les tribunaux, on lui accordera *un jury composé de ses pairs.* »

« Les animaux, dit-il dans un autre endroit, ne se montrent pas capables de distinguer les différents attributs d'un même sujet, de classer les choses en genres et en espèces, de définir, de raisonner, de communiquer leurs pensées par le moyen de signes artificiels, comme le font les hommes. C'est une raison de croire, avec Locke, qu'ils sont privés de la faculté d'abstraire et de généraliser. » On pourrait encore ajouter : de comparer, de juger et d'agir librement. A quoi donc se trouveront-ils réduits ? à sentir et à agir instinctivement.

De ces deux passages de Reid nous pouvons clairement inférer que le grave philosophe n'était pas persuadé que les animaux sont doués d'intelligence, et ont conscience d'eux-mêmes; que dans le premier il parle au figuré, et par analogie; et qu'en tout cas les animaux agissent toujours par instinct, c'est-à-dire ne savent ni ce qu'ils font ni s'ils le font, parce qu'ils n'ont pas conscience d'eux-mêmes et ne se possèdent pas.

Quant à la sensibilité des végétaux, il n'est pas étonnant que les spiritualistes l'aient niée et la nient dans les plantes, persuadés que la sensibilité est une faculté de l'âme humaine qui ne peut être attribuée à la matière. Mais ils oublient que les animaux la possèdent, même les plus bas placés dans l'échelle, ainsi que les acéphales ; et il ne leur est pas venu à l'idée que cette propriété pourrait appartenir à la force vitale, force intermédiaire qui organise les animaux, et leur donne les inclinations et les instincts, sans leur donner la conscience et la connaissance de ce qu'ils font.

Si notre théorie sur la sensibilité semble nouvelle, elle nous paraît avoir en sa faveur la raison, l'expérience, la conscience du genre humain, et l'histoire naturelle. Libre de scrupule sur ce point, nous pouvons continuer plus sûrement l'analyse de la perception sensible.

CHAPITRE DIXIÈME.

Continuation de la théorie de la perception externe. — De quelle manière l'esprit arrive à connaître les choses et soi-même. — Observation sur une opinion de Reid relative à la différence entre *percevoir* et *sentir*. — Idées générales et nécessaires. — Développement intellectuel des enfants. — Nominalisme et réalisme. — Idée de Dieu. — Si les sauvages d'Amérique possèdent l'idée de Dieu. — Origine du langage. — Opinion de divers philosophes, et considérations sur l'origine divine ou humaine du langage. — Différence entre l'état primitif et l'état actuel de l'homme. — Ce qui appartient en propre à l'esprit humain.

Tous les hommes doués d'intelligence perçoivent les objets extérieurs avec les mêmes conditions naturelles, quel que soit le degré de leur science, de leur scepticisme ou de leur ignorance, de la même manière aujourd'hui que la première fois qu'ils ont perçu quelque chose.

Tous les hommes perçoivent au moyen d'une sensation, en se distinguant naturellement de cette sensation et en la rapportant à un objet quelconque, et à une cause étrangère en dehors d'eux-mêmes. Personne ne juge que la sensation soit une modification de son esprit, ni que l'objet perçu soit un simple résultat de l'acte de sentir et de percevoir. Il semblera étrange que je m'exprime ainsi, mais ce sont les sensualistes et les sceptiques qui m'y obligent. Il faut que les faits et les principes soient exposés avec clarté, afin que les conclusions soient évidentes et qu'on puisse voir de quel côté est l'erreur.

Ainsi donc, la perception d'un objet renferme trois conditions distinctes essentielles, l'intuition immédiate de la sensation, l'intuition ou la conscience de l'être qui la reçoit, et l'intuition d'un objet extérieur auquel se rapporte naturellement la sensation.

Si nous supprimons la sensation, il n'y aura pas pour nous de perception sensible. Si nous supprimons le moi conscient, il n'y aura rien pour qui n'existe pas ou ne se connaît pas. Si en conservant le moi et la sensation, nous supprimons l'intuition d'un objet extérieur, les sensations resteront présentes à l'esprit, comme des phénomènes sans cause.

Mais sont-ce là les conditions uniques de la perception sensible? Non; ce sont les conditions essentielles de la perception; mais beaucoup d'autres intuitions la complètent et se présentent conjointement à la conscience. L'esprit perçoit-il une chose quelconque, sans la percevoir en même temps dans un lieu, dans un espace par elle occupé? Et si cet objet se meut, s'il change de place, l'esprit croit-il que le lieu d'abord occupé se meut aussi, et marche avec l'objet? Certainement non.

L'esprit perçoit-il quelque objet dans l'espace sans avoir la conviction intime que cet objet existe réellement, qu'il dure indépendant de lui, et quand il cesse de le percevoir, croit-il que l'objet perçu cesse aussi de durer?

L'esprit croit-il que la raison qui lui fait percevoir un objet, et la cause qui fait changer de lieu cet objet, proviennent de ce qu'il a la vertu de le percevoir; que cette vertu est la cause de l'existence et du déplacement de cet objet? Ou croit-il au contraire que c'est parce que l'objet existe qu'il le perçoit, et que son déplacement dépend d'une cause étrangère?

Je crois que tout le genre humain est convaincu, sans en douter en aucune façon, qu'il perçoit non-seulement parce qu'il a la faculté de percevoir, mais aussi parce qu'il y a des choses qui peuvent être perçues; que sans ces deux conditions il ne pourrait rien percevoir.

Donc, toute perception quelle qu'elle soit est un assemblage d'intuitions, et renferme en soi la certitude de l'existence de celui qui perçoit; la certitude égale d'une sensation ou signe de la chose perçue; la certitude égale d'une réalité extérieure qui l'occasionne; la certitude égale de la manière dont elle se présente; la certitude égale d'un espace, du temps et d'une cause.

Toutes ces intuitions, conceptions, croyances, certitudes, idées, ou comme on voudra les appeler, se présentent naturellement ensemble à l'esprit dans toutes les perceptions sensibles, dans la première comme dans la dernière perception, qu'il le veuille ou non; et en ce point le savant et le sceptique, Platon et Hume, ne se distinguent pas du plus ignorant des hommes.

L'intelligence a de nouveau toutes ces intuitions réunies en même temps, à l'occasion des sensations de tous les sens. Les sensations d'un même sens, ou de sens à sens, varient et changent; les intuitions restent les mêmes. Ces intuitions ne sont pas pour l'esprit des phénomènes qui varient et passent, ce sont des réalités qui demeurent, et sans lesquelles le phénomène sensible serait impossible.

L'esprit faisant abstraction des objets perçus en se concentrant en soi-même, et considérant seulement la perception, ce faisceau d'intuitions diverses, reconnaît qu'à l'occasion de la sensation de tel ou tel sens, une de ces intuitions ou idées devient beaucoup plus claire, sans que les autres disparaissent.

Ainsi, à l'occasion de la modification de l'ouïe, le plus intellectuel des sens, les intuitions de temps et de cause sont plus claires que celle d'espace, et que celle d'une réalité objective, qui occasionne le phénomène sensible.

Par les sensations de la vue, l'intuition d'espace et l'intuition de la réalité objective sont plus claires que celles de cause et de temps.

Par la sensation du mouvement, les intuitions de cause et d'espace surpassent celles de temps et d'objet.

Par la sensation spéciale du toucher, l'intuition d'une réalité finie se présente la première.

A l'occasion des autres sensations, d'odeur, de goût, de froid, de chaleur et de douleur, les intuitions de phénomène et de cause prennent le dessus.

Si l'esprit, faisant abstraction des objets perçus et se concentrant en sa conscience, réfléchit sur ses propres actes, il a de la même manière l'intuition de son existence réelle, de sa durée dans le temps, et l'intuition qu'il est la cause de ses propres volitions et déterminations. Seulement il n'a pas par rapport à soi-même l'intuition d'espace. Il ne se voit pas occupant un lieu dans l'espace, il ne se voit pas étendu et figuré, malgré la définition de Hobbes [1]; soit parce que cette intuition de soi-même, la conscience, n'est accompagnée d'aucune sensation, comme elle ne peut l'être, puisque la sensation n'est pas un phénomène, une modification de son propre être; soit parce que l'esprit n'existe que dans le temps, sans se manifester phénoménalement dans l'espace.

Je crois que dans toutes les langues on dit, ou l'on peut dire, que l'espace est éternel, et qu'il

---

[1] Dans son livre *De la nature humaine,* chap. xi, § 4, Hobbes s'exprime ainsi : « Nous entendons par le mot *esprit* un corps naturel d'une telle subtilité qu'il n'agit pas sur les sens, mais qu'il remplit un lieu, comme pourrait le remplir l'image d'un corps. Ainsi la conception que nous avons d'un esprit est celle d'une figure sans couleur; nous concevons la dimension dans une figure, par conséquent concevoir un esprit, c'est concevoir une chose qui a des dimensions. » S'il plaît à l'auteur du *Léviathan* de représenter l'esprit de cette manière, comme aux peintres de représenter les vertus sous la forme de figures allégoriques, il ne s'ensuit pas que l'esprit soit ainsi, et qu'il s'aperçoive avec des dimensions.

dure de tout temps, mais que personne ne dit, ce qui serait incompréhensible, que le temps et l'éternité s'étendent dans l'espace. Si l'esprit humain, si l'intelligence comprend la première manière de parler, et non la seconde, qui lui paraît absurde, c'est que l'espace dure dans le temps, et non le temps dans l'espace.

L'intelligence humaine a des lois, elle a des limites qu'il ne lui est pas donné de dépasser. Il est certain que je ne doute pas de mon existence dans le temps; et oubliant quelquefois mon corps, qui occupe un lieu dans l'espace, je me transporte, sans me sentir mouvoir, de cité en cité; embrassant par l'intelligence l'immensité de l'espace, j'accompagne les astres dans leur rapide carrière, j'assiste à la création du monde, à tous les fastes du genre humain, et je me représente assistant au jugement universel.

On dira que c'est là un effet de l'imagination, que je reste immobile dans le lieu où est mon corps, et qu'à peine je me transporte avec lui. Eh bien! mon imagination c'est moi-même en action, en tant que j'imagine; et dans ce cas peut-être les siècles écoulés et les siècles futurs passeront-ils devant moi, aussi bien que l'espace occupé par tout ce que j'imagine ?

On dira que ce ne sont pas les siècles, ni les choses réelles, ni l'espace qui passent devant moi, mais seulement le souvenir des choses que j'imagine et que je conçois en moi-même. Encore mieux!

Comment un point, ou un être qui occupe un lieu dans l'espace, peut-il représenter en soi-même, ou hors de soi, ce qu'il ne peut contenir, ou qui dépasse son étendue et sa durée, ce qui n'a pas passé par lui, ce qui n'est pas en lui, ce qui n'y a pas été, n'ayant pas lui-même passé par les choses qu'il imagine?

Si on disait cela, sans que nous en eussions l'exemple en nous, ce serait la chose du monde la plus incroyable; personne ne la comprendrait. Cependant l'esprit humain le fait quand il veut! Et comme c'est un fait incontestable, personne n'en est étonné, personne ne l'explique, et il nous paraît tout naturel, quoiqu'il soit véritablement prodigieux. De même il paraît incroyable à beaucoup de personnes que l'esprit existe dans le temps sans occuper un lieu dans l'espace, sans avoir ni étendue ni forme; et tel est néanmoins le témoignage qu'il donne de lui-même; témoignage que nous ne pouvons nier par aucune raison, et auquel on ne peut opposer aucun argument.

L'esprit humain n'a pas une seule perception externe qui ne soit accompagnée de toutes ces notions de substance, de cause, d'espace et de temps, indépendamment de la notion de sa propre existence, et conjointement avec la sensation qui signale l'objet, et au travers de laquelle, pour ainsi dire, il le perçoit modifié par elle en apparence.

L'esprit ne peut recevoir aucune sensation sans que la raison lui donne au même instant réunies toutes ces notions que nous venons de mentionner.

En ce point encore je me sépare des sensualistes et de quelques spiritualistes, qui, considérant les sensations abstractivement, ou comme des actes et des modifications de l'esprit, s'imaginent par cette hypothèse que l'esprit peut sentir, recevoir une sensation, sans aucune perception.

Un philosophe moderne qui s'est beaucoup occupé de la perception externe, dans le but unique de combattre la théorie des idées représentatives, et d'enlever ce point d'appui au scepticisme, Reid, s'exprime ainsi sur la sensation et la perception.

« Comme on se sert ordinairement de la même expression pour désigner la sensation et la perception, nous sommes portés à les considérer comme des choses de même nature. De ces deux phrases, par exemple, *je sens une douleur, je vois un arbre*, la première désigne une sensation, et l'autre une perception. Cependant l'analyse grammaticale de ces deux propositions est la même, car elles sont composées l'une et l'autre d'un verbe actif et d'un objet. Mais si nous considérons les choses qu'elles signifient, nous trouverons que dans la première la distinction entre l'acte et l'objet n'est pas réelle, mais seulement grammaticale, et que dans la seconde au contraire cette distinction n'est pas seulement grammaticale, mais encore réelle.

« Cette expression, *je sens une douleur*, paraîtrait annoncer que le *sentir* est quelque chose de distinct de la douleur sentie; dans la réalité, pourtant, il n'y a point de distinction : comme *penser une pensée* serait une expression qui ne signifierait pas autre chose que *penser*, de même *sentir une douleur* ne signifie rien de plus que *souffrir*[1]. »

La forme grammaticale de ces deux propositions *je sens une douleur, je vois un arbre*, me paraît être plus philosophique que l'analyse qu'en fait Reid. Il est certain que la première proposition n'est pas formulée selon la théorie de ceux qui font de la sensation une modification de l'esprit, mais elle nous semble formulée selon la vérité et selon la conscience du genre humain, plus forte que toutes les théories. Quand je dis, *je sens une douleur*, je la place dans une partie de mon corps ; elle me paraît étendue, ou limitée à un point ; quelquefois je la crois fixe, d'autres fois mobile, tenace, ou passagère, et toujours je crois qu'elle a une cause distincte de mon être, cause que le médecin cherche à éloigner, non par des paroles qui agissent sur mon esprit, en cherchant à me convaincre que la douleur est mon acte de sentir, mais au moyen de substances médicinales qui agissent sur le corps, ou sur la sensibilité de la partie malade.

La douleur est pour le moi une véritable perception accompagnée des intuitions de cause, de temps et d'espace, ainsi que d'un objet auquel se rapporte ce phénomène.

Si nous disons sentir la douleur, plutôt que la percevoir, c'est par deux raisons puissantes : la

---

[1] Reid, *Recherches sur l'entendement humain*, chap. vi, sect. 20.

première, parce que le phénomène douleur est plus fort que les intuitions qui l'accompagnent, et attire ainsi davantage notre attention; la seconde, parce que nous réservons plus particulièrement le verbe sentir pour les phénomènes qui se localisent dans notre corps, qu'ils soient agréables ou désagréables, quoique l'objet ou la cause soit hors de lui : ainsi disons-nous que nous sentons la dureté, le goût, l'odeur et le son; seulement nous ne le disons pas de la couleur, parce qu'elle s'objective plus fortement en quelque chose dans l'espace; ce qui n'empêche pas qu'elle ne soit une sensation comme toutes les autres.

Quant à la comparaison entre *penser une pensée*, et *sentir une douleur*, nous n'y trouvons pas la moindre ressemblance. Dans la première phrase, le mot *pensée* se confond avec l'acte de penser, et ne définit pas l'objet de la pensée; dans la seconde, le mot *douleur* définit l'espèce de sensation, parce que nous pouvons sentir le froid, la chaleur, l'odeur et le son. Il y aurait seulement parité entre *penser une pensée*, et *sentir une sensation;* parce que dans ces deux expressions les seconds termes ne spécifieraient rien que ne contiennent déjà les premiers; ce serait une redondance, un pléonasme, comme disent les grammairiens.

Mais d'où vient la méprise de ces observations si visiblement erronées, opposées aux faits, et contre laquelle la grammaire même proteste? De ce vieux préjugé d'attribuer à l'esprit ce qui ne lui appartient pas; de considérer la sensation comme un acte, un phénomène, ou une modification de l'esprit humain. Cette méprise, contre laquelle nous protestons de toutes nos forces, est l'origine, le fondement unique du sensualisme, du matérialisme, du scepticisme et du subjectivisme de Kant. C'est cette méprise qui rend le spiritualisme inhabile à dissiper toutes ces fausses théories.

Pour l'esprit humain, sentir ce n'est pas produire la sensation comme une modification de lui-même, ce n'est pas en être le sujet; c'est la recevoir immédiatement, c'est être forcé de la reconnaître, d'en avoir une intuition, et de ne pas douter que quelque chose qui produit la sensation hors de lui existe réellement, et que d'autres choses dans lesquelles elle s'objective existent aussi, comme pour lui crier : Me voici, ne doute pas, et reconnais que je ne suis pas toi, ni une chose dépendante de toi.

En vain ces objets se présentent au travers de la sensation déguisés et travestis par elle, l'esprit, en vertu des intuitions qui lui sont données immédiatement par la raison, par un examen persévérant et par le raisonnement, les dépouillera de leur masque, pour reconnaître leur nature. C'est là sa science, c'est là son propre travail, c'est là son expérience, qui lui serait impossible sans les principes, les intuitions de la raison pure.

L'esprit remarquant que dans ces innombrables perceptions les intuitions de substance, d'espace, de temps et de cause, demeurent invariables et indéfinies, en même temps que les sensations varient dans tous les sens, et avec elles les objets qu'elles signalent, comprend immédiatement sans le moindre effort, par une induction rapide, que la substance, l'espace, le temps et la cause, ne dépendent pas de l'apparence sensible qui varie, mais au contraire, que cette apparence existe dans un sujet, et que tous ces objets existent en divers lieux d'un même espace, et dans un temps, et que tous dépendent d'une cause.

Ces intuitions ne sont pas les seules qui se présentent dans les perceptions de l'esprit : d'autres encore se manifestent dans des occasions et des rapports divers. Dans la perception des objets et de leurs actes, l'esprit les juge beaux ou laids, bons ou mauvais, justes ou injustes, vrais ou faux. Ces intuitions se présentent à lui d'une manière aussi spontanée que les premières ; ce ne sont pas des sensations, ce n'est pas le résultat de l'expérience, de la réflexion et de l'éducation, ce sont des notions immédiates de la raison.

Dès que les enfants ont des mots pour exprimer ces notions, ils les appliquent par eux-mêmes et avec justesse aux choses qu'ils perçoivent ; et bien avant de posséder le langage conventionnel, qu'ils ne posséderaient jamais s'ils ne pensaient pas sans son secours, ils font connaître par des actes et des cris qu'ils ont ces notions, qu'ils ne savent pas bien exprimer.

Encore dans les langes, et suspendu au sein

maternel, le tendre enfant dans les premières perceptions claires qu'il éprouve, annonce de mille manières ses pensées spontanées et cachées, tantôt par les pleurs, le clignement des yeux, les contractions des lèvres, les mouvements de la tête, l'inquiétude du corps, tantôt par le rire, les sauts joyeux, la dilatation des paupières, l'épanouissement du visage et les cris. Les mères et les nourrices comprennent ordinairement très-bien ce langage figuré, et les enfants témoignent qu'ils ont été compris.

Si, tourmentés par quelque mal, par la faim ou par la soif, les enfants se montrent mutins et importuns, et que les nourrices les réprimandent, ils en ont du ressentiment, perçoivent l'injustice, pleurent, et enfin refusent le lait. Si on les réprimande ou si on leur fait des reproches d'une manière ironique, ils perçoivent que cette réprimande et ces reproches sont feints, et ils en rient. Nous disons que les enfants sont liants, sauvages, craintifs, défiants : mais ils ne se livrent pas comme les animaux seulement parce qu'on leur fait des caresses, ou parce qu'ils connaissent déjà la personne qui les flatte; ils ne sont pas sauvages seulement pour ce qui est nouveau pour eux, et ne se défient pas seulement de ce qu'ils ne connaissent pas.

Chez les enfants, la frayeur indique la perception d'une chose repoussante ; les larmes de la douleur ne sont pas celles du ressentiment; l'expression de la physionomie causée par la perception d'une belle chose n'est pas la même que celle qui annonce l'étonnement à la vue d'une chose nouvelle; le rire de joie enfantine par lequel ils applaudissent un balancement qui leur est agréable, est différent de ce sourire intelligent dont ils accueillent les grimaces de frayeur simulée qu'on veut leur causer par jeu. Comme père, j'ai eu d'agréables et nombreuses occasions d'étudier ces révélations des premiers développements spontanés de l'intelligence.

L'esprit humain se présente dans ce monde avec la capacité innée de savoir, et dès qu'il commence à percevoir et à se connaître, il perçoit avec toutes les conditions essentielles de la raison, de la même manière que l'enfant naît en sachant pleurer, et l'animal en sachant manger.

Ainsi dans les premières années de son existence expérimentale dans ce monde, l'esprit remarque, discerne sans difficulté ce que les objets perçus ont de commun entre eux, et les différences qui les distinguent; de sorte qu'un enfant ne confond pas une chose avec l'autre, mais généralise sans le moindre effort, et de jour en jour, de perception en perception, distingue les espèces de chaque genre : parce que tous les objets sont spécifiés par la nature, comme les sensations sont spécifiées naturellement par les sens. Ainsi l'esprit acquiert ces éléments primitifs de toutes les classifications futures des sciences; et il lui est aussi facile d'avoir ces premières intuitions de genres et d'espèces, que d'avoir des perceptions des individus.

Ce fait, qui nous paraît hors de question, a fourni cependant l'occasion et la matière d'un grand nombre de discussions et de subtilités aux philosophes du moyen âge, qui, par le parti qu'ils embrassaient, s'appelaient nominalistes, réalistes et conceptualistes, selon qu'ils réduisaient les idées générales à de simples mots, ou admettaient les genres et les espèces dans la nature, ou, prenant un terme moyen, considéraient ces idées comme des conceptions de l'esprit.

Il n'est pas étonnant que les scolastiques, ces philosophes cloîtrés, plus occupés de syllogiser selon les règles de la dialectique, que d'étudier la nature, ne se soient pas entendus, ou n'aient pas voulu s'entendre, pour mieux soutenir au moyen d'arguties leurs thèses presque toujours établies par un principe d'autorité. Bon nombre de leurs arguments et de leurs sophismes nous feraient rire aujourd'hui. Ce qui étonne, c'est que Reid, craignant de réhabiliter la théorie des idées représentatives, qu'il a combattue si victorieusement, semble quelquefois hésiter sur cette question, tantôt disant « que Dieu n'a créé que des individus ; que ce n'est pas Dieu qui a créé les genres et les espèces, mais bien les hommes ; » tantôt reconnaissant et avouant « qu'il y a des attributs communs à un plus ou moins grand nombre d'individus ; et si c'est là ce que les scolastiques appellent *universaux à parte rei,* on peut affirmer qu'il y a des *universaux* [1]. »

---
[1] Reid, *Essais* IVe et V^e, p. 200 et 217, trad. de Th. Jouffroy.

Le doute de Reid provient simplement de la crainte qu'on ne transforme la notion générale en une idée représentative entre l'esprit et la réalité. Du moment que l'on ne suppose pas qu'il y a dans l'esprit, entre lui et les choses, une image représentative des genres et des espèces, il reconnaît qu'il y a des espèces et des genres dans la nature.

C'est par ces intuitions constantes de substance, de cause, de temps, d'espace, du beau, du juste, du bon et du vrai, que l'esprit s'élève à l'intuition de l'infini, à l'intuition d'un Être éternel, d'une cause première, toute-puissante, d'une science infinie, et parfaite en tout, Dieu enfin, l'Auteur suprême de toutes choses, le Dieu de la conscience, de la philosophie et de l'humanité, devant lequel disparaissent tous les fantômes, tous les symboles, tous les simulacres déifiés par les fausses théogonies fruit de l'ignorance des hommes, inventées par la nécessité d'une représentation sensible, et soutenues par les intérêts mondains. Voilà le Dieu véritable, réel et éternel, le Dieu de Moïse, de Socrate, de Platon, de saint Augustin, de Descartes et de Leibnitz; le Dieu que Jésus-Christ nous a appris à aimer, qui a donné à l'homme la conscience de soi-même, et qui par la vérité se montre à nous et nous élève à lui. Voilà le Dieu unique créateur de toutes choses, raison qui nous éclaire, devant lequel, confus et humilié, je pleure et je ris d'étonnement et de plaisir, devant lequel je m'anéantis de reconnaissance, quand je considère qu'il me voit et m'entend, et que je suis aussi présent à lui que tout l'univers. Puissé-je ne penser à nulle autre chose qu'à Dieu! Mais il veut que je pense à ses œuvres; il veut que je me perfectionne en contemplant ses prodiges; obéissons à sa loi.

Je ne sais s'il a jamais existé dans le monde un peuple qui n'ait pas eu l'idée d'un Être suprême; mais je me souviens que Locke[1], niant toutes les idées innées, qu'il interprétait selon qu'il convenait le mieux à la réfutation qu'il en a faite, dit que si quelque idée pouvait être considérée comme innée, ce serait certainement l'idée de Dieu; que cependant des nations entières de sauvages, parmi lesquelles il cite les sauvages du Brésil, s'appuyant pour cela sur quelques paroles de Lery, n'ont aucune idée de Dieu. Or, si tous les autres sauvages que nous ne connaissons pas ont à ce sujet les mêmes idées que ceux du Brésil, nous osons déclarer bien haut qu'alors tous ont l'idée d'un pouvoir supérieur, que les indigènes de l'Amérique du Sud nomment Tupan; et non-seulement ils croient à son existence, mais encore à l'existence d'une âme qui survit au corps. Ils ne sont pas si dégradés que quelques-uns les dépeignent.

Quand un si grand nombre de philosophes ont été injustement accusés d'athéisme, seulement parce qu'ils ne partageaient pas les croyances populaires; quand dans l'Europe civilisée on brûlait tant d'in-

[1] *Essai sur l'entendement humain*, liv. I, § 8.

fortunées créatures humaines pour des crimes imaginaires, il n'y a rien de surprenant que des observateurs superficiels aient accusé d'athéisme ces incultes enfants des forêts de l'Amérique, seulement parce qu'ils n'étaient pas idolâtres, ou ne connaissaient pas nos rites religieux, ou parce qu'ils ne comprenaient pas les questions de ceux qui, ignorant leur langue et n'entendant pas leurs réponses, n'écrivaient que pour raconter ce qui leur paraissait le plus propre à exalter les faibles services qu'ils rendaient à ces sauvages en les catéchisant, pour exagérer les périls qu'ils couraient parmi eux, ou simplement pour le plaisir de conter des nouveautés, manie inséparable de ceux qui parcourent des pays éloignés et inconnus. Ne prétendaient-ils pas, ceux qui réduisaient les Indiens à l'esclavage, que ces infortunés n'avaient pas d'âme ? Cependant ces chroniqueurs qui les diffament le plus dans une page de leurs écrits contradictoires, leur accordent dans d'autres de grandes vertus, dont les peuples civilisés s'honoreraient comme d'un don exclusif de la civilisation.

Si les capitales du monde se glorifient de leurs monuments de pierre, de leurs musées d'histoire naturelle ; si les savants s'intéressent à la connaissance de la vie des fourmis, de la transformation de leurs larves en nymphes et de ces nymphes en insectes ; combien plus doit avoir d'intérêt pour tous les hommes la connaissance de leur propre intelligence, de son développement et des lois qui la régissent ! Combien plus il importe de savoir comment nous acquérons ces notions sublimes et universelles, éléments de toutes les sciences, qui paraissant donnés par l'observation et l'expérience, les précèdent néanmoins, sans quoi l'expérience serait impossible. Que de vérités incontestables seraient incontestées, si nous les connaissions mieux, et si nous étudiions l'homme dès son enfance!

Toutes ces notions universelles d'intuition pure, formulées par la philosophie en idées de cause, de substance et de Dieu, existent confusément dans l'intelligence de l'enfant, et la réflexion ensuite les distingue et les sépare, mais ne les produit pas. Dès que les enfants commencent à réfléchir, la notion de cause est celle qui les préoccupe davantage. Ils demandent constamment la raison de toutes les choses qu'ils perçoivent, ils veulent savoir la cause de tout; et c'est cette notion qui élève le plus l'esprit à l'Auteur de toutes choses.

Un de mes fils, dont l'intelligence était aussi précoce que son corps était débile et malade, me questionnait souvent sur les causes de tout ce qu'il voyait. A peine âgé de trois ans, il me demanda une fois qui avait fait le ciel et les étoiles. Je lui répondis que c'était Dieu. Il me demanda aussitôt si je l'avais vu, et où il était. Curieux de savoir s'il me comprendrait, je lui répliquai que Dieu est en tout lieu, dans le ciel, et où nous étions en ce moment; qu'il sait tout, voit tout, et entend tout. Regardant alors autour de lui, comme s'il cherchait quelque chose, il me demanda si Dieu avait des yeux et des oreilles. Je lui dis que non ; qu'il voit et sait tout, parce que c'est lui qui a fait toutes choses. Après un moment de réflexion, il se tourna vers moi : Papa, moi aussi quelquefois je vois sans regarder. — Comment ? — Quelquefois, sans sortir d'ici, je vois la ville et la campagne, et jusqu'à la mer qui est si éloignée. Il se reportait à ses actes de mémoire et d'imagination, ou peut-être à quelque songe. Et continuant à parler, il me dit qu'il comprenait ainsi que Dieu pût voir toutes choses sans aller d'un côté à l'autre.

Tous les enfants possèdent l'intuition de causalité, et ne comprennent pas qu'aucune chose existe par elle-même; ils ne confondent pas les intuitions pures de la raison avec les choses perçues ; au contraire, ils cherchent une cause extérieure et distincte de l'objet.

On dira peut-être que toutes ces notions leur sont communiquées par le moyen de la parole et du langage conventionnel, et que sans le langage ils n'auraient pas ces idées, et ne penseraient pas.

La parole est, à la vérité, le moyen le plus naturel que l'homme possède pour s'entendre avec soi-même et révéler sa pensée aux autres hommes. Aucun système de signes ne peut avec autant de précision et de beauté exprimer les opérations cachées de l'esprit, les idées universelles, générales et abstraites, les notions particulières, leurs rapports, et leur ordre logique; et l'harmonie est tellement intime entre le signe et la pensée, qu'il est difficile de concevoir l'un sans l'autre; c'est pourquoi le mot discourir désigne également bien l'acte de penser et de parler. En effet, penser, c'est parler intérieurement, en notre conscience, et parler, c'est penser à haute voix.

Mais nous pouvons penser et parler en un grand nombre de langues diverses, tout en pensant et exprimant les mêmes choses; dans ce cas le signe varie, sans que la pensée elle-même varie; et ce fait distingue l'acte de penser de celui de parler telle ou telle langue faite par les hommes. Les langues sont d'invention humaine, et se forment par analogie les unes des autres, mais la pensée et le langage primitif de la conscience ne sont certes pas d'invention humaine.

Les philosophes ont beaucoup raisonné sur l'origine de la parole, que l'on ne doit pas confondre avec l'origine des langues. Ceux qui ont profondément creusé ce sujet lui donnent une origine divine, dans l'impossibilité de l'expliquer par des moyens purement humains.

Les sensualistes, résolus à ne rien admettre en dehors du cercle étroit de l'expérience, prétendent que l'homme a inventé la parole. N'en est-il pas même quelques-uns qui disent que les animaux ne pensent pas, parce qu'ils ne parlent pas? Et d'où leur vient cette impuissance de parler? N'ont-ils pas comme nous des oreilles, un cerveau et des organes vocaux? Pourquoi n'inventent-ils pas un langage? Pourquoi ceux qui vivent avec nous n'apprennent-ils pas par cœur nos paroles, ne les comprennent-ils pas, ne les appliquent-ils pas comme les enfants ? Ils ne paraissent cependant ni sourds ni muets. C'est qu'ils ne vont pas au delà de la sensation, ne perçoivent aucune chose, et par cette même raison ne rient pas, ne pleurent pas, et ne peuvent que pousser des cris.

Le perroquet, avec un bec dur, gros et courbé, et une langue épaisse, charnue et lourde, articulant quelques mots qu'il nous entend prononcer, montre que tous les animaux pourraient facilement parler s'ils pensaient; qu'aucune difficulté organique ne s'oppose à cette articulation de sons chez beaucoup d'animaux mieux conformés pour cela que le perroquet, et que le véritable langage est l'acte d'une intelligence qui réfléchit, d'un être qui a conscience de soi-même, qui se possède et pense. Il semble que la Providence a voulu nous enseigner que de même qu'elle a pu faire qu'un oiseau articule des mots sans savoir ce qu'il dit, de même aussi elle a fait que tous les animaux sentent sans penser, sans percevoir, sans conscience d'eux-mêmes.

C'est à nos yeux une étrange confusion d'idées que de faire de la pensée la conséquence de la parole; à moins qu'on ne veuille dire par ce paradoxe que la faculté de penser est la même que la faculté de parler. Dans ce cas la proposition contraire est également vraie : car la pensée est le verbe intellectuel, comme la parole est la pensée verbale.

Condillac, qui nous recommande tant l'observation, voulant donner une démonstration de l'origine humaine de la parole, commence aussitôt par supposer deux enfants dans un désert, et les fait entrer en communication réciproque par le moyen de contorsions, de mouvements violents et de cris ; puis par un saut inexplicable il fait surgir un système de signes conventionnels et la parole, ne voyant pas l'impossibilité qu'il y a d'établir cette convention sans que le signe soit entendu, et fasse apparaître la pensée cachée de celui qui l'emploie dans l'intelligence de celui qui l'entend et le voit.

Si on me parle aujourd'hui dans une langue étrangère, j'entends les mots, je sais par expérience qu'ils désignent quelque chose, mais la pensée de celui qui me parle ne se présente pas à mon intelligence. Pour le comprendre, il faut que je connaisse la signification de ses paroles, que je les traduise dans ma langue, jusqu'à ce que sachant la valeur de tous ces mots, je puisse penser au moyen de ces signes qui auparavant étaient inintelligibles pour moi. Mais que faut-il pour cette traduction ? Une intelligence, et une langue déjà faite ; et ainsi nous irons de traduction en traduction, de langage en langage jusqu'à un langage primitif, car, comme dit Rousseau, la parole est toujours nécessaire pour l'invention de la parole.

Comment l'homme pourrait-il inventer la parole, puisque des pensées préexistantes sont indispensables pour une telle invention, et pour exprimer ces pensées, des mots préexistants à l'invention et à la convention? Et, comme le dit Bonald, l'homme pense sa parole avant de parler sa pensée.

Herder, qui prêta son grand talent et sa vaste érudition à l'école du sensualisme, recula devant cette difficulté. « A dire vrai, dit-il, l'histoire de l'espèce humaine présente un grand nombre de faits qu'il m'est impossible de comprendre sans le secours d'une influence divine. Par exemple, il me paraît inexplicable que l'homme ait pu commencer la carrière du perfectionnement et inventer le langage sans un guide supérieur. »

Ce morceau de l'auteur des *Idées philosophiques sur l'histoire de l'humanité* montre au moins que ce n'est pas avec l'esprit superficiel de l'empirisme que l'on peut résoudre des questions si élevées. Tout est facile pour celui qui se contente des apparences.

« Nous ne pouvons rejeter l'influence divine dans l'explication de l'origine de la parole, dit M. de Humboldt; nous devons au contraire embrasser l'opinion de ceux qui l'attribuent à une révélation immédiate de la Divinité. »

Nous aimons encore à exposer l'opinion d'un profond penseur contemporain, un peu différente de la nôtre, et en partie satisfaisante. Voici comment M. Cousin explique l'origine de la parole.

« La difficulté n'est pas d'avoir des signes; les sons, les gestes, notre visage, tout notre corps, expriment nos sentiments instinctivement, et souvent même à notre insu; voilà les données primitives du langage, les signes naturels, que Dieu n'a faits que comme il a fait toutes choses. Maintenant, pour convertir ces signes naturels en véritables signes, et instituer le langage, il faut une autre condition : il faut qu'au lieu de faire de nouveau tel geste, de pousser tel son instinctivement comme la première fois, ayant remarqué nous-mêmes que d'ordinaire ces mouvements extérieurs accompagnent tel ou tel mouvement de l'âme, nous les répétions volontairement avec l'intention de leur faire exprimer le même sentiment. La répétition volontaire d'un geste ou d'un son produit d'abord par instinct et sans intention, telle est l'institution du signe proprement dit, du langage. Cette répétition volontaire est la convention primitive sans laquelle toute convention ultérieure avec les autres hommes est impossible; or il est absurde d'employer Dieu pour faire cette convention première à notre place : il est évident que nous seuls pouvons faire celle-là. L'institution du langage par Dieu recule donc et déplace la difficulté et ne la résout pas[1]. »

Après avoir sérieusement réfléchi sur ce que dit le chef de l'école éclectique moderne, dans ce passage et dans d'autres de ses importants écrits, je remarque que l'illustre philosophe donne au commencement des signes instinctifs, involontaires, exprimant nos sentiments sans que nous le sa-

[1] V. Cousin, Introduction aux œuvres de M. de Biran. *Philosophie sensualiste.*

chions, avant la répétition volontaire et intentionnelle de ces mêmes signes pour exprimer les mêmes sentiments ; il fait consister l'institution primitive du langage dans cette répétition volontaire des mêmes gestes et des mêmes sons instinctivement produits, et déclare que cette répétition volontaire est la convention primitive, l'institution du langage, qui s'explique par l'intelligence et la volonté, sans l'intervention de Dieu, puisqu'elle peut être l'œuvre de l'homme.

Mais si avant la répétition volontaire et intentionnelle l'homme exprima involontairement et instinctivement ses pensées et ses sentiments, et fut compris de la même manière, il est clair qu'avant la répétition volontaire, le langage et la convention avaient lieu naturellement par inspiration divine ; et ce langage est pour nous véritablement le langage, et la convention naturelle et primitive, sans laquelle la convention volontaire ne pourrait avoir lieu.

Il est en outre évident que si l'homme n'était pas intelligent et libre dès sa première perception, il ne pourrait répéter intentionnellement le premier signe, mot ou geste, pour s'exprimer ; et cette répétition suppose nécessairement une intelligence, une volonté et des signes préexistants ; et rien de tout cela ne s'explique sans l'intervention divine.

Nous ne comprenons pas la pensée métaphysique de M. Cousin, quand il dit, continuant sa période :
« Des signes faits par Dieu ne seraient pas pour nous des signes, ils seraient des choses, que nous

devrions élever à l'état de signes, en leur donnant telle ou telle signification. »

Nous ne savons pas comment un geste, un son, une parole naturellement produite par l'homme, naturellement comprise, peut cesser d'être un signe, et passer à l'état de chose pour l'homme. L'interprétation du signe étant immédiate et spontanée, le signe conserverait son caractère, et n'aurait pas besoin d'un autre signe pour le rendre intelligible. Nous ne supposons pas un homme parlant une langue toute faite par Dieu, sans en connaître la signification, et cherchant à la traduire; comme les filles de Milton à qui leur père ayant enseigné à lire l'hébreu sans leur enseigner à le traduire, le lisaient pour que le poëte se consolât dans sa cécité, sans savoir ce qu'elles disaient.

La première parole me paraît avoir été aussi spontanée, aussi naturelle que le premier acte de l'intelligence et de la volonté; et l'intelligence étant d'origine divine, et non un acte de la volonté humaine, la parole doit avoir la même origine.

Voilà pour la question philosophique; quant à la question de fait, la difficulté de l'origine de la parole est la même que celle de l'origine de l'intelligence, du genre humain, et de toutes les choses qui existent. Quand l'histoire nous aura démontré de quelle manière a commencé l'espèce humaine, si c'est par le débile état d'une enfance abandonnée, ou par le vigoureux état de la puberté; quand elle nous aura dit si l'homme, ignorant tout, ne sachant se servir d'aucune chose, errait au milieu d'une forêt inhospitalière, à la merci des animaux féroces, ou s'il vivait au sein d'un paradis, entouré de tout ce qui lui était nécessaire pour ne pas mourir avant le temps victime de la faim, de la soif et du froid, ou empoisonné par quelque fruit vénéneux ; nous saurons alors en effet si nos premiers pères, destinés à perpétuer leur espèce, apparurent dans ce monde nus et sauvages, faisant des grimaces, gesticulant, et poussant des cris discordants, comme le font actuellement les enfants, ou s'ils parlaient et s'entendaient naturellement. Mais je suis persuadé que la sage Providence n'a pas fait d'aussi tristes essais que celui du chevalier de la Manche, dont le casque de carton ne put résister au premier coup d'épée.

Les conditions de génération, de naissance et d'éducation de l'homme actuel au milieu de la société ne pouvant servir d'exemple et de règle applicable à nos premiers pères, de même nous ne pouvons leur appliquer les conditions par lesquelles nous acquérons aujourd'hui le langage. Il est plus probable que la Providence leur donna tout ce dont ils avaient besoin au premier instant de leur apparition en quelque lieu de la terre où ils ne couraient aucun risque, laissant à leur intelligence et à leur volonté à inventer dans la suite de nouveaux termes, comme elle leur donna la terre avec ses fruits pour qu'ils la cultivassent ensuite. La Providence aurait-elle été moins attentive aux besoins intellectuels et sociaux des premiers hommes qu'elle ne l'a été à leurs besoins physiques? Nous ne le croyons pas.

Dans l'état actuel, penser, pour moi, c'est parler dans ma conscience. Je m'entends intérieurement, sans proférer le moindre son, sans faire le plus léger mouvement avec la langue ou avec les lèvres. Que quelqu'un essaye de regarder les mots écrits dans un livre en sa propre langue, sans les lire, sans les prononcer intérieurement, et qu'il voie s'il comprend quelque chose.

Cependant je puis parler dans ma conscience d'autres langues que la mienne; le langage change, tous les signes changent, et la pensée reste la même, mais elle ne reste pas sans une parole quelconque; comme un objet qui peut prendre mille couleurs, mais qui disparaît complétement à nos yeux si la couleur disparaît. Comme il n'y a pas pour nous de sujet sans phénomène, ni de phénomène sans sujet, de même il n'y a pas pour nous de pensée sans signe, ni de signe sans pensée. La parole que nous ne comprenons pas ne signifie rien pour nous, elle n'est le signe d'aucune chose, c'est un son, c'est un bruit dans l'oreille; et dès que nous la comprenons nous l'appliquons à quelque chose que nous savons.

Cette application serait impossible si l'intelligence humaine ne possédait une notion quelconque à laquelle elle pût approprier la parole, et à laquelle le mot pût se lier comme son expression intelligible; ainsi la langue, la parole ne donne pas la science des choses, mais elle est simplement la condition de l'expression de la science.

Appliquant ces principes à la question des intuitions pures de la raison, dont nous nous sommes écartés pour examiner l'origine de la parole qui les exprime, j'affirme que les enfants ont toutes ces notions primitives de la raison, indépendamment du langage qui leur est donné par les parents et les instituteurs.

En effet, nul n'a besoin de savoir ce que c'est que le phénomène, le sujet, l'espace, le temps, la cause, le beau, le bon, le juste, et ce qu'est Dieu, ni comment ces choses s'appellent, pour en avoir l'intuition. Je puis avoir l'intuition du beau, sans savoir pourquoi tel objet me paraît beau, ce que c'est que le beau en lui-même, et sans savoir par quel mot on doit désigner cette intuition; comme je puis percevoir un objet, un fantôme, sans savoir pourquoi je le vois, ce qu'il est en soi-même, et quel nom on doit lui donner.

L'étude, la science humaine, distingue ensuite, examine, s'occupe de savoir ce que c'est que l'être, l'espace, le temps, la cause, et Dieu; d'où nous viennent ces notions primitives, nécessaires, absolues; ce que sont ces choses indépendamment de l'intuition que nous en avons, si réellement elles existent, et de quelle manière. C'est en cela que consiste le travail individuel de l'esprit humain; c'est là sa science sujette à l'erreur, à l'illusion et au défaut de logique; mais cette recherche serait impossible sans les données primitives de la raison pure, de la cause première, qui laisse l'intelligence humaine penser librement sur toutes choses, sans qu'elle puisse sortir de certaines conditions nécessaires.

L'esprit humain peut s'attribuer l'exercice de son intelligence et de sa volonté dès le moment qu'il se connaît ; il peut se glorifier d'avoir découvert les lois du mouvement harmonique des astres et des phénomènes de la nature; d'avoir par sa propre expérience et par sa propre volonté élevé des milliers de villes, inventé des centaines de machines, trouvé les mathématiques, la poésie, la médecine, la peinture, la sculpture, enfin toutes les sciences et tous les arts qu'il cultive; mais il ne peut attribuer à sa propre réflexion et à sa propre expérience les principes nécessaires et *à priori* de la raison absolue, sans lesquels il ne pourrait rien percevoir, rien trouver, rien inventer.

La raison éternelle et absolue, qui est la vérité même, nous donne la réalité indéfinissable, indépendante de notre intelligence individuelle; la sensation, qui n'est pas une modification de notre être spirituel, nous donne le phénomène relatif et contingent; la perception sensible nous donne le phénomène réuni au sujet, avec toutes ses conditions essentielles, le fait; l'intelligence, ou l'exercice volontaire de notre faculté de savoir, sépare, analyse, compare, juge, induit et déduit, et constitue la science.

La faculté de savoir, qui est individuelle, subjective, prend divers noms, selon ses divers actes provoqués par la raison et par la sensation.

Ainsi elle commence par la perception sensible, dans laquelle elle entre seulement en tant que conscience du sujet qui la possède. Mais dans ce premier acte concourent deux éléments qui sont étrangers à l'esprit, deux conditions objectives, sans lesquelles il n'y aurait point perception; ces deux faits réunis sont d'un côté la sensation phénoménale et significative, de l'autre les intuitions de la raison pure, réelles et objectives.

C'est de ce premier fait complexe que part la faculté de savoir, ou le moi conscient de soi-même, et qu'elle s'élève de la sensation à la raison, que l'homme ne peut pas dépasser.

Tous les autres actes ou exercices de la faculté de savoir sont plus ou moins volontaires, c'est-à-dire dépendent plus ou moins de l'action propre de l'individu, et se nomment attention, jugement, réflexion, comparaison, abstraction, généralisation, déduction, induction, mémoire, imagination et invention; et tous ces actes constituent l'intelligence humaine.

Voilà comment je comprends notre esprit, auquel je n'attribue ni la sensation, ni la raison, comme des facultés subjectives; et ce n'est pas pour sauver les principes ou les croyances, ou pour combattre le scepticisme, mais par un profond examen de ma conscience, indépendamment de toute théorie philosophique.

CHAPITRE ONZIÈME.

Idées archétypes de Platon. — Aristote, Locke, Berkeley, Hume et Kant. — Exposition critique de la théorie de Reid contre la théorie des idées représentatives. — Principe naturel de la croyance. — Réponse que l'on peut faire à la conclusion de la théorie de l'école écossaise. — Raison de la croyance. — De la première sensation que nous recevons dans ce monde

Dès que l'esprit humain, placé entre le monde sensible et le monde de la raison pure, sort, par une détermination propre, de la sphère de la perception externe et du fait complexe, dès qu'il cherche à connaître la cause et les conditions par lesquelles il perçoit, et veut savoir ce que sont les choses perçues, non dans leur ensemble primitif, mais dans tous leurs éléments intuitifs, tendance spontanée de la philosophie, il entre dans les domaines de la métaphysique, où il se trouve en face de Dieu, ou de soi-même, ou du néant, selon son point de départ. Le néant le désespère, le moi seul ne lui suffit pas, et Dieu lui paraît bien au-dessus de ce qu'il cherche, bien au delà de l'extrême limite à laquelle il désire s'arrêter; comme si entre lui et Dieu il y avait bien des choses à voir. Et toutes ces bornes l'obligent à se reconnaître, à retourner sur ses pas, et à recommencer son interminable travail. Rebroussons chemin avant d'arriver à ce point.

La science humaine est une navigation du fini à l'infini à travers des mers célèbres en naufrages; et si le navire ne sombre pas, il peut échouer au port sans apercevoir le phare, ou être forcé de louvoyer ou de mettre à la cape, indécis, jusqu'à ce que le jour brille et permette au pilote de consulter les astres. Il vaut mieux les consulter en temps utile.

Les intuitions que nous recevons à l'occasion des sensations, mais qui cependant en sont distinctes, sont reconnues par tous les philosophes, ainsi que par tout le genre humain; quoique les sensualistes les fassent provenir de la sensation, ce qui est démontré impossible, et que les spiritualistes les tirent de l'intelligence, faculté distincte de la sensation.

Parmi ces philosophes, quelques-uns, qui suivent ou expliquent à leur manière la doctrine de Platon, considèrent ces intuitions comme des idées archétypes des choses, attributs de la raison divine, où elles existent, et d'où elles émanent à la raison humaine; et comme la raison humaine n'est qu'un reflet de la raison divine, ainsi ces idées ne sont pour nous que des reflets ou des copies des idées éternelles, qui ont servi de type à toutes les choses.

Selon Platon, les choses sensibles que nous percevons sont des images, ou des ombres, en comparaison de ces idées; de manière que par la sensation nous n'acquérons aucune idée nouvelle, et nous n'avons qu'une réminiscence de celles qui étaient déjà dans notre entendement avant de nous unir au corps. L'immortel disciple de Socrate tirait de là des arguments en faveur de l'immortalité de l'âme. Cette théorie des idées archétypes, connue dans le monde sous le nom d'idéalisme platonique, semble plus ou moins imitée de la théorie des nombres de Pythagore, qui enseignait la croyance de la transmigration des âmes, ou métempsycose, doctrine que le fondateur de l'école italique avait apportée d'Égypte en Grèce, environ deux cents ans avant Platon, qui parlait de ce philosophe avec beaucoup de respect.

La théorie des idées archétypes émanées de la raison divine à l'intelligence humaine, fut suivie et professée avec quelques variations dans son exposition par les plus grands philosophes de tous les temps, par Plotin et toute l'école d'Alexandrie, par saint Augustin, saint Thomas d'Aquin, Descartes, Malebranche, Bossuet et Fénélon. C'est la théorie la plus satisfaisante pour l'esprit humain, dans l'impossibilité où il est d'expliquer d'où lui viennent ces notions nécessaires, qui ne dérivent pas de la sensation, et qui ne sont pas des idées générales collectives formées par lui au moyen de l'abstraction et de la généralisation.

En opposition à cette doctrine se présente celle des sensualistes, dont nous avons déjà parlé tant de fois, qui n'apporte aucun éclaircissement, tout en exagérant la théorie d'Aristote, qui expliquait nos connaissances au moyen des images, formes sans matière, ou espèces sensibles des choses, qui entrent par les sens, et se gravent dans l'âme, comme l'empreinte d'un sceau dans la cire, et là se transforment en espèces intelligibles. Cependant, selon les meilleurs interprètes de la philosophie grecque, le Stagyrite n'était pas aussi sensualiste que ses disciples et ses successeurs ont voulu le faire croire, puisqu'il admettait des vérités premières, principes indépendants de l'expérience, et qui n'ont pas besoin de démonstration.

Je crois qu'Aristote, comme Pythagore, avait deux doctrines différentes, l'une exotérique, plus claire, plus généralement connue et acceptée des sensualistes, qui s'appuient sur elle; et l'autre ésotérique, avec laquelle il s'entendait mieux. Je ne saurais concilier autrement la théorie des espèces sensibles avec tant de passages de sa Métaphysique.

La théorie chimérique des espèces sensibles est la base du sensualisme moderne, ou des idées images des objets, données par la sensation; et de là la conclusion logique que nous ne percevons aucune chose immédiatement, que nous ne percevons que nos idées, que nous ne savons rien de la réalité, mais que nous affirmons et nions tout de nos propres idées, qui sont des modifications de notre manière de sentir, les seules choses enfin que nous connaissons. Et Locke même s'exprime ainsi : « Il est évident que l'esprit ne connaît pas les choses immédiatement, mais seulement par l'intervention des idées qu'il en a; et, par conséquent, notre connaissance n'est réelle qu'autant qu'il y a de la conformité entre nos idées et la réalité des choses[1]. »

On conclut de ce principe que la conformité entre les idées et leurs objets est entièrement hypothétique, parce que n'ayant aucun moyen de connaître les choses telles qu'elles sont, ni si elles existent, nous ne pouvons jamais savoir si les copies sont conformes aux originaux que nous supposons, quand même elles le seraient. La conséquence de cette doctrine, c'est le doute sur la réalité de toutes les choses.

Berkeley a démontré victorieusement qu'il n'y a pas la moindre conformité entre les idées sensibles et les choses qu'elles nous représentent, et il a conclu en niant l'existence du monde physique, qui n'est qu'une illusion de nos sens.

Armé des mêmes principes, David Hume n'a pas seulement nié le monde physique, il a nié aussi le monde spirituel, l'existence de l'esprit humain et de Dieu même, et il n'a laissé que les idées, sans sujet, sans objet, sans cause, s'enchaînant par elles-mêmes, je ne sais où, comment et par qui.

Kant se proposa de combattre le scepticisme de Hume, au moyen d'une critique subtile et transcendantale de la raison pure, que malheureusement il considère comme une faculté personnelle de l'esprit humain, ou, pour employer ses expressions, une faculté subjective, c'est-à-dire du sujet qui pense. Il reconnaît et classe tous les principes *à priori* de nos facultés, principes antérieurs à la sensation, et

---

[1] Locke, livre IV, chap. IV, § 3.

indépendants de l'expérience; mais il les considère simplement comme des catégories ou lois primitives et fondamentales de la sensibilité, de l'entendement et de la raison, en vertu desquelles l'esprit humain pense les objets qui lui sont donnés par l'intuition sensible, sans aucune valeur réelle, objective; c'est-à-dire sans que le sujet puisse affirmer l'existence réelle de l'objet de ses intuitions pures; parce que, selon Kant, les lois de la raison humaine étant subjectives et personnelles à l'homme, la conclusion du subjectif à l'objectif n'est pas légitime.

Cette manière de considérer les intuitions pures de la raison comme de simples règles de notre intelligence, conduit le philosophe à dire en parlant de l'espace : « Si nous sortons de cette condition subjective, qui est la loi de notre nature, l'espace ne signifiera plus rien. » Il s'exprime ainsi en parlant de l'idée du temps : « Le temps n'est pas une chose qui existe par soi-même; il n'est pas non plus un mode inhérent aux choses, et qui subsistât avec elles, quand par la pensée on aurait détruit toutes les conditions subjectives de la sensibilité. Dans le premier cas, en effet, il faudrait que le temps fût une chose qui existât réellement sans objet réel; et dans le second, il ne pourrait être saisi *à priori* antérieurement aux choses mêmes. Il est donc une pure forme de la sensibilité [1]. »

Que seront donc les choses qui se présentent à

[1] *Critique de la raison pure : Esthétique transcendantale*, t. Ier.

nous dans l'espace et dans le temps? Des choses pensées, sans réalité aucune hors de la pensée humaine subjective.

De cette manière, le philosophe de Kœnigsberg, ainsi que toute son école, considérant la raison et la sensibilité comme des facultés de l'esprit, et les intuitions pures *à priori* comme des lois de ces mêmes facultés, termine sa Critique, aussi profonde et abstruse que souvent elle est énigmatique à cause de son langage particulier, par un subjectivisme absolu en métaphysique, et un scepticisme complet sur la réalité objective des choses.

Contemporain du profond philosophe de Kœnigsberg, Reid, né quatorze ans auparavant, à Strachan, et reconnu chef de l'école écossaise moderne, indigné contre le scepticisme de Hume, conséquence de la théorie des idées professée par tous les philosophes de son temps, et que lui-même avait d'abord adoptée, s'engagea dans un combat désespéré contre cette vieille doctrine plus ou moins aristotélique des idées représentatives, et démontra que nous ne percevons pas les choses par l'intermédiaire d'aucune idée ou image représentative, mais bien immédiatement, en vertu des lois de notre constitution.

Acceptée en Angleterre par les successeurs du philosophe écossais, enseignée pour la première fois en France par Royer-Collard, propagée par la traduction des œuvres de Reid par Th. Jouffroy et par les leçons de ce dernier, auxquelles nous assistions comme auditeur attentif, et préconisée par M. Cousin, cette théorie de la perception immédiate gagne du terrain, et mérite une étude particulière.

M. Cousin exposant cette nouvelle doctrine avec une grande clarté et une sévère critique, se prononce ainsi sur son auteur : « L'objet que s'est proposé Reid, le motif qui lui a inspiré ses méditations et ses recherches, ç'a été la résolution de combattre le scepticisme de Hume, qui révoltait son cœur aussi bien que sa raison. Son honneur est de l'avoir combattu comme on ne l'avait point fait encore, en l'attaquant dans son principe, dans la théorie unanimement acceptée depuis Locke, des idées représentatives comme condition de la connaissance du monde extérieur. Là est le titre original de Reid, et ce qui lui donne une place à part dans l'histoire de la philosophie..... Reid est le premier ou plutôt il est le seul qui ait compris toute la portée de la théorie des idées représentatives; c'est à la destruction de cette théorie que son nom demeurera attaché [1]. »

Dans un autre endroit, le profond critique dit encore : « Si l'on nous demande quels sont les principaux résultats introduits dans la philosophie par les *Recherches sur l'entendement humain,* nous répondrons qu'entre autres il y en a deux, *aussi nouveaux que certains*, et que Reid a établis avec une vigueur et une évidence qui ne laissent rien à contester. Reid, le premier, du moins en Angleterre,

---

[1] V. Cousin, *Philosophie écossaise*, leçon VIIe, p. 283.

a combattu et détruit la théorie des idées représentatives de Locke, fondement commun de l'idéalisme de Berkeley et du scepticisme de Hume; et, le premier encore parmi les philosophes modernes, non-seulement de l'Angleterre mais de l'Europe entière, il a montré le vice de la théorie qui fait du jugement la perception d'un rapport de convenance ou de disconvenance entre deux idées. Sur les ruines de cette théorie il a élevé une théorie nouvelle de la connaissance, dont le principe est la puissance naturelle de juger et de connaître que l'esprit humain possède, et qu'il exerce directement et spontanément sans l'intermédiaire chimérique des idées [1]. »

On ne peut demander un jugement plus favorable, ni une autorité plus compétente en de telles matières.

Au lieu de partir de la simple sensation, comme Locke et Condillac et toute leur école, ou des principes régulateurs de l'entendement, comme Kant, Reid part de la perception externe, qu'il examine et analyse de sens en sens; il démontre avec la plus grande évidence que les sensations ne sont pas des images des qualités des corps, et n'ont rien de semblable à ces qualités primaires et secondaires; ce que Berkeley avait démontré avant lui, et ce que beaucoup de philosophes n'ignoraient pas.

Dans cette exposition de la dissemblance entre la sensation et la qualité des corps qui l'occasionne, et dont la sensation est le signe, Reid

---

[1] Victor Cousin, *Philosophie écossaise*, leçon VIIe, p. 275.

paraît quelquefois dire le contraire de ce qu'il établit, à cause de l'équivoque qui résulte de l'emploi du même mot pour désigner la qualité de l'objet perçu, et la sensation qu'elle motive; et en le lisant superficiellement on peut croire par moments ou qu'il se contredit, reproche que lui a déjà fait un philosophe de nos jours, ou qu'il prétend que la couleur n'est pas une sensation, mais une qualité des corps, ce qu'il nie précédemment.

Mais quand on parle d'un philosophe éminent et d'une théorie si préconisée, il faut se défier de son propre jugement; et le parti le plus sûr et le plus loyal, parti qu'on doit adopter dans la recherche de la vérité, c'est de citer les propres paroles de l'auteur, ce que nous allons faire, en y ajoutant les observations qu'elles nous suggéreront : d'autant plus que la théorie du philosophe écossais mérite d'être sérieusement étudiée.

Après avoir examiné la perception de la vue, Reid dit :

« Je conclus que la couleur n'est pas une sensation, mais une qualité secondaire des corps, *dans le sens que nous donnons à ce mot*, c'est-à-dire, qu'elle est une certaine puissance ou propriété des corps, qui présente à l'œil une apparence qui nous est très-familière, quoiqu'elle n'ait pas de nom [1]. »

Et quelle est cette apparence, qui n'a pas de nom? Ici la couleur paraît être considérée comme

---

[1] *Recherches sur l'entendement humain*, ch. VI, sect. 4, p. 157, traduction de Th. Jouffroy.

la qualité même du corps qui occasionne la sensation de couleur, laquelle, selon l'expression du philosophe, est une apparence qui n'a pas de nom; quoique cette apparence produite par la sensation, et qui se confond avec la qualité, soit ce que généralement on appelle *couleur*.

« Nous avons fait voir que le mot couleur, dans la signification qu'on lui donne vulgairement, ne désigne nullement une idée de l'esprit, mais une qualité permanente des corps; nous avons montré en second lieu qu'il y a réellement une qualité permanente des corps, à laquelle l'acception ordinaire de ce mot convient parfaitement. Peut-on exiger des preuves plus fortes que cette qualité est précisément celle à laquelle le vulgaire donne le nom de *couleur*[1] ? »

Ici le mot couleur ne désigne pas seulement une qualité permanente des corps qui occasionne la sensation de couleur, mais cette qualité est précisément celle à laquelle on donne vulgairement le nom de couleur. Cette phrase renferme, à mes yeux, un véritable jeu de mots. Il ne s'agit pas de savoir s'il y a ou non une qualité des corps à laquelle convient le nom de couleur, mais bien si la couleur, cette apparence sensible, est la qualité même qui se désigne ainsi; et l'explication donnée par Reid peut se formuler de cette manière : Il y a dans les corps une qualité permanente que l'on nomme couleur; donc cette qualité est précisément celle qui doit

[1] Ch. vi, sect. 5, pag. 159.

être appelée couleur. Je crois que Reid ne serait pas parfaitement satisfait et convaincu si quelqu'un lui disait qu'il existe une chose appelée fantôme, et que cette chose est précisément celle à qui l'on donne le nom de fantôme. Sans doute nous supposons dans les corps une qualité que nous appelons couleur ; la question cependant est de savoir si cette qualité corporelle est la couleur même, ou si la couleur est l'apparence sensible occasionnée par cette qualité supposée. Continuons.

« Je suis assuré, dit Reid, que, à force d'attention et de soin, je puis parvenir à connaître mes sensations, et me mettre en état de décider avec certitude à quoi elles ressemblent, et à quoi elles ne ressemblent pas ; je les ai examinées l'une après l'autre avec tout le soin possible ; *je les ai comparées avec la matière* et ses qualités, et je n'en ai pas trouvé une seule qui eût le moindre trait de ressemblance ni avec la matière, ni avec aucune de ses qualités [1]. »

Ici les sensations se distinguent des qualités des choses, et elles n'ont avec elles aucune ressemblance. Elles sont par conséquent de pures modifications de l'esprit, comme disent les sensualistes, ou des idées dans l'esprit, comme disent les idéalistes. Mais la conclusion de Reid est différente.

Nous ne savons non plus où il a trouvé la matière, où il l'a perçue, où il l'a vue, pour la comparer avec les sensations. Il eût été très-instructif d'apprendre de lui comment il a fait cette comparaison :

[1] Chap. VI, sect. 6, pag. 166.

si c'est avec la matière même, ou avec une idée de la matière. Ce n'est pas avec l'idée de la matière, parce que Reid nie hautement qu'il y ait des idées, et que nous percevions aucune chose par l'intermédiaire des idées. Avec la matière même, encore moins, parce que personne ne sait ce qu'elle est; nous supposons son existence, et nous ne dépassons pas cette hypothèse ou cette croyance. Il est donc à croire que Reid s'est borné à faire cette comparaison avec l'idée hypothétique de la matière, malgré sa théorie contre l'existence des idées. Ce ne serait pas la première fois que l'on affirmerait indirectement ce que l'on nie systématiquement. Poursuivons.

« Il est à remarquer, continue le philosophe, que dans l'analyse que nous avons donnée jusqu'ici des opérations des cinq sens et des qualités des corps que ces sens nous font connaître, nous n'avons rencontré aucun exemple ni d'une sensation qui ressemblât à une qualité de la matière, ni d'une qualité de la matière dont l'image ou la ressemblance fût introduite dans l'esprit par le mouvement des sens [1]. »

Ici les sensations ne représentent pas les qualités des corps, et ne viennent pas de dehors par le mouvement des sens. Donc, contrairement à ce qu'il dit au commencement, la couleur n'est pas une qualité des corps, le mot couleur ne convient pas pour désigner la qualité occulte qui occasionne la

[1] Chap. VI, sect. 6, p. 164.

sensation de couleur, et désigne mieux la sensation même qui donne cette apparence à la qualité occulte, dont nous ne connaissons pas la nature par la sensation, puisque nous n'en avons aucune image ou ressemblance venue par le mouvement des sens. Continuons.

« Les sensations du toucher, de la vue, de l'ouïe, sont toutes dans l'esprit, et ne peuvent avoir existence qu'au moment même où elles sont perçues. Comment nous suggèrent-elles constamment et invariablement et la notion et la croyance des objets extérieurs qui existent, soit qu'ils soient perçus, soit qu'ils ne le soient pas? Le philosophe ne peut donner d'autre raison que la *constitution de notre nature*[1]. »

Comment toutes ces sensations du toucher, de la vue, de l'ouïe, existent-elles dans l'esprit? Voilà ce qu'il serait utile de savoir. L'esprit a donc en soi la dureté, la couleur, le son, le goût, la douleur, le froid, la chaleur, pour les donner aux choses qu'il perçoit? Et comment ces sensations qui n'ont d'existence qu'au moment même où l'esprit les perçoit, sans qu'elles lui viennent d'aucune part, étant par conséquent des productions, des actes ou des modifications qui lui sont propres, comment l'esprit cependant ne les reconnaît-il pas comme telles, et au contraire les rapporte involontairement à son corps, ou aux objets extérieurs qui lui sont présentés par ces sensations?

[1] Chap. VI, sect. 12, p. 226.

Si ces sensations ne sont pas des phénomènes corporels, comme en effet elles n'en sont pas; si elles ne ressemblent en rien aux mouvements de la matière, comme cela est évident, et comme nous-même nous l'avons démontré, elles doivent être des modifications de quelque chose, ou elles seront des choses réelles, ou ces espèces sensibles dont parle Aristote. Si nous jugeons qu'elles sont des modifications de l'esprit, comment pourra-t-il se distinguer de ses propres actes; de sa manière d'être, et les objectiver, les attribuer à qui elles n'appartiennent pas, en restant intimement convaincu qu'il n'est pas le sujet de ces sensations, mais seulement un simple spectateur, ou patient? Si cette conviction est fausse, si sa conscience lui ment, comment pourra-t-il croire et savoir invinciblement qu'il existe des choses au delà de ses propres sensations? Si la première conviction, attestée par la conscience du genre humain, est fausse, comment la seconde pourra-t-elle être vraie?

En effet, l'esprit humain serait véritablement l'esprit de la folie, si en exerçant un acte, en se modifiant d'une manière quelconque, il eût cru qu'il n'était pas le sujet de ses propres actes et de ses propres modifications, et les eût attribués à un autre sujet qu'il aurait pris pour un objet réel hors de lui; ou si, produisant les sensations de couleur, de dureté et de douleur, il se fût persuadé que ce n'était pas lui qui avait produit ces phénomènes, mais qu'il ne faisait que les recevoir.

Mais l'esprit humain rapporte ces modifications aux choses qu'il perçoit, les distingue par leur moyen, en prenant les sensations pour des qualités ou des apparences de ces mêmes choses. Or, l'esprit humain sait intuitivement que ces phénomènes qu'il nomme sensations ne sont pas ses qualités, ni des choses produites par lui, et par l'analyse il reconnaît que ce ne sont pas non plus des qualités des choses et qu'elles ne ressemblent en rien à ces qualités occultes, comme Reid l'avoue et l'a démontré. Donc, ou ces phénomènes appartiennent à quelque chose qui sert à l'esprit dans ses perceptions, et qui n'est pas l'esprit lui-même, comme nous croyons l'avoir suffisamment prouvé; ou si ces phénomènes existent dans l'esprit, comme le dit notre auteur avec tous les philosophes, de deux choses l'une : ou ces phénomènes sont des affections de l'esprit, et dans ce cas il ne peut pas les objectiver; ou ils sont des choses dans l'esprit, et alors nous aurons les idées, les espèces sensibles, les images représentatives, ressemblantes ou non, et par conséquent le scepticisme, en dépit de la réfutation du philosophe écossais, qui serait complète, s'il eût montré de quelle manière les sensations sont dans l'esprit, sans qu'elles lui viennent de dehors.

Reid demande comment ces sensations nous suggèrent la croyance des objets extérieurs qui existent, qu'ils soient perçus ou ne le soient pas; et il répond que le philosophe ne peut donner d'autre raison que la *constitution de notre nature*.

Si la philosophie ne pouvait donner d'autre réponse que celle-là, Berkeley, Hume, Kant et Fichte auraient raison. Le monde serait un songe, une création de l'esprit humain, sans aucune réalité hors de lui.

Mais voyons la conclusion de Reid, où sa pensée se trouve plus développée, conclusion très-importante pour la science.

« Il me semble évident, dit-il, que nos sensations ne renferment rien d'où nous puissions, par voie de raisonnement, conclure l'existence de corps, et bien moins encore celle de leurs qualités. C'est un point qui a été prouvé d'une manière victorieuse par l'évêque de Cloyne (Berkeley), et par l'auteur du *Traité de la nature humaine* (Hume). Il paraît également certain que cette connexion de nos sensations avec la notion et la croyance d'existences extérieures ne peut être ni l'effet de l'habitude, ni celui de l'expérience, ni celui de l'éducation, ni celui d'*aucun des principes de la nature humaine admis jusqu'à ce jour* par les philosophes. Ce n'en est pas moins un fait que certaines sensations sont invariablement suivies de la notion et de la croyance des existences extérieures. Nous sommes donc autorisés à conclure que *ce phénomène est l'effet de notre constitution,* et qu'on doit le reconnaître pour un principe primitif et constitutif de la nature humaine, jusqu'à ce qu'on ait découvert un principe plus général auquel on puisse le rapporter [1]. »

[1] Chap. v, sect. 3, p. 108.

Reid exclut le raisonnement, l'habitude, l'expérience et l'éducation comme raison de la connexion de nos sensations avec la croyance des existences extérieures, et de plus, *tous les principes admis jusqu'ici par les philosophes;* il prétend que la croyance est un effet de notre constitution, que nous devons reconnaître comme un principe.

Mais ces principes admis par les philosophes, et rejetés par le savant Écossais, sont la raison et la véracité de Dieu; et si la raison et Dieu ne suffisent pas pour Reid, comment nous suffira son principe constitutif de la nature humaine, qui nous oblige à croire sans raison, et qui peut être aussi trompeur que la sensation, laquelle étant également un effet de notre constitution, ne nous présente pas les choses telles qu'elles sont, et ne nous dit pas si elles existent réellement, mais nous donne occasion de douter de son témoignage, toujours faux quant aux modifications de la matière, et bien souvent illusoire, en nous présentant des choses qui n'existent pas? Ce principe primitif de la croyance ne peut avoir aucune valeur philosophique, et ce n'est pas par lui que le genre humain perçoit et croit à l'existence des choses. Tout ce que peut faire cette constitution de notre nature est de nous porter à croire, comme elle nous oblige à éprouver des sensations, mais non à affirmer l'existence des choses; ce principe, tiré simplement de notre nature, n'a pas plus de valeur que les catégories subjectives de Kant.

Cependant, tout en rejetant tous les principes

admis jusqu'ici par les philosophes comme raison de la croyance, et en attribuant un cercle vicieux à Descartes, qui avait fait dériver la véracité de nos facultés de la véracité divine, Reid n'a pas lui-même une grande confiance dans son principe constitutif de la nature humaine, et employant le même argument que Descartes, il s'exprime ainsi en parlant des erreurs des sens : « Des êtres d'une nature supérieure peuvent avoir des facultés qui nous manquent ; ils peuvent posséder à un degré plus élevé celles que nous avons, et entièrement exemptes des désordres accidentels auxquels nous sommes exposés ; mais nous n'avons nulle raison de croire que Dieu se soit raillé de ses créatures en leur donnant des facultés destinées à les tromper : cette pensée serait injurieuse au Créateur, et conduirait au scepticisme absolu [1]. »

Cette pensée de Descartes, reproduite par le philosophe écossais, est sublime ; mais ce n'est pas en vertu de la véracité divine que nous croyons à l'existence des choses ; c'est, au contraire, l'existence de toutes les choses, la raison, l'intelligence et l'univers, qui nous fait croire à l'existence, à la sagesse, à la puissance et à la véracité divines.

Dieu n'a pas trompé ses créatures en leur donnant la faculté de percevoir les choses selon qu'il convient le mieux à leurs besoins temporaires, et à l'usage qu'elles doivent en faire ; il n'a pas voulu que l'esprit humain vécût dans l'erreur sur la nature

[1] *Essai sur les facultés intellectuelles*, Essai II, ch. xxii.

de ses œuvres, puisqu'il lui a donné les moyens de se connaître lui-même et de connaître ces œuvres; il n'a pas voulu que l'homme doutât de l'existence absolue de son Créateur, puisqu'il lui a appris par la raison, et lui a démontré par les faits mêmes, que rien n'arrive sans une cause, et que nulle chose dans tout cet immense univers n'est cause de soi-même ou de quoi que ce soit. Le reste, il l'a laissé à l'exercice de l'activité libre et de la faculté de savoir de l'esprit humain. Dieu ayant placé dans nos organes les sensations comme des signes évidents de quelque chose hors de l'esprit, ce n'est pas à Dieu qu'il faut s'en prendre, si les philosophes ont décidé que les sensations existent dans l'esprit même, comme simples affections de l'être libre et intelligent qui les perçoit, comme des actes ou des modifications qui lui appartiennent.

Mais cette erreur des philosophes ne change en rien l'ordre des faits et les lois de la nature, et il n'y a pas de scepticisme qui empêche l'homme de continuer à percevoir les choses comme existantes dans le temps et dans l'espace, et produites par une cause. Ce n'est pas que ces notions soient des principes régulateurs, des catégories ou des lois de l'entendement humain, mais c'est que ces objets nécessaires existent réellement, indépendamment de l'entendement humain, auquel ils sont présentés comme contingents et relatifs par la perception, et comme absolus par la raison pure, qui est la vérité même, Dieu lui-même se révélant à l'intelligence humaine au moyen de ces notions et de tout ce qui existe.

Le scepticisme est une erreur d'observation ou de logique, une erreur de raisonnement ou de volonté. Nous voulons l'absurde; nous voulons avoir des perceptions sensibles de ce qui est nécessaire et absolu; nous voulons avoir la vérité absolue par une perception sensible, relative et phénoménale; nous voulons avoir une perception de notre propre être spirituel, comme si l'esprit était un phénomène matériel, comme s'il pouvait être esprit, et se représenter à soi-même comme un objet extérieur et sensible. Dès que l'homme veut une chose absurde, la raison, Dieu la lui refuse, parce que Dieu ne fait pas de choses absurdes.

Pourquoi l'homme ne veut-il pas voir un son et entendre une couleur? Parce qu'il sait que cela est absurde. Mais pourquoi cherche-t-il à savoir ce que c'est que le son, ce que c'est que la couleur? Parce qu'il sait que cela est possible, indépendamment de l'ordre de la nature et des lois de son entendement.

Percevoir une chose intuitivement par les sens, la connaître par l'analyse, par l'induction et par la déduction, et savoir par la raison même ce qu'est réellement cet objet indépendamment de nous qui le percevons, sont des faits très-différents, que nous ne devons pas dénaturer et confondre. Chacun de ces faits renferme une certitude diverse, et ces degrés de certitude ne se confondent pas, mais se fortifient, parce qu'ils sont des espèces d'une même certitude. Ainsi la certitude que nous entendons parler se fortifie par la vue de la personne qui parle; et si nous ne la voyions pas, nous n'en aurions pas moins la certitude d'avoir entendu quelqu'un parler.

Cette croyance dans l'existence d'objets hors de nous ne nous paraît pas être l'effet d'un principe régulateur de la nature humaine, comme dit Reid, parce que dans ce cas nous ne pourrions douter de ces existences. Cette certitude nous est infailliblement donnée par le fait même involontaire, indépendant de la faculté de savoir, extérieur à l'esprit, et qui le force à le reconnaître, comme il l'oblige à recevoir la sensation, dont nous ne doutons pas.

Mais voyons quel est le résultat de la réfutation victorieuse de la théorie des idées représentatives contre le scepticisme.

Après avoir démontré qu'il n'y a pas la moindre conformité ni la moindre ressemblance entre les sensations et les qualités de la matière, et déclarant que toutes ces sensations sont dans l'esprit, Reid se demande à lui-même : « Pourquoi, disent les sceptiques, croyez-vous à l'existence de l'objet extérieur que vous percevez? Je réponds que cette croyance n'est pas de ma façon, mais de celle de la nature; c'est une monnaie frappée à son coin, elle porte son empreinte; et si elle n'est pas de bon aloi, c'est sa faute et non la mienne; je la prends de confiance et sans former aucun soupçon [1]. »

Telle est la réponse de Reid. Nous voudrions

[1] Ch. VI, sect. 20, pag. 305.

bien savoir ce que répliquerait le philosophe si quelque sceptique, admettant tous ses principes, lui demandait : Pourquoi n'avez-vous pas accepté avec une égale confiance et avec autant de bonne foi le témoignage de vos sens et celui de vos sensations? Pourquoi avez-vous recherché avec tant de soin si les sensations représentent ou non les qualités de la matière? Si vous avez reconnu qu'elles n'ont aucune ressemblance ni avec la matière ni avec ses qualités; si vous déclarez fausse cette monnaie frappée au coin de la nature, et non faite par vous, comment croyez-vous maintenant que la seconde monnaie, frappée au même coin, est véritable? Si les sensations sont des modifications de votre esprit qui ne représentent rien, pourquoi votre croyance ne sera-t-elle pas aussi un acte de votre esprit, sans aucun objet extérieur?

Nous ne savons quelle serait la réponse du savant Écossais, mais il formule une autre question au nom du scepticisme; examinons-la.

« Puisque, de votre propre aveu (diront les sceptiques), l'objet que vous percevez et l'acte de votre esprit par lequel vous le percevez sont deux choses absolument différentes, l'une peut exister sans l'autre; et de même que l'objet peut exister sans être perçu, de même la perception peut s'opérer sans objet réel [1]. »

Reid reconnaît que cet argument est sans réplique, et se contente de répondre en plaisantant,

---

[1] Chap. vi, sect. 20, pag. 305.

CHAPITRE ONZIÈME.

qu'il a pris son parti; qu'il n'est pas en son pouvoir de douter de l'existence des choses; que cela lui est aussi impossible que de voler jusqu'à la lune, quoique la volonté ne lui en manque pas.

Nous ne pensons pas qu'il y ait un seul sceptique qui se paye d'une semblable réponse. Il n'en est aucun qui doute qu'il entend et qu'il voit; le doute retombe seulement sur la réalité de l'objet, qui peut n'être qu'un simple effet de nos facultés. Berkeley et Hume n'ont pas nié les sensations; Kant, bien plus, admettait des principes *à priori*, des lois de l'entendement; et cependant ils doutaient de l'existence réelle des choses. Tout en admettant que la perception peut s'opérer sans objet réel, Reid est aussi sceptique que tous les sceptiques sur la réalité des objets de la perception sensible, malgré son acte de foi contraire, malgré son principe de la nature humaine, qui l'oblige à croire sans raison, malgré enfin toute sa réfutation de la théorie des idées représentatives ou non représentatives.

Si les *Recherches sur l'esprit humain* ne détruisent pas le scepticisme, elles ne détruisent pas non plus la théorie des idées; au contraire, à notre avis, elles la fortifient. La conclusion que Reid tire de ses principes nous paraît diamétralement opposée à celle qu'il devrait en tirer.

En effet, ceux qui professent cette doctrine, sensualistes et spiritualistes, sceptiques et dogmatiques, peuvent lui dire : Si les sensations sont dans l'esprit comme des actes qui lui sont propres, indépendants de sa volonté ; si elles n'émanent pas des choses et n'ont pas de ressemblance avec elles, mais nous suggèrent la croyance à leur existence ; les sensations sont donc les seuls représentants de ces choses à l'esprit, peu importe qu'elles soient des images vraies ou fausses, représentatives ou non représentatives, spirituelles ou matérielles ; c'est à cela même que nous donnons le nom d'idée ; comme nous appelons idée toute chose quelconque pensée ou sentie par l'esprit, en tant qu'objet de la pensée, qu'elle existe ou qu'elle n'existe pas réellement hors de lui, qu'elle soit un fantôme ou une réalité. Si nous ne percevons pas les choses telles qu'elles sont réellement, nous ne les percevons pas immédiatement, mais par le moyen de ces sensations et des idées que nous nous en faisons, ou que nous recevons, n'importe d'où elles viennent, qu'elles soient faites par nous ou par Dieu ; et tout ce que nous affirmons, tout ce que nous nions, c'est en vertu de ces idées. Et aussi longtemps qu'on ne démontrera pas que nous percevons les phénomènes matériels tels qu'ils sont en réalité, nous serons obligés d'avouer que nous les percevons par l'intermédiaire des sensations et des idées. En prétendant réfuter la théorie des idées, vous la confirmez sans le vouloir, comme vous êtes sceptique malgré vous, et vous vous montrez en même temps inconséquent et incompréhensible. Vous déclarez qu'il n'y a pas dans l'esprit d'idées qui représentent les choses ; vous dites qu'il n'y a que des esprits qui perçoivent, et des choses perçues sans aucun intermédiaire, et vous avouez que les sensations ne représentent ni la matière ni ses qualités, mais qu'elles sont pour vous les signes des choses. Donc, vous percevez les choses par le moyen de ces signes; et les signes, qui ne sont pas les choses mêmes, nous les appelons idées; et dans ce cas vous avouez que nous ne percevons les objets que par leurs signes ou idées. Vous changez simplement le nom, mais tout reste dans le même état, et votre doctrine se réduit à une explication ou changement de mot. Si vous dites que les sensations existent dans votre esprit, vous vous montrez idéaliste. Si vous dites que ce sont des affections ou des actes de votre esprit, vous avouez que vous êtes non-seulement idéaliste, mais encore sceptique à l'égard de la réalité des choses, puisque dans ce cas vous n'apercevez que vos propres actes, vos propres modifications; et votre croyance sur la réalité des choses n'étant qu'un phénomène de votre esprit, qui peut être en vous comme vos sensations, vous pouvez seulement affirmer que vous exercez l'acte de croire et de sentir. Mais votre affection, votre modification, la constitution de votre nature ne prouve rien à l'égard de la réalité des choses, puisque vous reconnaissez qu'il n'y a aucune ressemblance entre ces sensations et les choses que vous supposez exister, et qui peut-être n'existent pas. Comme vous, nous pouvons croire humainement à l'existence du monde, mais comme philosophes nous cherchons la raison de cette croyance; et votre principe constitutif de la nature humaine n'est pas une raison philosophique suffisante.

Voilà comment on pourrait à peu près répondre à la théorie du philosophe écossais, qui, selon notre manière de voir, ne renverse ni l'idéalisme ni le scepticisme.

Nous laisserons de côté les autres écrits de Reid, qui n'ont pas de rapport avec la question qui nous occupe. Il y a dans ces ouvrages beaucoup d'observations profondes et vraies qui ne sont pas explicables d'après les principes de leur auteur, et semblent plutôt les contredire; de même des vérités tout aussi contradictoires se trouvent chez beaucoup d'autres écrivains d'un mérite et d'une valeur égale. Reid est une des gloires de l'Angleterre, et un des plus éminents philosophes du siècle passé.

Si la réfutation de la théorie des idées laisse, à notre avis, toutes les questions philosophiques dans leur état primitif, en se réduisant à un simple changement de mots, elle n'est pas pour cela complétement innocente, car elle enveloppe dans la même condamnation des théories très-différentes et très-opposées, comme celle de Platon et celle d'Aristote, si peu semblables, celle de Descartes et celle de Condillac, également différentes.

Mais ce qu'il y a de remarquable dans toutes ces théories diverses et opposées, ce que l'on conclut de toutes les explications et de toutes les réfutations, ce qui est un fait incontestable, reconnu par

CHAPITRE ONZIÈME.

toutes les sciences physiques, ce qui est une vérité évidente, c'est que nous ne percevons pas les objets sensibles comme nous concevons qu'ils sont en réalité, et par conséquent que la réalité des choses perçues par l'intermédiaire des sens est un objet de doute, ou un objet apparent qui n'a pas la réalité que nous lui attribuons.

Si nous croyons à l'existence des choses, ce n'est pas en vertu d'aucune loi de notre nature, ni en vertu de la véracité divine, mais simplement en vertu de la perception même, qui étant un fait complexe dans lequel entrent des éléments subjectifs et des éléments objectifs, affirme en même temps l'existence de celui qui perçoit et celle de la chose perçue. Ces éléments séparés par l'analyse, le doute retombe sur le simple rapport des éléments phénoménaux, mais ne peut retomber sur ce qui est nécessaire et absolu, c'est-à-dire sur la cause extérieure qui nous oblige à percevoir.

Ce qui est le propre de l'esprit humain, ce qui lui est individuel et subjectif, c'est la faculté de savoir, l'intelligence ou l'entendement des choses, et la faculté d'opérer par soi-même, de se servir de cette intelligence et de son corps jusqu'à une certaine limite.

L'esprit humain entre en exercice dans ce monde avec cette faculté de savoir et de juger qui lui est innée, mais qui ne peut rien savoir sans que quelque chose se présente à elle et la provoque. La perception sensible est son premier acte, acte complexe, auquel concourent : 1° la sensation, phénomène extérieur à l'esprit, et qui se présente à lui comme objet ; 2° la faculté de savoir propre de l'esprit actif, laquelle lui donne conscience de soi-même et fait qu'il ne prend pas cette sensation comme un acte à lui, et la perçoit comme distincte de lui; 3° la raison, qui lui donne la cause dans l'objet auquel cette sensation se rapporte comme effet et phénomène par lui provoqué. Toutes ces choses se présentent en même temps complexes, indistinctes et confuses, et dominées par la sensation, qui, étant le premier phénomène donné à l'esprit par la force qui le lie à un corps, attire davantage son activité.

La première sensation qui affecte l'esprit est la douleur, le plus haut degré, le résumé de toutes les sensations spéciales, comme nous l'avons démontré et comme le fait l'atteste; parce que la douleur est la première, l'unique sensation que reçoit l'esprit humain à son apparition dans ce monde. C'est cette sensation, dans laquelle aboutissent toutes les sensations, sans excepter même celle du plaisir, qui nous révèle avant tout notre existence passagère dans ce monde d'épreuves, et nous lie, en nous en distinguant en même temps, à ce corps phénoménal si différent de notre nature spirituelle.

La douleur cesse, l'esprit repose, les sens dorment, et, la tourmente passée, tout entre en action, et l'esprit commence à percevoir, jusqu'à ce que, maître de toutes ses facultés, il arrive à distinguer ce qu'il avait perçu confusément. C'est ainsi que l'homme débute, c'est ainsi qu'il s'élève des faits à la science, et de la science à la raison et à Dieu. Au premier moment tout est complexe, tout est confus, parce que tout est involontaire; mais dès que l'esprit se connaît, tout est conscience de soi-même et science de quelque chose.

CHAPITRE DOUZIÈME.

Principe de causalité de M. Cousin. — Sciences nécessaires pour l'explication complète de la perception. — De l'intelligence humaine et de la raison absolue. — L'esprit humain doué d'intelligence n'a pas besoin d'instincts et de lois pour acquérir les vérités nécessaires. — De l'être et de la cause. — Savoir et percevoir. — Aspiration à la science des choses telles qu'elles sont.

On analyse quelquefois un fait complexe, intellectuel ou physique, on distingue d'une manière imparfaite les éléments qui le constituent, et l'on veut ensuite par inadvertance trouver la raison du fait entier dans une seule de ses parties. Et ne nous arrive-t-il pas aussi quelquefois de chercher au loin un objet qui est près de nous, et sur lequel nos yeux passent sans le voir?

Reid a concédé au sceptique la possibilité de la perception sans objet réel; et il s'est vu ainsi obligé de recourir à un principe naturel de croyance. Mais ce principe constitutif de la nature humaine serait aussi impuissant à donner la réalité objective, que la sensation qui le suggère, la sensation et cette croyance étant des actes internes de l'esprit.

Cette concession est logique, Reid ayant considéré la sensation comme une modification, un phénomène de l'esprit humain. Pendant longtemps nous l'avons également jugé ainsi, sous l'influence de tous les philosophes, sans pouvoir trouver le moyen d'échapper au scepticisme.

Nous ne ferions aujourd'hui une telle concession à aucun sceptique, parce que la conscience nous atteste que la sensation n'est pas une modification intérieure de notre esprit; et la sensation, qui le force à la reconnaître immédiatement, se présente à lui comme un phénomène objectif, que l'esprit attribue sur-le-champ à une cause extérieure.

Nous serions digne de blâme si dans cette question nous oubliions de mentionner l'opinion d'un des plus savants philosophes contemporains qui, par la profonde connaissance qu'il possède de toutes les doctrines anciennes et modernes, qu'il a cherché à concilier dans un éclectisme raisonnable, montre le faible de tous les systèmes exclusifs.

Après avoir exposé la théorie de Reid sur la perception immédiate, qu'il accepte en la louant, M. Cousin dit que tout le secret de la croyance à la réalité objective est dans la force du principe de causalité. Voici comment s'exprime l'illustre philosophe français :

« J'éprouve une certaine sensation d'odeur; cette sensation n'est qu'une affection de mon âme, un phénomène de conscience qui ne ressemble à rien qu'à lui-même. Supposez qu'instinctivement je ne me demande pas quelle est la cause de cette sensation, de ce phénomène qui passe en ce moment sous l'œil de ma conscience, il n'y aura jamais pour moi de qualité odorante; je m'arrêterai à ma sensation, qui aura un sujet, à savoir, moi, mais nulle cause, partant nul objet. En fait, la chose ne se passe point ainsi. Pourquoi? Parce que aussitôt que la sensation d'odeur affecte mon âme, j'en recherche et ne peux pas n'en pas rechercher la cause; j'affirme que ce phénomène sensitif, qui tout à l'heure n'était pas et qui paraît en ce moment, a une cause. Or la conscience m'atteste que je ne suis pas la cause de cette sensation; car je ne puis ni la faire cesser, ni la faire naître, ni même la modifier; donc, la cause de cette sensation est autre que moi. Je ne connais pas sa nature et je n'en affirme rien, sinon qu'elle est la cause étrangère de la sensation que j'éprouve; cette cause je ne la vois, je ne la touche pas, je ne la sens pas, et pourtant j'affirme son existence avec une entière conviction. Cette conviction est irrésistible, parce que son principe, le principe de causalité, est une loi nécessaire de mon esprit; cette conviction est la même dans tous les hommes, parce que le principe de causalité est universel; elle est immédiate et instinctive, parce que le principe de causalité agit immédiatement et instinctivement. Il n'y a pas là un raisonnement en forme, mais il y a application directe et légitime d'un principe naturel de l'esprit humain.

« Les sensations de la vue et du toucher ne nous feraient pas plus connaître les qualités primaires des corps, que les autres sens ne nous font connaître les qualités secondaires, si nous n'étions contraints par la constitution de notre esprit de supposer des causes à ces sensations comme aux autres.

« Les sensations de résistance, de dureté ou de mollesse, d'impénétrabilité, etc., ne sont elles-mêmes que des affections de l'âme, différentes des sensations d'odeur et de saveur, mais tout à fait semblables en tant que phénomènes purement affectifs. Quand la sensation de dureté irait jusqu'à la douleur la plus vive, elle ne nous ferait pas plus sortir de nous-mêmes qu'une odeur très-désagréable ou un son déchirant, sans l'intervention du principe de causalité. Ce principe intervenant nous tire de nous-mêmes, et, guidé dans son application par la vue et le tact, nous révèle les qualités primaires [1]. »

Cette ingénieuse explication part de l'hypothèse générale que les sensations sont des affections de la conscience. S'il en était ainsi, nous ne savons comment le principe imaginaire de la causalité ferait sortir l'esprit de lui-même, et lui ferait connaître son corps ou toute autre chose. Mais si l'esprit n'a pas besoin du principe de la causalité pour recevoir la sensation, nous croyons qu'il n'a pas davantage besoin de ce principe pour savoir dans quels organes de son corps, ou en quel objet elles se présentent. Les sensations, à notre avis, sont des phénomènes objectifs immédiats que l'esprit perçoit avec les objets qui les occasionnent.

La croyance à l'existence des objets extérieurs

---

[1] *Philosophie écossaise*, 8ᵉ leçon, p. 334, 335.

ne nous paraît pas dériver du principe de causalité ; au contraire, ce principe est un axiome formulé comme tant d'autres par l'esprit en vertu de la perception des objets. Il est vrai, parce que le fait est vrai; universel, parce que tous les hommes perçoivent de la même manière ; absolu, parce que la raison est absolue ; et quelle que soit la manière dont l'esprit acquiert la vérité absolue, elle ne perd pas pour cela son caractère. A quoi servirait à l'esprit la faculté de savoir, et une libre activité, s'il avait besoin que l'intuition de cause extérieure lui fût donnée par une loi ? A quoi lui serviraient l'activité, la conscience et les sensations, s'il avait besoin encore d'un principe instinctif pour voir son corps, savoir qu'il entend par l'ouïe, qu'il voit par les yeux un objet qui se présente à lui colorié, et qu'il reçoit par le toucher une sensation de résistance de l'objet qu'il voit ou qu'il touche ? Si, outre les perceptions et sa conscience, il n'a besoin d'aucun principe instinctif pour recevoir la sensation, et voir son corps, de même nous croyons qu'il n'a pas besoin du principe de causalité pour savoir que c'est l'objet qu'il touche de ses mains qui lui fait recevoir à cette extrémité du corps la sensation de dureté ou de chaleur, lui fait juger que cet objet est dur et chaud, et qu'il est cause de ces sensations ; et si l'esprit a besoin pour si peu de chose d'un principe instinctif, toutes les connaissances humaines seront instinctives, et l'homme ne sera qu'un animal doué d'instincts supérieurs à ceux des autres animaux :

et alors pourquoi la conscience, pourquoi l'intelligence, pourquoi la liberté?

Maintenant, si l'on veut appeler instinct, ou loi, l'acte par lequel l'esprit intelligent et libre reconnaît intuitivement que le phénomène qui se présente à lui comme extérieur, indépendant de sa volonté, provient d'une cause hors de lui-même, ou d'une volonté étrangère à la sienne, c'est une question de mots. Il est certain que l'esprit a en lui-même la source d'où il tire les idées de cause, d'être et de temps, outre celles qu'il tire de la perception des choses extérieures.

Heureusement pour l'esprit humain, la conscience qui lui atteste qu'il n'est pas la cause de la sensation, lui atteste également que la sensation n'est pas une modification de lui-même, mais qu'il est simplement le sujet qui la perçoit dans tel organe, ou dans tel objet.

Une erreur aussi ancienne que la philosophie elle-même ne peut être détruite, dans le siècle où nous vivons, par des raisons simples et peu nombreuses; il faut la combattre sous toutes les formes, au moyen de preuves directes et indirectes, afin de la renverser entièrement s'il est possible; et cette considération nous oblige à ce dernier combat. Si l'erreur vient de notre part, ce n'est pas faute d'avoir étudié les maîtres de la science, mais faute de les avoir compris; et si par bonheur nous atteignons le but, c'est que peut-être l'erreur de tous nous a montré le chemin de la vérité, en secondant notre ardent et sincère désir de la connaître.

Il est des vérités que personne n'ignore, que personne ne se glorifie d'énoncer, et que cependant nous oublions quelquefois dans les plus grandes difficultés, comme les noms des amis échappent à notre mémoire dans les meilleures occasions.

Personne n'ignore que percevoir les objets tels qu'ils se présentent naturellement, avec toutes leurs conditions nécessaires et relatives, comme nous voyons les astres, les arbres, les animaux, etc.; savoir ce que sont ces objets indépendamment de leur aspect extérieur et sensible, quels sont leurs éléments constitutifs, leurs rapports, les lois qui les régissent; savoir enfin ce qu'est en réalité cet objet, quelle est sa nature substantielle ou phénoménale, et quelles sont les conditions nécessaires de son existence, sont trois choses différentes, trois degrés de science que l'on ne doit pas confondre.

Un objet se présente naturellement à moi comme rouge ou bleu, dur ou mou, chaud ou froid, rond ou carré. Par une libre détermination, je puis désirer savoir quels sont réellement les modes d'être de cet objet, qui en se modifiant me le font percevoir avec des qualités diverses qui n'existent pas physiquement en lui. Je puis enfin désirer savoir quelle est la substance de ces phénomènes, l'espace dans lequel ils se meuvent, et la cause première, absolue, qui les produit.

Le premier degré de science est la perception sensible de tous les hommes, savants et ignorants, dans laquelle sont confusément réunis tous les éléments, les conditions et les objets des autres sciences.

Le second degré de connaissance est la science humaine expérimentale et empirique de toutes les choses, des différents faits distingués et séparés par l'entendement, que ces faits soient internes ou externes, reconnus et démontrés par l'observation constante, par l'analyse, par l'induction et par la déduction.

Le troisième degré de science est la métaphysique, la science de la réalité absolue.

Mais comme les éléments primitifs de toutes les sciences sont renfermés et nous sont donnés dans la perception des choses, dans laquelle entre le moi et le non-moi, toutes les sciences se fondent en une seule, la philosophie, qui considère toutes les choses par rapport à l'esprit et à la cause qui les produit.

L'explication complète de la perception, qui est à mes yeux la question fondamentale de la philosophie, et de la solution de laquelle dépendent toutes les autres, demande une étude spéciale de chacune des parties qui y concourent, et sans lesquelles la perception n'existe pas.

Les éléments distincts qui entrent dans la perception sont : 1° l'esprit qui perçoit, objet spécial de la psychologie; 2° les phénomènes de la sensibilité, objet de la physiologie, qui étudie le mouvement des organes des sens, sans lesquels nous ne percevons pas; 3° la connaissance physique des phénomènes des corps, qui occasionnent le mouvement des organes et les sensations correspondantes; 4° la connaissance métaphysique de la réalité, de l'être, de la cause, de l'espace, du temps, et de tous les éléments nécessaires qui sont confusément contenus dans la perception.

Il n'est aucune de ces sciences qui, séparée, explique complétement la perception. Si nous partons de la psychologie, en supposant des principes, des catégories, des idées *à priori*, et des sensations dans la conscience, nous ne sortirons pas du subjectivisme de Kant; si nous partons de la sensation, nous tomberons dans le sensualisme de Condillac, et dans le scepticisme de Hume; si nous partons de la physique, nous irons donner dans le matérialisme; si nous prenons notre point de départ dans la métaphysique, nous arriverons au panthéisme de Spinoza; et le scepticisme nous assaillira par toutes ces routes.

Après avoir médité sur ce que ces éléments distincts renferment de général, la philosophie les réunit en deux groupes, le moi et le non-moi, afin de pouvoir expliquer la perception et l'origine réelle de nos connaissances.

L'esprit entre dans ses premières perceptions avec sa conscience, avec sa faculté de savoir et avec son activité libre, qui sont inséparables de lui. Il commence à connaître dès qu'il commence à percevoir ; et il doit tout savoir distinctement par ses propres efforts, en vertu de son intelligence employée par son activité libre.

La sensibilité vitale concourt avec ses modifications, les sensations, dont se servira l'esprit, et de plus, avec tous les instincts animaux, dont il aura infailliblement connaissance par les sensations qu'il en recevra.

Les objets, parmi lesquels son corps est le premier, lui sont donnés dans l'espace; le temps dans la durée de sa conscience et de ses propres actes, en rapport à la succession des phénomènes; la cause dans ses déterminations libres, et dans le mouvement des objets.

Peu à peu, en vertu de sa faculté d'abstraire et d'induire, et de sa propre activité, il distingue ce qui est contingent et phénoménal de ce qui est nécessaire et réel, et s'élève à la connaissance de l'être et de la cause éternelle, de l'espace et du temps infinis. Il reconnaît par lui-même que rien ne pouvant exister sans ces conditions absolues d'existence, ces causes extérieures existaient avant lui, et existeront éternellement, et alors, convaincu que ne pouvant lui-même exister et savoir aucune chose sans qu'un être, une cause éternelle lui ait donné l'existence et les moyens de connaître, il lui semble que toutes ces vérités nécessaires de la raison souveraine et absolue lui ont été données par elle *à priori*, ou qu'elles étaient éteintes en lui pour qu'il pût les trouver ensuite par son propre effort.

Sans doute l'esprit possédait et possède le pouvoir de trouver les vérités nécessaires, et de les distinguer des choses contingentes avec lesquelles elles lui avaient été données dès le commencement. D'autres néanmoins remarquant que c'est seulement par la réflexion et l'abstraction que ces notions deviennent claires, pensent que nous les acquérons aussi par l'expérience. Mais la réflexion et l'abstraction ne donnent pas ce qui est absolu, ce qui est la condition nécessaire de l'expérience. Séparer le diamant de la terre, le tailler, ce n'est pas le produire.

La perception est un rapport entre deux sujets distincts et indépendants, qui s'affirment réciproquement ; c'est un jugement primitif et complexe, qui contient beaucoup d'autres jugements, dont les termes, le sujet qui perçoit et l'objet perçu, s'affirment de nouveau dans chaque élément distinct qui entre dans le sujet et dans l'objet.

La perception est en même temps un jugement, une croyance, une affirmation, et une certitude de l'existence du sujet qui perçoit et du sujet perçu, qui est l'objet en rapport à celui-là. Le lien de ce rapport est la sensation, verbe naturel qui lie l'esprit au corps, et qui étant une modification de la sensibilité vitale, affecte immédiatement l'esprit, et l'oblige à percevoir le corps où elle s'objective : et l'âme réveillée, consciente d'elle-même, appelée à

CHAPITRE DOUZIÈME.

l'extérieur par ces sensations auxquelles elle est attentive, commence à percevoir distinctement tous les objets et tout ce qui se présente à elle avec eux ; et elle ne doute pas de l'existence de ces objets, parce qu'elle ne peut douter de sa propre existence, ni des sensations qui lui sont présentes, signalant les objets auxquels ces sensations se rapportent, puisqu'il n'est pas en son pouvoir de les éviter quand les objets se présentent avec ces sensations, ou de les reproduire quand les sensations disparaissent avec eux.

Mais pourquoi l'esprit ne doute-t-il pas qu'il perçoit quelque chose de réel hors de lui-même? Parce que la sensation lui est justement donnée comme un objet même, ou comme une modification de l'objet qui se présente avec elle, et non comme une simple affection qui lui appartienne.

Si l'esprit dit, « je souffre », il dit aussi, « je mange »; parce que l'esprit présent dans le corps animal souffre pour lui, et se voit forcé de reconnaître ses appétits, de se réjouir des biens qu'il éprouve et de souffrir des maux qu'il ressent. Mais l'esprit sait par sa vertu propre que tout cela vient de son corps animal. Il n'a jamais cru que le son, la couleur, la dureté et l'odeur fussent des affections à lui particulières, des phénomènes de sa conscience, mais des choses qui lui sont présentes par les sens dont il se sert.

Parce que l'esprit perçoit immédiatement la sensation, s'ensuit-il qu'elle soit une modification de lui-même? L'esprit a-t-il, par hasard, conscience de la dureté, de la couleur, du son, ou de l'odeur? Il a seulement conscience qu'il perçoit la couleur dans tel objet, la dureté dans tel autre, et ainsi de toutes les sensations.

Le doute philosophique à l'égard de la réalité de la cause extérieure est purement logique, c'est la conséquence de cette erreur générale convertie en vérité, que les sensations sont des phénomènes de conscience.

Aussitôt que l'esprit reconnaît qu'il est en présence d'une sensation qui lui est étrangère, qu'il reçoit involontairement, à laquelle il est attentif si elle lui plaît, qu'il veut en vain éviter si elle lui est désagréable, il la perçoit comme une chose indépendante et hors de lui, et la considère comme qualité de quelque objet, comme l'effet de quelque cause extérieure.

L'esprit n'a besoin que de l'intelligence et de sa libre activité pour savoir immédiatement que ce qui n'est pas lui, ni de lui, est une chose différente et hors de lui. La faculté de savoir dont il est doué n'a pas besoin d'instincts; tous les instincts de l'homme sont des instincts de son corps animal, instincts dont l'âme a connaissance, et qu'elle accepte involontairement si elle ne peut les combattre.

Savoir et agir par soi-même, voilà tout ce qui appartient à l'esprit. Il commence à percevoir par l'intermédiaire des sens, pour s'élever ensuite sans eux à la connaissance véritable des choses réelles.

De là la nécessité des sensations, modifications de la sensibilité vitale qui le lie au corps, et signes apparents des choses dans lesquelles elles s'objectivent.

Lorsqu'il perçoit ces objets variés qui se succèdent, l'esprit perçoit également leurs ressemblances et leurs rapports, leurs formes et leur nombre, le général et le spécial; il remarque ce qui se présente à lui, ce qui lui est donné par le fait, par la vérité des choses.

L'esprit ne pouvant manquer d'observer par son intelligence ce qu'il y a de commun et de général dans les objets perçus, ne peut pas non plus manquer de distinguer ce qu'il y a en eux de nécessaire et de contingent : l'espace dans lequel ils se montrent et se meuvent, le temps de leur durée, la cause qui les produit, l'être qui les fait exister tantôt d'une manière, tantôt d'une autre, et qui demeure au milieu de tant de changements, de tant d'apparences.

Toutes ces conditions nécessaires concourent dans la perception avec les conditions contingentes, et se confondent au commencement avec l'objet même perçu; mais l'esprit, en réfléchissant sur elles par la force de son intelligence et de son activité, reconnaît, dès le premier moment qu'il les distingue, qu'elles sont nécessaires à l'existence de tout ce qu'il perçoit, et par conséquent qu'elles ne sont pas les attributs des objets, mais qu'elles sont indépendantes, réelles et absolues, et la raison même des choses perçues.

Au commencement, la cause de la sensation lui paraissait être l'objet même, comme ces sensations lui semblaient des qualités propres de ces choses. Mais dès que l'esprit sait, par sa conscience, par ses propres actes volontaires, ce que c'est qu'agir par soi-même avec connaissance de ce qu'il fait, et ce que c'est que souffrir sans connaissance de cause, et sans que l'objet qui le fait souffrir, ou se modifie, sache l'effet qu'il produit involontairement, il reconnaît que la véritable cause doit être libre, et avoir en soi la raison de ce qu'elle produit; et ne trouvant pas pleine liberté et raison absolue en soi-même, et moins encore en aucune chose finie, ces intuitions de cause, de liberté et de raison absolue l'élèvent à l'Être éternel, auteur de tout, omniscient, raison éternelle; et Dieu se présente à lui tel qu'il est, non comme un objet fini de perception sensible, mais comme un être réel de raison absolue, qui réunit en soi toutes les perfections.

L'esprit sait qu'il y a un Dieu, et cette connaissance est pour lui bien au-dessus de la perception qu'il en aurait par l'intermédiaire des sens; s'il le percevait aussi grand que l'espace sensible, il ne le croirait pas Dieu, et voudrait savoir ce qu'est Dieu; mais sachant qu'il est infini, éternel, parfait en tout, il n'a pas besoin de le percevoir.

Tous les hommes perçoivent les corps de la nature, mais tous les savants veulent connaître ce que c'est que la substance des corps; tous perçoivent le soleil, et aucun astronome n'estime moins certaine la science qu'il a de cet astre par ses calculs que celle qui lui est donnée par la perception sensible; au contraire, tous jugent que la vision est apparente, et que la science est réelle, parce qu'il en est ainsi. Dieu est réel, précisément parce que personne ne le perçoit. Moïse à peine entendit sa voix, parce que la conscience parle et s'entend; et l'esprit en extase peut entendre dans sa conscience la voix de la vérité qui l'éclaire, quand il l'invoque en vue du bien.

Le caractère nécessaire et absolu des notions qui nous sont données par la raison a été reconnu et décrit par les plus éminents philosophes de tous les temps; mais, par une fâcheuse erreur, comme il était arrivé pour les sensations, quelques-uns considérèrent la raison qui nous donne ces vérités comme une faculté personnelle de l'esprit, comme un degré supérieur de l'intelligence humaine discursive, ou comme des lois instinctives qui l'obligent à penser et à croire. La raison considérée ainsi comme une faculté subjective de l'esprit humain, l'objet dont elle s'occupe pourrait être purement idéal, un produit nécessaire de ses propres lois, comme le suppose Kant, sans objet extérieur; ou des idées innées avec lui, selon l'explication de Leibnitz; et cette faculté humaine, ne possédant pas la connaissance objective de la vérité absolue, serait une faculté entièrement inutile; puisque nous n'avons besoin que d'une seule faculté de savoir pour l'explication de toutes les connaissances que nous possédons, faculté qui acquiert par la perception les intuitions de toutes les choses réelles et absolues qui lui sont présentées par la réalité, la raison même des choses, qui montre ces réalités telles que nous pouvons les percevoir; de même qu'elle nous montre la multiplicité des phénomènes par les sensations, de manière qu'il nous soit facile de distinguer sans peine les choses finies et contingentes, ayant égard aux besoins de l'homme complexe, âme et corps.

Je comprends que l'on puisse appeler raison humaine la faculté qui reçoit les notions de la vérité nécessaire; mais cette faculté ne pouvant être que la même qui raisonne sur ces vérités, les compare et en déduit d'autres vérités, il faudra en conclure que cette raison humaine est la faculté même de savoir, qui prendra divers noms selon ses divers modes d'opérer. Tantôt elle est perception, quand, concourant avec la sensation, elle saisit l'objet avec toutes ses conditions apparentes et nécessaires; tantôt elle est abstraction, quand elle considère séparément ce qui lui a été présent en entier; tantôt elle est induction, tantôt déduction, et elle peut être appelée raison, quand elle médite sur ce qui est réel et absolu, laissant de côté tout ce qui est phénoménal et relatif. Mais cette raison humaine n'étant pas la raison des choses nécessaires ni des choses contingentes, mais simplement la science des choses nécessaires et contingentes, le nom de raison ne lui appartient en aucune manière, et les vérités pures, appelées vérités de raison éternelle, sont les réalités nécessaires qui lui ont été données confusément par la perception, et que l'entendement humain distingue et sépare des éléments contingents et phénoménaux qui les accompagnent.

Qu'on ne suppose pas que nous convertissons ainsi les vérités nécessaires en vérités générales abstraites et collectives, sans réalité objective, formées par l'esprit pour expliquer les choses à sa manière. Le chimiste qui décompose l'air ne convertit pas en idées abstraites, sans réalité, l'oxygène, l'azote et le carbone, parce qu'il les étudie séparément; seulement il détruit l'ensemble, dont la réalité dépendait de ces trois éléments réels qui le constituent, et sans lesquels l'air n'existerait pas.

Il y a pour l'esprit deux espèces d'abstraction : l'une, des choses purement phénoménales et relatives, au moyen de laquelle nous formons les idées générales collectives, qui ne correspondent à aucune réalité dans la nature, en dehors des objets particuliers dont nous les tirons, comme l'idée générale d'arbre ou d'animal.

La seconde espèce d'abstraction consiste simplement à considérer séparément les éléments nécessaires qui concourent dans la perception externe, et qui sont pour nous des vérités absolues et universelles, et ne sont point formées par une collection d'attributs relatifs.

Si par la pensée nous supprimions toutes les choses qui se succèdent dans l'espace et dans le temps, nous ne pourrions par aucune abstraction supprimer l'espace, le temps, l'être et la cause; et si nous concevions que toutes ces choses nécessaires et absolues se réduisissent à rien, la raison nous obligerait encore à donner des attributs à ce rien et à le convertir en être, en disant que ce rien était éternel, infini, substance et cause de toutes les choses. Nous changerions le nom des choses réelles, absolues, nous les appellerions rien, et ces choses, sans disparaître un seul instant de notre entendement, nous obligeraient à les reconnaître et à affirmer leur existence. Supposons même que nous cessions d'exister, que tout, absolument tout, s'anéantisse, alors même il nous semble que la raison éternelle continuera à concevoir toutes les choses. La pensée du néant est absurde, l'esprit immortel ne la conçoit pas; ce qui appartient à la raison absolue demeure, et avec elle l'esprit qui le contemple, et il n'est aucune abstraction qui puisse le détruire.

Quand je dis que la raison m'oblige à percevoir les corps dans l'espace, durant dans le temps, et produits par une cause substantielle et nécessaire, je n'entends pas que c'est seulement ma faculté de savoir, ma propre intelligence qui ne peut comprendre autrement les choses, parce qu'elle est assujettie à certaines lois, ou qu'elle a des idées innées de ces choses; j'entends que la raison qui m'y oblige, c'est la réalité même des choses nécessaires qui existent hors de moi, et sont distinctes de ma faculté de savoir : c'est la réalité des choses de perception et de raison qui oblige l'esprit à les concevoir comme il peut, et non les lois de l'entendement qui obligent l'esprit à les penser.

Si nous supposons des lois nécessaires auxquelles soit soumis l'entendement humain, nous serons obligés de supposer aussi un être nécessaire qui lui impose ces lois, et les choses nécessaires objets de ces lois; et dans ce cas l'esprit humain devrait instinctivement se diriger vers ces objets, sans se tromper dans les moyens de les concevoir. D'où viendraient alors les erreurs de l'esprit humain? d'où viendrait le désaccord entre Platon et Aristote, Descartes et Condillac, Leibnitz et Hume?

Comment supposer une loi, un principe instinctif de l'entendement qui ne le guide pas directement vers son objet, qui le laisse vaciller, cherchant tantôt en soi-même, tantôt en Dieu, tantôt dans les choses, tantôt dans les rapports des choses, soit comme attributs, soit comme réalités? Ce serait supposer un animal guidé naturellement par l'instinct de la soif à avaler une pierre ou un fruit, au lieu d'eau. D'un autre côté, si ces lois *à priori* existent dans l'esprit humain, comme des règles ou des instincts de son entendement, sans une réalité objective, qui s'est ainsi raillé de l'esprit humain? Si ces choses nécessaires existent réellement, si l'esprit humain ne peut sans elles percevoir aucune chose, penser aucune chose, il doit nécessairement, percevant tout ce qui se présente à lui, percevoir avec toutes les conditions nécessaires, autrement il ne percevrait rien; et s'il perçoit avec toutes les conditions contingentes et nécessaires, il peut méditer sur chacun de ces éléments séparément, et avoir des intuitions distinctes de toutes les choses nécessaires. Pour cela, il n'a besoin d'aucun principe instinctif; ses uniques lois sont les lois mêmes des choses qu'il perçoit et connaît.

Si tous les hommes disent qu'il n'y a pas d'événement sans cause, c'est parce que dès le commencement tous perçoivent les choses dans la dépendance les unes des autres, les unes disparaissant si les autres disparaissent; et pour tous, la cause, au commencement, c'est le fait antérieur qui occasionne le second fait. Mais l'esprit qui médite, qui se connaît comme cause libre et consciente de ses propres déterminations, et qui d'occasion en occasion cherche la véritable, l'unique cause de tout, a de cette cause unique une intuition bien différente de celle qu'en a l'ignorant, qui bien souvent dit que telle chose est arrivée par hasard, et sans cause aucune.

L'intuition de la substance nous est donnée dans l'objet même perçu; et au commencement il n'y a pour l'homme d'autre substance que l'objet même qu'il voit ou qu'il touche, de même que pour le vulgaire l'espace est le ciel azuré qu'il perçoit; mais combien ces intuitions sont différentes pour le savant, qui ne trouve pas dans les choses perçues les objets réels qu'il cherche, et les contemple en Dieu même, raison éternelle de toutes les choses!

La gloire de l'esprit humain consiste à connaître par ses propres efforts les lois qui règlent les rapports des choses finies, et à les distinguer de ce qui est réel et infini, qu'il sait exister en une seule réalité unique, indivisible et éternelle, à laquelle il s'élève, en partant de la perception des choses sensibles, qu'il démasquera, pour ainsi dire, pour les contempler telles qu'elles sont : ce qu'il n'obtient que par l'application volontaire de sa faculté de savoir.

On dira sans doute que nous ignorons ce qu'est Dieu en lui-même, ce que c'est que l'être, la cause, la vérité, le beau, le juste, le temps et l'espace.

Je réponds : Si savoir une chose telle qu'elle est consiste à la voir avec les yeux, ou à la représenter d'une manière quelconque, alors nous ne savons absolument rien, pas même par les yeux ; parce que la vue ne nous donne pas le son, l'odeur, la dureté et toutes les autres sensations, et ne nous fait pas non plus connaître le phénomène matériel qui occasionne la couleur, ni le sujet de ce phénomène. Savoir, ce n'est pas voir, ni toucher ; voir, toucher, c'est percevoir les choses telles qu'elles se présentent. Savoir, c'est distinguer toutes les conditions, tous les éléments intuitifs qui entrent dans la perception, les rapports et les lois des objets entre eux ; c'est connaître et affirmer toutes ces choses, sans les représenter par aucune sensation.

Personne n'a perception ou sensation de la rapidité du mouvement électrique, ni des orbites décrites par les astres, ni des lois de l'attraction ; et cependant nous connaissons tous ces phénomènes et bien d'autres encore; nous ne les nions pas, au contraire nous les affirmons comme des choses positives, par la simple conception de l'esprit, et par les inductions que nous en tirons.

Nous percevons les choses par l'intermédiaire de tous les sens, et dans chacun d'eux les sensations éprouvent des changements, ainsi que tout ce qui est contingent et phénoménal; et il ne reste pour l'esprit que ce qui est réel, pur objet d'intuition. La nature ne nous présente pas ces objets purs séparément, mais réunis, parce que réunis ils existent tous en même temps; c'est l'esprit qui les distingue. Mais parce que l'esprit ne peut avoir les objets purs de ses intuitions, s'ensuit-il qu'il ignore absolument la nature de ces choses? Je ne le crois pas; car l'objet complexe que je perçois n'est réel pour moi que par la connaissance des conditions nécessaires et réelles de son existence; et si je distingue tous ces éléments nécessaires, et que je sache qu'ils ne sont pas les choses perçues et qu'ils n'en dépendent pas, je connais par conséquent quelque chose de réel au delà de la perception.

Si l'esprit humain conçoit la possibilité d'une science des choses telles qu'elles sont dans leur réalité absolue, non pas connues de dehors, comme il les connaît actuellement, mais au dedans même de l'essence des choses, il conçoit par conséquent l'omniscience divine, la raison absolue, la sagesse de l'Éternel. Et cette conception l'élève à Dieu même, et lui confirme son existence mieux encore

CHAPITRE DOUZIÈME.

que s'il l'eût vu. Qu'importe que l'esprit humain ne possède pas l'omniscience divine, s'il peut la concevoir, l'admirer et presque la pénétrer en soi-même, ou hors de soi, en contemplant les innombrables merveilles de cet immense univers? Et s'il pouvait, parcourant cet univers d'astre en astre, l'admirer dans toutes ses parties, que de spectacles nouveaux et prodigieux s'offriraient à ses yeux, avant qu'il pût arriver à tout comprendre! Et qui nous dit que tous ces mondes incommensurables qui parcourent l'immensité de l'espace, toutes ces scènes qui ravissent l'esprit dans une méditation vertigineuse lorsqu'il contemple le sublime de la nature, resteront là perdus, sans que jamais aucun esprit les admire? qui nous dit que nous-mêmes, délivrés du corps matériel qui enchaîne notre esprit, nous ne les admirerons pas un jour?

L'esprit humain peut, s'il veut, se contenter de ce qu'il sait, et ne pas entrer dans le royaume obscur de la métaphysique; il peut s'arrêter devant les infinies proportions extérieures de cette immense création, sans chercher à pénétrer dans l'intérieur; mais ce n'est pas pour se contenter d'une connaissance si imparfaite qu'il possède la faculté de savoir et la libre volonté. De même qu'il ne lui suffit pas de voir et d'entendre, et qu'il veut savoir comment il voit et entend, de même il veut savoir aussi ce qu'il est lui-même, comment il existe, d'où il est venu, et où il ira; et comme le monde extérieur ne répond pas à ces questions, il se tourne sur lui-même, et veut par tous les moyens trouver ce qu'il cherche, et forcer la Providence à le lui révéler. Tantôt il espère y parvenir par ses propres efforts et avec le secours de la science, tantôt il aspire à une révélation divine. S'il y avait quelque chose de véritablement répréhensible pour l'esprit humain, ce serait l'indifférence, ce serait de renoncer à ces recherches; il n'y a pas de conseils de prudence qui l'arrêtent, car il y aurait de l'imprudence à les accepter.

CHAPITRE TREIZIÈME.

Comment l'esprit peut se connaître, et se distinguer de ce qui n'est pas lui. — Comparaison entre les facultés de l'âme et les opérations de la vie; entre leurs œuvres, et celles des instincts. — Ce que c'est que la matière; ce que c'est que l'esprit; ce qu'est Dieu. — La pensée durant le sommeil. — Explication naturelle de l'oubli et des prévisions de l'esprit. — Explication du rêve et de la lucidité des somnambules. — Conclusion morale.

Ce n'est pas en fixant ses regards sur le monde extérieur, et avec tous ses sens ouverts et attentifs aux phénomènes sensibles, que l'esprit humain pourra connaître sa propre nature, ses attributs et sa destinée; c'est en se recueillant dans le sanctuaire de sa conscience, en réfléchissant sur ses propres facultés, en examinant les faits attestés par leurs actes, qu'il pourra pénétrer dans ce monde spirituel de la métaphysique dont il est un des habitants qui voyage dans ce bas monde, oubliant quelquefois sa patrie native, oubliant d'où il est venu, quel est le sort qui l'attend, et considérant ce pèlerinage à travers des terres étrangères comme l'unique but de son existence.

Pour que l'esprit puisse se connaître, il faut que par la comparaison il se distingue de tout ce qui n'est pas lui, ni de lui. Le fondement de toutes les sciences consiste à bien établir la différence qui existe entre les choses; et les choses dont l'esprit doit se distinguer sont celles qu'il perçoit et qu'il connaît.

Notre âme n'a pas besoin pour cet examen d'aller chercher des objets hors de son corps, qui, étant matière organisée par une force supérieure, réunit en soi toutes les conditions de la vie et toutes les conditions de la matière, toutes les opérations intérieures et organiques de la vie, tous ses actes sensibles et instinctifs, ainsi que toutes les propriétés primaires et secondaires attribuées à la matière : cause étrangère, sujet occulte, mouvements involontaires et harmoniques, étendue, forme, nombre, succession, durée, tout cela l'âme le trouve réuni dans son corps. Se distinguer de lui, c'est se distinguer de tout; c'est donc de lui, de son propre corps, qui n'est pas lui, que l'esprit doit s'efforcer de se distinguer, pour connaître sa propre nature, son origine et sa destinée.

Commençons cette analyse par ce qui le touche de plus près, par ce qui lui sert de signe pour percevoir son corps, et tous les objets complexes de ses perceptions.

Si l'esprit compare les diverses modifications de la sensibilité avec les objets des intuitions de sa faculté de percevoir, quelle analogie peut-il trouver entre le son, la forme, l'odeur, la dureté, le mouvement, le froid, la chaleur et la douleur, et les notions de substance, de cause, d'unité, d'identité, de temps, d'espace, de beau, de juste, de vérité et de liberté ? D'un côté tout est phénoménal, contingent, relatif; de l'autre tout est réel, nécessaire, absolu.

Si nous comparons les actes de l'esprit avec les opérations organiques de la vie, qui toutes se réduisent à former un corps d'un autre corps, depuis le germe qui lui donne la vie jusqu'à sa mort ou décomposition, quel rapport pourrons-nous trouver entre l'action d'absorber, de respirer, digérer, nourrir, sécréter et excréter, et celle de percevoir, comparer, juger, abstraire, généraliser, induire, raisonner, se ressouvenir, imaginer, inventer, poétiser, vouloir librement, en ayant toujours conscience de tout?

Si nous confrontons les œuvres, les créations de l'esprit humain qui se connaît, avec les meilleures productions de la vie instinctive qui s'ignore, quels sont les produits merveilleux des instincts de tous les animaux qui peuvent être mis en comparaison avec la philosophie, les mathématiques, l'astronomie, la physique, la chimie, la géologie, la mécanique, la médecine, la poésie, la musique, et tant d'autres sciences qui passent de génération en génération, en se perfectionnant sans cesse? Quel rapport peut-il y avoir entre les œuvres de tous les instincts animaux et ces deux mille langues que parle l'homme, ces mille poëmes qu'il chante, ces mille histoires qu'il écrit, ces mille théories qu'il invente, ces mille fables qu'il imagine, tant de religions, tant de législations, tant d'usages et de coutumes diverses pour une seule espèce? Et ses œuvres matérielles, telles que Saint-Pierre de Rome, la cathédrale de Milan, et ces innombrables monuments antiques et modernes d'architecture variée, de sculpture et de peinture; ces galeries, ces temples, ces palais, ces musées somptueux enrichis des produits merveilleux de son industrie et de ses arts; ces innombrables cités et jardins, si différents les uns des autres, qui couvrent la vaste superficie de la terre; ces ponts magnifiques qui traversent les rivières et les abîmes; ces milliers de navires qui sillonnent l'Océan dans toutes les directions, bravant les ondes et les vents; le bronze, l'or, l'argent, le fer, le marbre, le porphyre, prenant sous ses mains toutes sortes de formes; le télescope qui dévoile les régions célestes; la gravure et la typographie qui multiplient et répandent avec profusion les œuvres de son esprit; la photographie, cette invention merveilleuse au moyen de laquelle le soleil reproduit et fixe sur une plaque de métal l'image des objets matériels; le feu, la vapeur domptés et faisant mouvoir ces machines immenses et sans nombre appliquées à l'industrie; l'électricité, qui avec une si grande rapidité lui sert à communiquer ses pensées, au moyen d'un fil, au travers des airs, de la terre et même par-dessous les eaux! Mais quand pourrais-je achever d'énumérer les œuvres de l'esprit humain, de cette puissance invisible, de ce demi-dieu caché comme son Dieu lui-même, si malheureux cependant par les souffrances de son corps terrestre, véritable Prométhée attaché au Caucase !

Si non content d'avoir trouvé tant de différence entre ses facultés, leurs objets et leurs productions, et les propriétés, les modifications et les œuvres instinctives des animaux; si non content d'avoir vu l'inégalité, la disproportion immense qu'il y a entre elles, l'abîme qui les sépare, l'esprit humain veut en outre connaître la différence qu'il y a entre sa propre substance spirituelle et la matière de son corps et de tous les corps de la nature, il ne pourra manquer de voir que cette substance des corps, qu'on appelle matière, sans les qualités supposées qui lui sont faussement et en apparence attribuées par les sensations, et qu'elle ne possède pas physiquement, se réduit tout au plus à une chose qui se meut dans l'espace de mille manières différentes, en vertu de lois nécessaires et qui ne dépendent pas d'elle; se séparant et se multipliant par ces mouvements divers, et affectant de cette manière des formes et des figures qui résultent de la limite ou de l'orbite de ses mouvements partiels involontaires.

L'esprit sait qu'il n'y a pas la moindre analogie entre ces mouvements divers de la matière divisible, et les sensations différentes qu'ils occasionnent par un concert naturel, qui n'a pas été établi par les parties qui y concourent. Il sait, comme nous l'avons démontré, qu'autre chose est le mouvement d'expansion et de combinaison de certaines molécules de la matière qui se transforment, mouvement auquel on donne le nom de combustion; et autre chose est la chaleur, le bien et le mal qu'il éprouve dans son corps par ce mouvement, la couleur avec laquelle il le voit, et le son qu'il éveille.

Pour connaître la substance matérielle telle qu'elle est, abstenons-nous de lui attribuer des phénomènes qui ne lui appartiennent pas, des qualités qu'elle ne possède pas. Dépouillé de toutes les apparences sensibles, qu'est-il, ce fantôme? Une chose qui se meut; semblable à un troupeau d'atomes qui, cheminant au loin enveloppé de poussière, paraît être un corps compacte, et vu de près n'a ni unité ni réalité, excepté l'unité et la réalité supposées de chacun des individus infiniment petits qui se meuvent à côté l'un de l'autre; un assemblage de points, ou de molécules, qui tantôt s'approchent, tantôt se repoussent, et jamais ne s'unissent, n'est pas un sujet, n'est pas une substance; ce sera tout au plus une infinité de phénomènes distincts et impénétrables, incapables de former un tout. La contiguïté et l'étendue de cet assemblage sont apparentes, comme celle de l'éponge qui peut augmenter et diminuer, comme l'épaisseur de la corde qui, vibrée, semble se grossir.

Que seront ces molécules qui, séparées, ne sont qu'un gaz, une vapeur, un nuage, et, réunies, affectent une forme et semblent un solide? Chacune d'elles aura-t-elle une étendue propre, non susceptible d'augmentation ou de diminution? Dans ce cas, la matière ne sera pas divisible à l'infini, il y aura un nombre certain et indéfini d'atomes, et l'ensemble de tous ces atomes ne sera pas un infini d'étendue ni de nombre; et pour que ces molécules se meuvent, se disjoignent et montrent des formes et une étendue qu'elles n'ont pas, elles ont besoin d'un espace vide infiniment plus grand que la somme totale de l'étendue de toutes les molécules. Mais si ces atomes sont infiniment petits, s'ils sont de véritables points mathématiques, comment pourront-ils avoir une étendue réelle, une forme, et être impénétrables? Par quel côté pourront-ils être attirés et s'agréger? S'ils n'ont aucune étendue, pourquoi dirons-nous qu'ils en ont une, et que cette étendue est la propriété essentielle de la matière? Et que sera la matière, cette collection d'atomes sans unité? Pourquoi dirons-nous qu'elle est une substance?

On dit que la matière est impénétrable à la matière, comme une partie de l'espace est impénétrable à une autre partie de l'espace; mais que l'étendue de la matière se laisse pénétrer de l'étendue de l'espace, de la même manière que l'étendue de l'espace se laisse pénétrer de l'étendue de la matière. Jusqu'ici, il y a beaucoup d'analogie entre les deux objets. En quoi donc se distinguent-ils, pour que nous les prenions pour deux choses différentes, et non pour une seule chose sous deux aspects différents?

C'est que l'étendue de l'espace pur se présente à notre intelligence comme continue, indivisible, immobile, infinie et nécessaire ; et l'étendue de la matière comme contiguë, divisible, mobile, finie et contingente : la première peut être conçue sans la seconde, mais la seconde ne peut être perçue ou conçue sans la première. L'étendue infinie, ou l'espace, n'est donc pas une propriété concrète ou abstraite de la matière, comme quelques-uns l'ont pensé, de sorte que la matière étant annihilée, l'espace s'annihile également.

L'étendue matérielle finie serait-elle en effet une propriété essentielle des atomes, distincte de l'étendue infinie de l'espace qu'ils paraissent occuper ?

Si la matière atomique a une étendue propre, distincte de l'espace, et si par cette qualité elle ne peut exister hors de l'espace, parce que hors de l'espace il n'y a point de lieu pour ce qui est étendu ; comment cette matière, avec son étendue propre, pourra-t-elle occuper un lieu dans l'étendue de l'espace, l'étendue étant impénétrable à l'étendue ?

Mais, dira-t-on, l'espace est une étendue vide, qui peut être et est occupée par la matière ; les deux étendues ne se repoussent pas, ne se contredisent pas.

Bien ; mais une raison semble s'opposer à cette conclusion : c'est que l'espace, bien que vide, n'est pas un vide d'espace et d'étendue, c'est-à-dire l'absence complète de toutes les dimensions, le néant absolu ; parce qu'il serait absurde de dire que le néant est étendu, infini, impénétrable au néant, et faire de ce néant fractionné une qualité essentielle de la matière. L'espace n'étant donc pas un vide de l'étendue, et l'étendue de l'espace étant impénétrable à une autre étendue de l'espace, sans quoi tous les points de l'espace pourraient exister en un seul point, comment une étendue d'espace donnée peut-elle être pénétrée par quelque autre étendue également impénétrable ?

La matière est jugée impénétrable parce qu'elle est étendue, et étendue parce qu'elle est impénétrable ; nous avons la même idée de l'espace ; les deux choses se repoussent, et ne peuvent coexister réunies ; et pour que la matière puisse exister dans l'espace, il faut, ou qu'elle n'ait pas d'étendue, et dans ce cas, que sera la matière que nous affirmons être étendue ? ou que son étendue soit la même que celle de l'espace qu'elle paraît occuper, et dans ce cas, la matière est un pur phénomène de l'espace ; ou qu'il n'y ait pas d'espace, et dans ce cas, où est la matière ? comment peut-elle se dilater et se mouvoir ?

La matière est une chose véritablement incompréhensible ; elle n'est ni substance ni cause. Cause finie qui ne se possède pas, qui ne sait si elle existe ni ce qu'elle produit, c'est un effet et non pas une cause ; de même une substance finie, multiple, divisible et inerte, n'est pas une substance, mais un phénomène ; et telle me paraît la matière.

Leibnitz disait : « Je n'attribue au corps qu'une

image de la substance et de l'action, parce que ce qui est composé de parties ne saurait passer, à proprement parler, pour une substance, non plus qu'un troupeau [1]. »

Cependant ce fantôme, ce phénomène révèle une cause et une substance qui n'existent pas dans le phénomène même; de même que dans cette apparence n'existent pas réellement les qualités que nous lui attribuons par les sensations.

Si nous comparons maintenant ce phénomène qui n'a pas connaissance de soi-même, cet effet apparent d'une cause, d'un être qui n'est pas dans le phénomène, avec l'esprit qui réellement existe, pense et se détermine avec conscience de son existence, et dont les actes, penser et vouloir, existent en lui-même, quelle analogie trouverons-nous entre eux ?

Tous les philosophes disent que nous ne savons pas ce que c'est que la substance indépendamment de ses attributs. S'ils veulent parler de la substance matérielle supposée, finie et divisible à l'infini, il est certain qu'elle nous échappera, que nous ne pourrons savoir ce qu'elle est, puisqu'elle n'existe pas substantiellement. C'est une apparence de la cause qui la produit et de l'esprit qui la perçoit: ainsi, quand nous sommes devant un miroir, nous nous voyons dans ce miroir avec mille autres objets qui n'existent pas en lui, mais qui sont derrière nous, comme nous sommes nous-mêmes hors du miroir, et dont les images résultent de notre

[1] Leibnitz, *Nouveaux Essais,* liv. II, chap. XXI, § 72.

manière de voir par le moyen des sensations et de certains phénomènes extérieurs que nous appelons matériels, ou physiques, bien différents de ces sensations. Si, comme les enfants, nous prenons ces images pour des réalités, nous tombons dans une illusion enfantine; et si nous savons que ce sont des apparences, nous ne devons pas chercher en elles le sujet, et la cause externe qui les produit.

L'esprit est-il par hasard dans le même cas ? Pourrons-nous dire que nous ne savons pas ce que c'est que la substance spirituelle ?

Si l'on prétend que nous ne percevons pas, que nous ne voyons pas, que nous ne touchons pas la substance de notre esprit, il est évident que cela nous est impossible; car la substance spirituelle n'étant pas un phénomène sensible, elle ne peut d'aucune façon se présenter avec une apparence matérielle, ni s'attribuer des qualités sensibles qui ne lui appartiennent pas, pour satisfaire ainsi la curiosité de ceux qui veulent la connaître d'une manière différente de ce qu'elle est.

La substance est ce qui se connaît existant, sachant, pouvant, et demeurant identique, inaltérable, sans avoir d'autre mode d'être que ceux-ci. Tel est l'esprit humain. Savoir et pouvoir ne sont pas deux modes d'être différents, deux facultés distinctes dans leur essence : savoir, c'est déjà en soi pouvoir savoir; et pouvoir, c'est véritablement savoir que l'on peut. Savoir est pouvoir, comme pouvoir est savoir. Hors de l'être, par rapport aux faits, savoir est intelligence, et pouvoir est volonté libre.

Le savoir et le pouvoir sont inséparables de l'être, sont l'être même, parce que l'être, la substance, est une force qui sait et peut. L'être qui ne peut rien est un être inutile, qui n'a pas de raison d'être, et qui n'existe pas; c'est une pure abstraction de notre esprit, semblable à la matière inerte des corps.

Quant à l'Être divin, si nous ne savons rien et si nous ne percevons rien sans concevoir en même temps une cause, un être réel et nécessaire, nous savons évidemment qu'il est; qu'il sait tout, parce qu'il peut tout, et peut tout parce qu'il sait tout; qu'il est par conséquent la raison éternelle, absolue, de toutes choses; que son éternité est le temps, condition pour nous de toute succession; et que son infinité créatrice est l'espace, condition pour nous de toutes les manifestations. Or, Celui qui est omnipotent et omniscient ne peut trouver d'obstacle en aucune chose, est par conséquent infiniment libre, infiniment bon, infiniment vrai, infiniment beau, infiniment parfait. Si nous savons que Dieu possède ces attributs, nous savons qu'il est, et comment il est.

Si nous ne pouvons savoir ce que c'est que l'être spirituel et l'être divin privés de leur mode d'être, de leur pouvoir essentiel, c'est parce que l'être sans son mode d'être est quelque chose d'absurde sans existence; et l'absurde est incompréhensible; et si nous voulons le connaître avec d'autres attributs qui ne lui appartiennent pas, comme, par exemple, le voir avec une étendue donnée et une figure, nous voulons un autre absurde, puisque nous voulons connaître la substance sans aucun attribut, et en même temps avec des attributs qui ne sont pas les siens. C'est comme si nous voulions connaître une odeur par le son, l'odeur restant son, sans cesser d'être odeur.

Une objection se présente encore à notre esprit, et nous ne pouvons la passer sous silence. Si le mode d'être est permanent avec l'être; si le savoir et le pouvoir sont inséparables de l'esprit humain, comment le sommeil est-il possible? comment l'esprit s'ignore-t-il dans cet état? comment n'a-t-il pas conscience de son existence?

Premièrement, ce n'est pas l'esprit qui dort, mais son corps animal, comme dorment tous les animaux, même ceux à qui personne ne s'est avisé de concéder le moindre degré d'intelligence. Dans cet état du corps, l'esprit cesse de percevoir, parce que nulle sensation ne se présente à lui, et que les sensations ne sont pas des modifications de l'esprit; et comme il cesse de percevoir, ses pensées doivent être très-vagues et très-fugitives. Mais quand nous nous couchons avec l'intention de dormir une heure ou deux, et de nous lever à une certaine heure déterminée, cela arrive presque toujours; ce qui prouve que l'esprit a été vigilant pour éveiller le corps. Souvent nous rêvons toute la nuit, et lorsque vient le jour nous nous rappelons seulement que nous avons rêvé, sans nous ressouvenir des objets de nos rêves; de même lorsque nous sommes éveillés, et que nous nous occupons de questions philosophiques, ce que nous savons d'histoire ou de géographie, ou ce que nous avons fait en d'autres temps, ne nous revient pas à la mémoire. Nous pouvons penser à beaucoup de choses, et oublier non-seulement les choses auxquelles nous avons pensé, mais oublier aussi que nous y avons pensé.

Quoique la faculté de savoir et de penser soit continue et permanente, les choses pensées sont successives et passagères; s'il n'en était pas ainsi, il n'y aurait pas de passé pour l'esprit humain, tout lui serait présent comme à Dieu. La succession dans les choses pensées entraîne l'oubli de quelques-unes de ces choses; et cette interruption dans l'ordre des idées semble une interruption de la faculté de penser.

L'esprit peut penser et pense durant le sommeil, ce dont nous sommes convaincu, malgré tous les arguments de Locke : mais dans cet état, faute d'objets sensibles, ne donnant pas une grande attention à ses rapides pensées, il les oublie. Cet oubli est nécessaire et utile; parce que si l'esprit était sans cesse occupé à se remémorer toutes ses idées passées, il ne ferait rien de nouveau.

Les somnambules pensent, parlent, marchent, exécutent des actes de grande intelligence et de volonté pendant le profond sommeil de leur corps; et quand ils recouvrent leurs sens, ce que nous nommons « réveiller », ils ne se rappellent rien, ni de ce qu'ils ont pensé, ni de ce qu'ils ont fait avec leur corps.

Nous sommes heureux de pouvoir citer à ce sujet l'opinion d'un écrivain contemporain, professeur de l'école de médecine de Paris, l'illustre docteur Piorry. « Certains faits, dit-il, démontrent la persistance d'actes de perception et de volonté subsistant lors de la perte de connaissance, actes dont la mémoire se perd alors que le malade reprend l'usage de ses sens. Ainsi les épileptiques, les apoplectiques, les gens soumis à l'action du chloroforme, les asphyxiés, exécutent pendant leur état léthargique certains mouvements volontaires, *ils rêvent évidemment*, et cependant ils ne gardent, lors du rétablissement, aucun souvenir des actes auxquels ils se sont livrés. Presque toujours pendant le sommeil on se trouve jeté dans une série d'idées que lors du réveil on ne se rappelle en aucune façon. Ainsi dans la perte momentanée de connaissance, l'âme et l'intelligence ne cessent pas d'exister et de s'exercer, mais elles ne se manifestent pas au dehors, et restent pour ainsi dire concentrées en elles-mêmes [1]. »

La difficulté ne consiste donc pas à savoir si nous pensons toujours, mais bien à savoir pourquoi nous oublions ce que nous avons pensé pendant le sommeil. Mais comme ce fait a lieu également pendant

---

[1] Dr Piorry, *Dieu, l'âme et la nature*, poëme, note 139, p. 250, 251.

la veille, où continuellement nous oublions la plus grande partie des choses qui ont occupé notre esprit, nous ne devons être aucunement surpris que les rapides pensées qui se produisent pendant le sommeil ne se fixent pas dans notre mémoire, puisqu'il est plus naturel de ne pas nous souvenir de ce que nous avons rêvé, que d'oublier tant de lectures, tant d'entretiens, tant de pensées qui durant la veille ont attiré notre attention.

L'explication de ce fait doit donc s'appliquer à l'état de veille et à l'état de sommeil. Voyons si nous pourrons l'éclaircir.

Pendant la veille l'esprit exerce ses facultés de trois manières différentes : ou il perçoit au moyen des sensations les objets qui se présentent à lui actuellement; ou il se souvient de ces objets, et les représente plus ou moins exactement; ou il réfléchit sur leurs rapports, compare, juge, induit et déduit, au moyen de paroles intérieures que les lèvres n'articulent pas. Le premier mode, c'est percevoir; le second, c'est se souvenir; le troisième, c'est réfléchir; c'est au moyen de tous ces modes que l'esprit pense, qu'il exerce son activité et a conscience de soi-même, parce que s'il cessait de penser il cesserait d'avoir conscience de soi-même.

Nous pouvons par conséquent avoir trois espèces de souvenir : le souvenir des choses perçues; celui des choses produites par l'imagination, ou rappelées antérieurement; et le souvenir de nos réflexions

CHAPITRE TREIZIÈME.

rapides par le moyen de paroles, sans aucune représentation, auquel nous donnons plus communément le nom de « mémoire », de tous les souvenirs le plus difficile, parce qu'il dépend d'une multitude de signes que l'esprit emploie par habitude, sans presque y faire attention.

Nous lisons un livre, et notre esprit va de phrase en phrase, discourant et pensant avec les paroles de son auteur. Toutes ses facultés, soutenues par l'attention, entrent en action en même temps; et en même temps qu'il suit les pensées écrites, comme s'il les prononçait en lui-même, il réfléchit, pense et juge toutes les propositions qu'il lit, se rappelle d'autres propositions semblables, et se représente les objets décrits.

Cette série de pensées est si rapide, qu'elles disparaissent avec les signes qui les représentent; de la même manière qu'une longue suite d'objets variés et imperceptibles qui passent en courant devant nos yeux, échappent à notre attention, disparaissent et s'évaporent.

Pour nous souvenir des choses qui ont fait le sujet de nos méditations, nous sommes obligés de les écrire ou de les répéter souvent avec attention, pour apprendre par cœur les paroles qui les expriment; il en est ainsi des orateurs, qui, après avoir écrit les discours qu'ils ont composés peu à peu, les apprennent ensuite par cœur pour les prononcer, et emploient souvent beaucoup plus de temps pour les retenir que pour les écrire; et si quelqu'un improvise rapidement un discours, et veut ensuite le reproduire, jamais il ne pourra y parvenir.

Il en est ainsi de nos pensées pendant le sommeil. Si dans cet état nous pensons, en représentant des objets réels, composés ou entièrement fantastiques, nous nous rappelons de nos rêves; et alors nous ne doutons pas de l'activité de notre esprit pendant le sommeil du corps. Si nous divaguons simplement sans beaucoup d'attention, et sans intention de nous souvenir de ces pensées fugitives et sans importance, comme il nous arrive tant de fois dans nos rêveries de la veille, toutes ces idées s'évanouissent, et nous croyons que pendant ce temps nous-mêmes nous étions endormis.

Il arrive quelquefois qu'après le sommeil nous changeons d'avis à l'égard de quelque chose que nous avions intention de faire; ce qui a donné lieu à ce proverbe vulgaire, *la nuit porte conseil*. En effet, pendant le repos nous réfléchissons sur le sujet qui nous a occupés pendant la veille, alors, au milieu de nos pensées tranquilles et sans passion, une conclusion nous paraît sage et prudente, et nous prenons la résolution de la suivre. Dès que nous recouvrons nos sens, cette pensée, cette détermination se présente seule, séparée de tous les raisonnements qui l'ont précédée, nous la trouvons de nouveau sage et convenable, sans que nous puissions découvrir comment nous est venue cette idée subite. Mais en réfléchissant sur leurs antécédents logiques, il nous semble que ces raisons ne sont pas entièrement neuves, et nous arrivons quelquefois à découvrir, par un effort de mémoire, que c'est en songe que nous est venue cette pensée.

L'oubli de la série des raisonnements qui occupent l'esprit pendant le sommeil du corps nous fait croire que beaucoup de leurs conclusions sont des révélations extraordinaires que nous ne savons pas expliquer. A la vue de l'état du malade le médecin annonce avec certitude la mort ou la vie; les politiques, les habiles observateurs des choses humaines, en présence des faits qu'ils observent, prévoient avec clarté les événements futurs; comme tout le monde prévoit la pluie par la grande chaleur et l'état de l'atmosphère. Mais s'ils oublient les circonstances, les raisonnements qui leur ont fait prévoir tel ou tel résultat, ils estiment qu'ils ont deviné, qu'ils ont eu une révélation, un pressentiment des choses. L'esprit humain trouve un tel plaisir dans ce mystérieux de la prévision, qui est sa constante aspiration, par cela même qu'il a l'espérance d'une vie future, qu'il n'aime pas à se rappeler les raisons naturelles qui l'ont fait prévoir. La nature même de l'esprit, et la rapidité plus qu'électrique de la pensée, qui en un moment fait apparaître devant lui tous les siècles, est telle, qu'il lui semble qu'il ne réfléchit pas, qu'il ne raisonne pas, et qu'il devine sans le moindre effort. De cette manière, par l'oubli d'une multitude de pensées rapides, nous devinons et nous prophétisons quelquefois soit en dormant, soit lorsque nous sommes éveillés.

Ce fait néanmoins ne laisse pas d'être merveilleux, sans parler de la véritable inspiration prophétique, et de la faculté divinatoire de quelques esprits privilégiés. Mais quelle plus grande merveille que l'intelligence même et la volonté, à laquelle il suffit de vouloir mouvoir ce corps, pour qu'il se meuve au même instant, par des moyens compliqués qui nous étonnent, quand une longue étude nous les a fait connaître! Cependant il se meut sans le savoir; nous-mêmes nous n'avons pas besoin de savoir comment nous le dirigeons, et le physiologiste qui possède cette connaissance ne le fait pas mieux agir que l'homme qui ignore les lois de la locomotion. Et quelle est l'œuvre de Dieu la plus simple qui ne soit un grand prodige?

Quant à l'oubli des somnambules spontanés et magnétisés, qui, dans la plus complète insensibilité du corps, l'emploient à des exercices variés, et ensuite ne se souviennent de rien, fait généralement reconnu et incontestable que nul physiologiste n'a cru pouvoir expliquer, nous allons exposer ce que nous pensons à ce sujet, sans recourir à des explications mystiques, sans sortir des domaines de la science positive.

Le sommeil est un état naturel et périodique pendant lequel la vie suspendant les sens et le mouvement, répare ses forces, et élabore quelque fluide subtil et nerveux nécessaire pour la communication des impressions et du mouvement. Ce phénomène physiologique est peut-être déterminé par une contraction de la moelle allongée ou de quelque autre point de l'encéphale, qui intercepte et suspend la correspondance entre les nerfs et le centre cérébral. Tous les viscères ont un détroit ou sphincter qui se ferme pendant l'élaboration, et s'ouvre ensuite pour donner issue à leurs produits.

Les nerfs de la sensibilité étant distincts de ceux du mouvement, et en beaucoup de cas la paralysie des uns n'entraînant pas la paralysie des autres, il n'y a donc rien de surprenant que dans quelques circonstances, par une aberration de l'état normal, la contraction du centre cérébral qui occasionne le sommeil s'opère seulement sur les origines des nerfs de la sensibilité, laissant libres les nerfs du mouvement; cette contraction partielle doit être plus forte qu'à l'ordinaire, justement parce qu'elle est anormale, et par cette même raison l'exercice machinal du corps est plus libre et plus prompt, en vertu de quelque volition de l'esprit.

Quelle que soit, dans un tel cas, la volition de l'esprit, le corps l'exécutera immédiatement, sans fatigue, puisque la sensibilité se trouve suspendue ou interrompue; il s'exposera sans crainte à tous les périls, ira où l'esprit pense le conduire, fera ce qu'il détermine; et comme l'interruption des impressions s'oppose à ce qu'aucune sensation de ces mouvements se présente à l'esprit, il ne peut avoir aucune perception de ce que fait son corps, et doit même dans cet état ignorer si ses pensées sont exécutées; de même que ceux qui dorment profondément d'un sommeil naturel peuvent être transportés d'un côté ou d'un autre sans le savoir. Nulle sensation n'ayant été présente à l'esprit, il n'a eu par conséquent aucune perception, et il ne peut en aucune manière se souvenir de ce que fait son corps.

Reste la réminiscence des pensées et volitions intimes qui ont déterminé ces mouvements, dont l'esprit n'a pas eu conscience, faute de perception.

Mais ces pensées et ces volitions, sans sensations, sans perceptions, peuvent être facilement oubliées, ainsi que celles de quelque autre rêve, ou même celles que l'on a eues étant éveillé : comme dans ce moment je ne me rappelle pas les phrases que je viens d'écrire quelques lignes plus haut; je sais que j'écris avec attention, que je pense, et je ne pourrais, si je le voulais, répéter ce que j'achève d'écrire, quoique j'aie suffisamment médité mon sujet; et moins encore je pourrais me souvenir de ce que j'ai fait hier, ni même de mes mouvements durant le temps que j'écris.

Pour compléter cette étude, nous essayerons d'expliquer le rêve, ainsi que la lucidité des somnambules, puisque ce sont des faits psychologiques sur lesquels on a déjà beaucoup écrit. Mais, à parler franchement, nous n'avons pas encore trouvé, dans plus de vingt auteurs que nous avons lus, une explication qui nous satisfasse; et comme nous ne voulons pas allonger notre travail, nous ne ferons pas de citations pour nous donner le plaisir de les réfuter, travail toujours beaucoup plus facile que de dire quelque chose de nouveau avec quelque discernement.

Supposons un rêve compliqué et difficile à résoudre, tirons-en toutes les conclusions possibles, et voyons ensuite comment nous pourrons l'expliquer sans contredire la doctrine que nous avons exposée jusqu'ici.

Un tyran plein de vie et de santé, entouré de flatteurs, après un festin splendide pour célébrer ses années passées dans la mollesse et dans la joie de tous les plaisirs sensuels, se couche, s'endort, et rêve que depuis plusieurs années il se trouve enfermé dans un cachot, victime de la tyrannie; que son corps dépérit, affaibli par les fers et par toutes sortes de privations; qu'un bourreau se présente à lui, armé d'une hache, pour le conduire à l'échafaud qui déjà s'élève devant ses yeux; et pendant ce rêve il ne doute pas de la réalité de ces images sans réalité, il souffre et gémit, sa poitrine est haletante, et ses lèvres tremblantes murmurent quelques paroles; il se lève, crie, repousse le bourreau, son cœur palpite, et une sueur abondante lui baigne le front. Enfin il s'éveille encore tout agité, il cherche les objets qu'il a vus dans son rêve, et ne sait d'où est venue et comment il a pu voir cette extravagante fantasmagorie.

On pourra demander : Où est la mémoire de cet être qui rêve? où est sa perception externe? où est sa conscience? où est son identité personnelle, qu'elles ne se révoltent pas contre une si étrange illusion? Comment cette illusion est-elle possible? Par quel mystère inexplicable une âme intelligente et libre, oubliant sa propre nature, s'attribue-t-elle des actes et des conditions qui ne lui appartiennent pas? Comment prend-elle pour une réalité, pour une véritable perception, une conception incohérente et absurde, sans que la mémoire d'un long passé, à laquelle paraît s'être substituée une autre mémoire, lui serve à reconnaître la vérité?

Si un être intelligent et libre, doué de mémoire, de la conscience de ses actes et d'identité personnelle, peut en un moment s'oublier entièrement, s'aliéner de telle sorte qu'il s'attribue des actes qui ne sont pas les siens, et se croit dans un état où il ne se trouve réellement pas; s'il peut avoir des sensations et des perceptions sans objets réels, et exercer toutes ses facultés, en créant un monde qui n'existe pas, dont il se croit spectateur et patient; comment et de quel droit cet être peut-il affirmer la réalité objective de ses perceptions, et l'existence de ce monde matériel, s'il n'a pour lui que le témoignage trompeur de ses sens, appelés externes, pendant le repos desquels un autre monde se présente à l'esprit?

Ne devons-nous pas plutôt croire que le rêve nous révèle la vérité indubitable, que dans un état de santé satisfaisant, dans le repos complet de notre corps, pendant le sommeil de nos sens, nous pouvons croire que nous voyons, que nous entendons, que nous touchons, que nous sentons une grande résistance, que nous parlons, que nous sommes en mouvement, sans que ces actes correspondent à aucune réalité hors de nous? D'où vient donc la croyance à l'existence d'un monde extérieur, si nous pouvons avoir des sensations, des perceptions accompagnées de cette croyance, sans que ces objets qui font disparaître ceux que dans un autre état nous réputions réels auparavant, aient aucune existence? Quelle est cette réalité qui dépend de notre manière de percevoir, que nous enfantons sans savoir comment?

Concédons pour un moment que les perceptions de la veille soient aussi illusoires que les conceptions du rêve; que l'état normal soit un songe, un délire harmonique, régulier et enchaîné; et cherchons un point incontestable, d'où nous puissions partir pour trouver la vérité.

Le sujet qui rêve, qui doute de la réalité des choses qu'il a vues en songe, ainsi que des choses présentes, est-il le même sujet, ou un autre sujet? Sans doute il est le même. Peut-il douter de l'identité de sa personne, sans nier son doute même? Non. Puis-je dire, « je ne suis pas le même que j'étais, » sans affirmer que j'étais, et que je continue à être ce que j'étais? Pourquoi disons-nous que nous ne sommes plus ce que nous étions; que nous sommes changés? Évidemment parce que nous nous reconnaissons les mêmes par rapport à nos perceptions anciennes et nouvelles, et par rapport à notre corps qui vieillit; les rapports changent, le sujet demeure toujours identique. Si on me disait que le sujet peut être tout autre, et se croire le même, je répondrais qu'alors il n'y a aucune vérité ; que je puis être le soleil, et croire que je suis un être qui pense; que je puis croire que j'existe et que je pense depuis un grand nombre d'années, sans exister ni penser; et s'il n'y a aucune vérité, il est faux aussi qu'il n'y ait pas de vérité.

Il y a donc quelque chose de vrai, et la première vérité pour moi c'est que j'existe réellement et que sans cela je ne penserais pas; et avec cette certitude intime j'ai aussi la certitude de l'identité de ma personne au milieu de la multitude de mes pensées et de mes actes.

Si le sujet qui se rappelle un rêve est le même qui a rêvé; s'il peut, éveillé, pendant un moment de divagation, avoir les mêmes pensées que pendant le sommeil, il reste à savoir pourquoi il a pris les objets de ses pensées pour des choses réelles, et s'est fait illusion pendant quelques instants.

Cependant, avant d'en venir à ce point, il est utile de remarquer que la conscience, la liberté, la mémoire du passé, l'intelligence, la perception exprimées ainsi par des substantifs paraissent des choses distinctes de l'esprit, qui en certaines occasions peuvent venir à son secours, quand en réalité ce sont ses attributs, ou des actes que l'esprit exerce en rapport aux choses, et qui doivent être exprimés par des verbes actifs.

Ainsi, si, par un contraste même avec mon existence passée, réfléchissant à diverses manières de vivre, il me semble, comme le tyran du rêve, que je suis dans une prison, pour des crimes que je puis imaginer, et que je me voie conduire à l'échafaud, ce n'est pas à ma conscience, qui est occupée à ma pensée présente, ni à ma mémoire, ni à ma liberté, ni à mon identité personnelle à venir m'avertir de la fausseté de ce que j'imagine et que j'invente dans ma rêverie romanesque; absorbé en ce moment dans la pensée de ces objets, mon attention est détournée de ce que je suis, et je ne me souviens plus de ma vie passée comme homme social. Les pensées sont successives, et il n'est personne qui en méditant sur un objet quelconque actuel, se souvienne de tout son passé historique, à moins que ce souvenir volontaire ne soit l'objet de ses réflexions actuelles; et dans ce cas, quand on réfléchit sur une des phases de la vie, on s'y absorbe, et on laisse passer les autres.

Que manque-t-il encore pour résoudre la difficulté? Chercher à savoir pourquoi les tableaux qui se sont présentés à l'imagination ont été si vifs qu'on les a pris pour des choses réelles, au point de sentir en son corps une grande commotion.

Les tableaux de l'imagination, comme ceux du monde extérieur, sont d'autant plus vifs qu'ils souffrent moins de contrastes. Personne n'ignore l'effet produit par le panorama, et celui d'un tableau convenablement placé. L'artiste ferme les yeux, les couvre et les obscurcit avec la main, afin de mieux représenter et de mieux voir, dans l'obscurité et sans opposition des objets qui l'entourent, le tableau qu'il conçoit et dessine dans sa pensée. Ceux qui voyagent la nuit et dont l'esprit inquiet est préoccupé de voleurs et de fantômes, s'imaginent en voir réellement surgir de tous côtés, et aussitôt leur cœur palpite, ils tremblent, et leurs cheveux se hérissent; même pendant le jour, dans un lieu sûr, nous éprouvons une commotion, si nous pensons à quelque grand péril, à quelque événement funeste; quelquefois aussi une idée passagère nous fait battre le cœur et nous cause une sensation de froid; de même le souvenir du grincement de la lime qui aiguise en rongeant les dents d'une scie suffit pour nous faire frissonner et nous faire ressentir de la tête aux pieds une sorte de commotion électrique.

Quoique l'on dise ordinairement que nous représentons les choses fantastiques dans notre imagination, ou dans notre tête, il est certain que nous les figurons toujours dans l'espace extérieur, et que nous ne pouvons rien représenter en nous-mêmes, absolument rien. L'imagination n'est pas autre chose que « l'imaginer », c'est-à-dire l'acte par lequel l'esprit exerce sa pensée en donnant un corps dans l'espace aux objets qui peuvent être retracés au moyen de formes et de couleurs. Le langage figuré est la cause d'un grand nombre d'erreurs, principalement en psychologie. Ainsi nous disons métaphoriquement que les objets et les images se gravent ou se conservent dans notre imagination, comme si l'imagination était une lame ciselée ou un magasin de dépôt; comme si l'imagination et toutes les autres facultés de l'esprit avaient une existence substantielle indépendante de l'acte de la puissance spirituelle qui les exerce.

Notre âme peut penser, en représentant dans l'espace les objets de sa pensée, mais ces pensées disparaissant dès qu'elle cesse de les imaginer, rien ne demeure dans l'esprit, que le pouvoir de les reproduire, de les représenter de nouveau et de continuer à penser, en figurant de nouvelles choses. Ce pouvoir de penser, soit en imaginant, soit en n'imaginant pas, c'est l'imagination même et la mémoire, quand, au lieu de penser à de nouvelles choses, l'esprit reproduit ses anciennes pensées. C'est ainsi que toutes les idées sont dans l'esprit, comme sont en lui toutes ses volitions, sans occuper de lieu et sans le remplir.

Il n'y a donc rien d'extraordinaire que les images d'un rêve se présentent très-vives à l'esprit dans l'espace et comme si elles étaient réelles; il n'y a rien d'extraordinaire que la mémoire ne contredise pas sa conception actuelle, puisque l'esprit n'exerce pas cette mémoire en opposition à ce qu'il pense actuellement. Il n'y a rien d'étonnant que la conscience ne lui dise pas que toute cette représentation est illusoire; parce que la conscience rend témoignage de ce qui est présent. C'est à l'esprit de réfléchir, et de se souvenir lui-même que ces objets sont de sa propre invention; et l'esprit, occupé des objets actuels auxquels il pense, ne reproduit pas toutes ses idées passées, et oublie de faire cette réflexion. Si quelqu'un, un auteur de romans, par exemple, imagine, les yeux fermés, une série d'événements, occupé qu'il est de ces aventures, auxquelles il applique toute son attention, il ne se dit pas : « tout cela est imaginaire, sans réalité; » il peut, s'il veut, faire cette réflexion, mais presque toujours il néglige de la faire; et plus une pensée nous occupe, plus nous oublions le passé.

Quant à la commotion que ressent le corps, personne n'ignore l'action du moral sur le physique; d'autant plus que ces songes arrivent presque toujours pendant un sommeil imparfait, lorsque par quelque désordre de la vie, par un repas copieux, ou par privation de nourriture, la sensibilité vitale, modifiée par quelque stimulant, présente à l'esprit une vague sensation qui occasionne ce jeu de l'imagination. Ainsi les rêves agités sont plus fréquents dans certaines maladies et dans certaines occasions; les naufragés privés d'aliments croient dans leur délire assister à des repas magnifiques, et d'autres fois rêvent qu'ils meurent de faim.

Ce qu'il y a de véritablement extraordinaire et de prodigieux au milieu de tous ces faits, c'est l'esprit lui-même, ce miroir vivant et intelligent, qui tantôt voit passer une infinité d'objets qui se réfléchissent en lui, tantôt les fait repasser à sa volonté; tantôt nombreux, tantôt en petit nombre; tantôt unis et

CHAPITRE TREIZIÈME.

tantôt séparés et interrompus; tantôt réels,
antastiques; tantôt les tirant du passé, et les
dans le présent; tantôt concevant le futur,
laçant dans le passé; tantôt connaissant la
tantôt s'illusionnant; tantôt voulant une
tantôt une autre; tantôt se confondant avec
ps, tantôt se distinguant de lui; et toujours
ie, toujours identique, sans succession, me-
sa durée indéfinie par la succession de ses
s; tantôt se cherchant hors de soi-même,
ouvoir se trouver, et se trouvant toujours
à présent, dans le passé et dans le futur. Si
e chose peut nous donner une vague idée de
c'est l'esprit humain : puissance prodigieuse,
ute de son être en se trouvant si grand sans
sions, si fort sans corps, si rapide sans se
ir.

objections contre l'existence apparente ou
du monde physique tirées des exemples des
et du délire, ne peuvent avoir de valeur que
eux qui confondent les objets perçus avec les
qui occasionnent les sensations et les intui-
ures, ou pour ceux qui considèrent les sensa-
omme des modifications et des productions
prit, ou comme des qualités de la matière.
omme nous avons déjà longuement traité ce
il est inutile d'y revenir maintenant.
lucidité des somnambules, la faculté qu'ils
savoir les choses dans la complète insensi-
le leur corps, pendant la suspension des sens,

étant un fait psychologique incontestable, qui se manifeste spontanément tant de fois, nous ne devons pas le nier en faveur de quelque théorie incomplète, imitant en cela ceux qui trouvent plus facile de nier les faits que de les expliquer.

Ce n'est pas un tel exemple que nous a donné Bacon de Verulam, ce grand restaurateur de la science expérimentale, qui en parlant de la divination, la divise en deux espèces, et dit : « L'une est naturelle, et l'autre est produite par une influence. La divination naturelle suppose que l'âme recueillie et concentrée en elle-même, et non répandue dans les organes du corps, possède, en vertu de sa propre essence, une pénétration de l'avenir dont nous voyons de remarquables exemples dans les songes, dans les extases et aux approches de la mort; ce qui est rare dans la veille et dans l'état de santé..... La fascination est une force, un acte puissant de l'imagination sur le corps d'autrui..... L'école de Paracelse, et tous ceux qui s'occupent de la fausse magie naturelle, sont tombés dans de grands excès à ce sujet, au point d'égaler la force d'appréhension de l'imagination à la foi qui opère les miracles. Ceux qui sont plus près de la vérité, considérant avec plus de pénétration les énergies occultes, les irradiations des sens, les contagions qui se transmettent d'un corps à un autre corps, et cette propriété que possède la force magnétique d'agir à une grande distance, furent induits à penser que ces impressions et ces communications pouvaient avoir lieu à plus forte raison d'esprit à esprit, l'esprit étant ce qu'il y a de plus fort, de plus actif, de plus susceptible d'impressions, et de plus facile à l'affection [1]. »

Nous devons reconnaître que dans la perception sensible les sens concourent seulement avec les sensations occasionnées par les mouvements des objets, les seuls phénomènes qui agissent sur les organes corporels, et que toutes les autres intuitions et connaissances appartiennent à la force propre de l'esprit. Si la science de l'esprit humain se réduisait à avoir des sensations, ceux qui auraient les sens les meilleurs seraient les plus savants.

Si nous observons au travers d'un microscope un objet qui auparavant nous paraissait uni au toucher, et blanc aux yeux, nous le verrons maintenant hérissé d'aspérités, plein de cavités, et de diverses couleurs, qui existent aussi bien maintenant dans l'objet vu au microscope, comme la blancheur et le poli existaient dans cet objet vu à l'œil nu. Si le microscope pouvait grandir cet objet mille fois davantage, nous verrions peut-être les molécules qui le composent tourner séparément, et au travers de ces molécules beaucoup d'autres objets. Nous ne savons pas si par la vision les objets se présentent plus grands ou moins grands qu'ils ne sont, et où ils sont réellement. Nous savons seulement avec la plus grande certitude que la dureté et le poli, l'étendue tactile et l'étendue visuelle sont aussi apparentes

---

[1] *De augment. scient.* lib. IV, cap. III.

que toutes les autres sensations. Nous percevons les choses comme la sagesse divine a jugé plus convenable à notre état actuel que nous les percevions pour nous en servir.

N'oublions pas que dans l'état normal l'esprit perçoit les choses par un reflet hors de lui des sensations qui lui sont présentes, et que les sensations réfléchies ne lui donnent que ce reflet même; tout le reste appartient à l'esprit et à ses intuitions. Il n'est donc pas impossible que l'esprit en extase, libre pour un moment du corps et des sensations, ait une vision pure et intellectuelle, une science, ou intuition immédiate des choses; que ce qui nous semble opaque et éloigné lui apparaisse transparent et proche. L'esprit n'est pas enfermé et cloîtré dans notre tête, ni dans aucune partie du corps; il perçoit son corps même comme il perçoit toutes les choses, par un reflet de ses perceptions. Aussi n'y a-t-il pas impossibilité que dans cet état l'esprit pense, juge et sache avec plus de perfection; ainsi qu'il nous arrive quand, faisant taire les passions, et n'étant pas importunés par les sensations, nous nous concentrons pour penser et réfléchir avec plus de profit; alors les inductions et les déductions de l'esprit seront des prévisions et des prophéties.

Qu'on observe le poëte dans le moment de l'enthousiasme. Plus il concentre son esprit, et plus il se soustrait aux sensations et aux impressions extérieures, plus son intelligence s'éclaire et étincelle, plus elle acquiert de force, plus ses pensées sont brillantes et souvent prophétiques. Le premier vers n'est pas encore prononcé, qu'il a déjà pensé le second et le troisième. Souvent, dans la rapidité de ses improvisations, il pense d'abord la rime, le mot qui termine le vers, avant de songer comment il en complétera la mesure; et le vers tombe de ses lèvres entier et sonore, complétant la pensée précédente, et préparant la suivante, qui est déjà dans son esprit. Ce qu'il doit penser et dire, ce qui est encore à venir pour celui qui l'entend, est déjà présent pour lui, est déjà dans sa mémoire, est déjà passé. Les paroles se succèdent, et marquent extérieurement la succession des idées, mais toutes ces pensées futures sont en même temps présentes à l'esprit qui les produit. Ses yeux, son visage, ses bras, son corps entier qu'il ne voit pas même, se mouvant avec harmonie, accompagnent, expriment des sentiments divers. Ce corps, chétif il n'y a qu'un instant, s'enveloppe de la beauté et de la majesté de l'esprit qui l'agite. Ceux qui le voient dans cet état partagent son enthousiasme, le regardent comme un objet sacré, le croient possédé d'un esprit divin; et cet esprit divin c'est ce même esprit humain de tous les jours, qui un moment après sentira son corps exténué de ce qu'il n'a pas fait, et qui ne pourra se souvenir de ce qu'il a pensé, de ce qu'il a dit, quand se dérobant le plus qu'il lui a été possible aux sensations, il a recouvré la force qui lui est propre.

La lucidité de quelques somnambules, presque

stupides hors de cet état, fait qui paraît exceptionnel, comme tant d'autres exceptions qui nous ont guidé à la vérité, est une preuve de plus que l'esprit existe, qu'il peut penser, et exister en pensant, sans avoir besoin du corps; comme un corps animal peut exister et pratiquer mille actes différents sans qu'aucun esprit se trouve et pense en lui.

Pour parler plus exactement, il n'y a de réellement existant que ce qui est esprit, ce qui sait et peut, et a conscience de soi; tout le reste n'existe que phénoménalement, non en soi, non pour soi, mais pour celui qui l'a pensé, et le fait apparaître à qui peut voir ses pensées. Tous les animaux, tous les corps, et notre propre corps, se trouvent dans ce cas. Mais comme il est impossible de tout dire à la fois, cet objet sera la matière d'autres méditations.

CHAPITRE QUATORZIÈME.

De l'unité absolue. — Deux espèces de panthéisme. — Matérialisme. — Théorie des atomes ancienne et moderne. — Naturalisme. — Contradictions, et réfutation du matérialisme. — Existence de toutes choses en Dieu. — Saint Paul, Plotin, saint Augustin, Bossuet, Fénélon et Malebranche. — Explication de l'existence des choses en Dieu. — De la permanence et de la variété. — Ordre universel. — Considérations sur l'immortalité de l'âme.

Toutes les sciences humaines se réduisent à la connaissance des faits et de leurs lois : faits et lois qui sous un aspect harmonique se présentent comme des phénomènes corrélatifs, des effets liés, successifs, dépendants les uns des autres, par un ordre gradué du particulier au général, révélant tous et tout à la fois un être nécessaire et une cause première et absolue.

Je comprends que l'esprit humain en s'élevant par tant d'harmonie et de beauté à ce principe unique, en s'absorbant tout entier dans la contemplation de cette unité absolue, de cet Être éternel, de cette cause nécessaire, et oubliant sa propre conscience individuelle, et la multiplicité des phénomènes, puisse se perdre dans cette unité absolue, dans ce panthéisme transcendantal et métaphysique des écoles d'Élée et d'Alexandrie, ou même dans le panthéisme moderne de Jordano Bruno, de Spinoza, de Schelling et de Hegel.

Rendons justice à ces illustres morts : peut-être même la dénomination de panthéisme, malgré la qualification de transcendantal et de métaphysique que nous lui donnons ici, ne convient-elle pas à la doctrine de ces écoles et des philosophes que nous venons de nommer, si nous la comparons avec ce panthéisme vulgaire professé par les sensualistes, qui appliquant l'idée d'unité aux phénomènes de l'univers sensible, le déifient, le considérant comme l'unique réalité nécessaire, le tout Dieu : panthéisme entièrement contraire à la doctrine théologique de Xénophanes et de Plotin, et auquel s'appliquent très-bien ces paroles de M. Cousin : « Qu'est-ce que le panthéisme ? Ce n'est pas un athéisme déguisé comme on le dit; non, c'est un athéisme déclaré. Dire en présence de cet univers si vaste, si beau, si magnifique qu'il puisse être : Dieu est là tout entier, voilà Dieu, il n'y en a pas d'autre; c'est dire aussi clairement qu'il est possible qu'il n'y a point de Dieu, car c'est dire que l'univers n'a point une cause essentiellement différente de ses effets[1]. »

Le panthéisme de l'école ionienne, de Démocrite, d'Épicure, de Hobbes et d'Holbach, qui est la négation même de l'existence de Dieu, ressemble aussi peu à la première doctrine, improprement qualifiée de panthéistique, que l'idéalisme de Hume ressemble à l'idéalisme de Platon.

Nous ne savons pourquoi, quand on désigne quelquefois dans la science une même chose par diffé-

---

[1] M. Cousin, *Des pensées de Pascal*, avant-propos, page XLIII.

rents noms, on donne la même épithète à des théories si dissemblables, et comment les critiques ne trouvent pas des termes plus convenables à chaque système, au lieu de se borner à les désigner par le nom des lieux où ils ont été d'abord professés. Cette confusion ne nous appartient pas; nous la trouvons dans l'histoire de la philosophie; nous nous contentons de distinguer la première doctrine par le titre de transcendantale, métaphysique; la seconde pouvant être qualifiée de panthéisme physique, ou mieux encore d'athéisme.

Un des interprètes les plus éclairés de la philosophie grecque, M. Cousin, justifie Xénophanes de l'accusation de panthéiste qui pèse sur lui; et afin de rendre plus clair ce qui nous reste à dire sur ces deux opinions opposées, auxquelles on applique ordinairement la même dénomination, nous jugeons utile de transcrire ici quelques-unes des réflexions de M. Cousin, à propos du fondateur de l'école éléatique.

« L'école ionienne et l'école pythagoricienne ont introduit dans la philosophie grecque les deux éléments fondamentaux de toute philosophie, la physique et la théologie. Voilà donc en Grèce la philosophie en possession des deux idées sur lesquelles elle roule, l'idée du monde et celle de Dieu. Les deux termes extrêmes de toute spéculation ainsi donnés, il ne reste plus qu'à trouver leur rapport. La solution qui se présente d'abord à l'esprit humain, préoccupé qu'il est nécessairement de l'idée de l'unité, c'est d'absorber l'un des deux termes dans l'autre, d'identifier le monde avec Dieu ou Dieu avec le monde, et par là de trancher le nœud au lieu de le résoudre. Ces deux solutions exclusives sont toutes deux bien naturelles. Il est naturel, quand on a le sentiment de la vie et de cette existence si variée et si grande dont nous faisons partie, quand on considère l'étendue de ce monde visible et en même temps l'harmonie qui y règne et la beauté qui y reluit de toutes parts, de s'arrêter où s'arrêtent les sens et l'imagination, de supposer que les êtres dont se compose ce monde sont les seuls qui existent, que ce grand tout si harmonieux et si un est le vrai sujet et la dernière application de l'idée de l'unité, qu'en un mot ce tout est Dieu. Exprimez ce résultat en langue grecque, et voilà le panthéisme. Le panthéisme est la conception du tout comme Dieu unique. D'un autre côté, lorsque l'on découvre que l'apparente unité du tout n'est qu'une harmonie et non pas une unité absolue, une harmonie qui admet une variété infinie, laquelle ressemble fort à une guerre et à une révolution constituée, il n'est pas moins naturel alors de détacher de ce monde l'idée de l'unité, qui est indestructible en nous, et, ainsi détachée du modèle imparfait de ce monde visible, de la rapporter à un être invisible placé au-dessus et au dehors de ce monde, type sacré de l'unité absolue, au delà duquel il n'y a plus rien à concevoir et à chercher. Mais, une fois parvenu à l'unité absolue, il n'est plus aisé d'en sortir, et de comprendre comment l'unité absolue étant donnée comme principe, il est possible d'arriver à la pluralité comme conséquence; car l'unité absolue exclut toute pluralité [1]. Il ne reste donc plus, relativement à cette conséquence, qu'à la nier, ou tout au moins à la mépriser, et à regarder la pluralité de ce monde visible comme une ombre mensongère de l'unité absolue, qui seule existe, une chute à peine compréhensible, une négation et un mal dont il faut se séparer pour tendre sans cesse au seul Être véritable, à l'unité absolue, à Dieu. Voilà le système opposé au panthéisme. Appelez-le comme il vous plaira [2]. »

Ainsi M. Cousin expose et classe parfaitement les deux doctrines diamétralement opposées; l'une entièrement sensualiste et physique, celle de l'école ionienne, représentée en Grèce par Thalès, Anaximandre, Anaximènes, Héraclite, etc.; l'autre entiè-

---

[1] En prenant l'unité absolue dans le sens rigoureux et littéral, il est clair que cette unité absolue exclut toute pluralité; mais en la prenant dans le sens de l'Être éternel indivisible, immuable, présent tout entier en toutes choses, cette unité absolue n'exclut pas la pluralité comme son œuvre. Je trouve la conception de cette unité absolue de l'école d'Alexandrie bien caractérisée par Bossuet, dans son ouvrage, *Connaissance de Dieu et de soi-même*, chap. IV, § 6 : « La vérité et l'intelligence ne font qu'un, et il se trouve une Intelligence, c'est-à-dire un Dieu, qui étant aussi la vérité même, est elle-même son unique objet. »

« L'intelligence et l'objet, en moi, peuvent être deux; *en Dieu ce n'est jamais qu'un. Car il n'entend que lui-même, et il entend tout en lui-même, parce que tout ce qui est, et n'est pas lui, est en lui comme dans sa cause.* »

[2] M. V. Cousin, *Fragments philosophiques. Philosophie ancienne : Xénophanes*, p. 50, 51.

rement théologique et métaphysique, commune à l'école italique, à l'école d'Élée et à l'école d'Alexandrie. Si le nom de panthéisme convient à la première de ces doctrines, il ne peut en aucune façon convenir à la seconde.

Je comprends que l'esprit humain, s'exaltant dans la contemplation de l'Être indivisible qui subsiste par soi-même, cause et raison de toutes choses, ne trouvant pas cette unité absolue identifiée avec cette multiplicité de phénomènes sensibles qui la révèlent, en constituant l'univers à nos yeux, considère la matière des corps comme le *non-être*, comme le *mal*, et dise avec Plotin : « La forme des objets sensibles n'étant qu'une image, la matière qui les constitue n'est aussi qu'une image [1]. »

Je comprends que Descartes ne voulant pas nier l'existence substantielle des corps, et cherchant à la démontrer, n'ait pas trouvé d'autre raison que la véracité de Dieu, qui ne peut nous tromper par de vaines apparences; comme si cette illusion, relative et convenable à notre état, n'était pas démontrée par les phénomènes apparents des choses et par les qualités occultes que nous leur supposons.

Je comprends que Malebranche, à qui l'on donne le titre de Platon français, ait eu recours à la révélation et à l'autorité de la Bible pour prouver l'existence de la matière; que l'évêque de Cloyne l'ait niée complétement, comme la nie la philosophie védanta de l'Inde; et que Condillac même, le chef

[1] Plotin, *Enn.* II, liv. IV, § 5.

du sensualisme moderne, de ce sensualisme sur lequel s'appuie le matérialisme, dise : « Que ces philosophes à qui il paraît si évident que tout est matériel se mettent pour un instant à sa place, et qu'ils imaginent comment ils pourraient soupçonner qu'il existe quelque chose qui ressemble à ce que nous appelons matière[1]. »

Ce que je ne comprends pas, c'est la théorie contraire, ce matérialisme pur qui considère le monde sensible comme l'unique être réel et nécessaire, existant par soi-même, sans une cause supérieure qui l'ait produit, sans une intelligence infinie qui préside à ses évolutions continuelles, sans un être éternel, absolu, immuable, qui le maintienne.

Le matérialisme part de cette hypothèse, qu'il n'y a qu'une seule substance, et que cette substance unique est la matière même des corps, étendue et divisible comme eux, et la même en tous. Mais une telle substance n'expliquant pas la variété infinie de ses phénomènes, des divers états des corps et de leurs mouvements, les matérialistes la considèrent ensuite non comme une substance une, indivisible, mais comme un amas d'atomes infinis placés à distance les uns des autres, sans jamais se toucher; ce qui équivaut à refuser à la matière la possibilité d'être *une substance*.

D'un autre côté, les corps se présentent tantôt simples, tantôt composés; de là une nouvelle nécessité de représenter les premiers comme formés

---

[1] *Traité des sensations*, partie Ire, chap. Ier.

d'une collection d'atomes de même nature homogène, et les seconds comme composés de molécules constituantes d'atomes hétérogènes. Cette diversité élémentaire des atomes est le fondement de la théorie des proportions chimiques. Mais pourquoi tous les atomes ne sont-ils pas homogènes? Seraient-ils hétérogènes par eux-mêmes? Que serait cette matière qui se dissoudrait en collections d'atomes homogènes et hétérogènes? Rigoureusement parlant, la matière est un terme générique et abstrait, sans aucun objet réel, et qui sert à désigner une somme de phénomènes, ou une collection d'atomes d'espèces différentes, que personne n'a vus, dont personne ne connaît la nature, et à qui personne ne peut attribuer aucune chose.

Ainsi, un physicien moderne, le savant Ampère, dit en parlant de l'atome, que l'unique propriété que l'on puisse lui attribuer avec certitude, c'est *qu'il est absolument indivisible.* Or, « être indivisible » signifiant « être un », et non plusieurs, cette conception métaphysique de l'unité absolue appliquée à l'atome comme sa qualité essentielle, se réduit en définitive à dire : L'atome est un atome, et sa propriété essentielle est d'être un atome. Mais si quelque mathématicien disait que l'unité est l'unité, et a pour qualité l'unité, il ne pourrait pas néanmoins tirer une multiplicité concrète et variée de cette unité abstraite et simple, ou de plusieurs unités de la même valeur.

C'est avec raison que Locke dit : « Je voudrais

bien qu'on me montrât dans la notion que nous avons de l'esprit quelque chose de plus embrouillé, ou qui approche plus de la contradiction, que ce que renferme la notion même du corps, je veux parler de la divisibilité à l'infini d'une étendue finie. Car, soit que nous recevions cette divisibilité à l'infini, ou que nous la rejetions, elle nous engage dans des conséquences qu'il nous est impossible d'expliquer ou de pouvoir concilier, et qui entraînent de plus grandes difficultés et des absurdités plus apparentes que tout ce qui peut suivre de la notion d'une substance immatérielle douée d'intelligence [1]. »

Quelques physiciens, voulant attribuer aux atomes des qualités essentielles et positives, désignent par différents noms une même conception purement abstraite ou métaphysique : ainsi ils disent que les atomes sont impénétrables, solides et étendus dans leur indivisibilité infiniment petite et absolue; comme si ces mots n'exprimaient pas toujours la même idée d'unité? Qu'est-ce que l'étendue indivisible, sinon la conception même d'une unité sans parties? Qu'est-ce que l'impénétrabilité ou solidité, sinon la conception même d'une unité qui ne peut être réduite en quelque autre unité? Qu'est-ce que l'étendue visible, sinon la conception d'un grand nombre d'unités à côté les unes des autres? Qu'est-ce que le mouvement, sinon la conception de ces unités en rapports divers les unes aux autres?

[1] Locke, *De l'entendement humain*, liv. II, ch. XXIII, § 31.

L'hypothèse des atomes, imaginée, à ce qu'on croit, par Moschus de Sidon, qui vivait avant la guerre de Troie, suivie dans la Grèce ancienne par Leucippe, Démocrite et Épicure, poétisée par Lucrèce, ressuscitée par Gassendi, adoptée par Dalton, et généralisée par les physiciens modernes, sert à peine d'auxiliaire dans l'explication des combinaisons chimiques et de l'isomérie que présentent quelques corps de la nature ; mais elle ne peut servir à expliquer la variété des corps simples, la vie, le mouvement, l'harmonie, la beauté et les lois de l'univers, ni son existence tel qu'il se présente à nous, ou tel qu'il est en réalité, et moins encore la cause qui l'a produit.

Quelques matérialistes supposant ou affirmant que cette même substance atomique imaginaire des corps peut être ou est la substance qui pense, c'est-à-dire que la pensée est un phénomène, une propriété de quelques atomes de la matière, disent que nous ne connaissons pas toutes les propriétés de cette matière. Mais quelles sont, demanderai-je, les propriétés de la matière que nous connaissons, excepté celles que nous lui attribuons par les sensations, propriétés qui ne lui appartiennent pas ? Et qu'est-ce que cette matière formée d'atomes que nous supposons exister, et à laquelle, l'hypothèse de son existence admise, nous ne pouvons attribuer que cette même existence hypothétique ?

Nous pouvons parler de la matière des corps, et des atomes, et nous entendre parfaitement, comme nous nous entendons quand nous parlons de la dureté, des couleurs, des sons, des odeurs, du froid, de la chaleur; comme nous nous entendons quand nous parlons des nombres, des figures, du mouvement et des forces physiques. Mais autre chose est de considérer les objets comme des phénomènes soumis à certaines lois, et autre chose est de les considérer comme des substances, comme des choses existantes par elles-mêmes : et rien ne nous oblige à prendre pour une réalité substantielle ce qui se présente comme une simple apparence, un phénomène, un effet, un résultat de notre manière de percevoir au moyen des sensations, et d'une cause nécessaire, éternelle, hors de nous, être infini en pouvoir et en savoir, qui se révèle sensiblement dans l'univers, mais sans s'identifier avec lui.

Si la conception que nous avons de la matière se réduit à la représenter comme un amas d'atomes inertes, sans aucune propriété, soumis à des lois qui ne dépendent pas de leur nature propre, et cela comme un moyen facile d'expliquer les phénomènes sensibles, sans que nous soyons obligés à chaque instant de recourir à l'être unique, cause de tout; cette conception n'a rien de répréhensible, une fois que nous reconnaissons qu'au-dessus de ces atomes fantastiques et de cette matière apparente il y a un être créateur et des esprits qui perçoivent.

Si le matérialisme est absolu, s'il considère cette matière supposée comme l'unique substance existante par elle-même, simple et composée, divisible et indivisible, une et multiple en même temps ; ici avec certaines propriétés, là avec d'autres ; ici avec tel mouvement, là avec tel autre ; ici s'attirant sans jamais se toucher, là se dilatant immensément sans laisser de vides ; tantôt essentiellement étendue, tantôt ayant une étendue apparente ; tantôt soumise à des lois nécessaires, tantôt étant elle-même sa propre loi ; tantôt cause de tout, tantôt effet venant de nous, ou d'elle-même, du hasard, ou du néant ; un tel matérialisme est contradictoire, absurde, et se réfute de soi-même.

Cette sorte de matérialisme croit quelquefois échapper à l'absurdité, et se revêtir d'un aspect scientifique, en personnifiant la nature, et en la représentant comme une force nécessaire et aveugle, qui produit tout sans rien savoir, par un hasard fatal, pouvant même produire l'intelligence, sans avoir elle-même aucune intelligence ; et de cette manière, par une continuelle pétition de principes et une contradiction manifeste, il prétend expliquer tous les faits intellectuels et physiques au moyen de cette nature fatale et sans raison, et considère cette nature comme la somme même de tous les faits, sans existence au delà de ces faits.

Cette nature machine a beaucoup de ressemblance avec l'*intelligence* à laquelle Anaxagoras avait recours dans ses difficultés, selon ce que dit Aristote dans sa Métaphysique : « Anaxagoras se sert de l'intelligence comme d'une machine. Quand il se voit embarrassé pour expliquer pourquoi telle ou telle chose est nécessaire, il met en scène l'intelligence ; hors de là, dans tous les autres cas, il attribue la production des phénomènes à toute chose quelconque de préférence à l'intelligence. »

Les matérialistes ne voulant pas admettre un seul être éternel, infiniment savant, et créateur de toutes choses, trouvent plus raisonnable et plus intelligible d'admettre l'existence réelle d'une infinité d'atomes éternels et nécessaires, et d'une cause abstraite et aveugle, la nature, sans existence hors des atomes imaginaires, et d'expliquer une chose par l'autre, sans jamais sortir d'une contradiction continuelle ; et tout cela seulement pour ne pas reconnaître une intelligence suprême, qui par ces contradictions mêmes les oblige à la reconnaître. La vérité est plus forte que l'homme.

Mais ceux qui s'éloignent ainsi de la véritable philosophie sont peu nombreux; et il n'est pas étonnant que l'esprit spéculatif, en recourant à toutes les hypothèses possibles, ait produit le matérialisme, puisque le christianisme a produit les horreurs de l'inquisition.

L'esprit humain, doué d'intelligence et de volonté, comprend un seul être absolu dont la sagesse et la puissance sont infinies, cause nécessaire de toutes choses; mais il ne peut comprendre, quelques efforts qu'il fasse, une nature ignorante, et un nombre infini d'atomes éternels et nécessaires, produisant aveuglément et au hasard l'entendement, la vie, l'univers, si varié et si harmonique en même temps.

Tant d'ordre, tant de beauté, tant de sagesse, sont incompatibles avec une nature abstraite et aveugle qui ne se connaît pas, qui ne sait ce qu'elle fait, et se dissout tout entière en atomes imperceptibles et stupides, qui répugnent à l'existence.

Mais si nous n'admettons pas, et nous ne pouvons l'admettre, que la matière des corps soit une substance, dans le sens que l'on donne à l'expression *substance matérielle*, nierons-nous pour cela l'existence de l'univers? Non, comme nous comprenons qu'il existe réellement; et oui, comme les matérialistes le considèrent, sans autre réalité hors de lui-même.

Mais, d'une ou d'autre manière, ne tomberons-nous pas dans le panthéisme de ceux qui identifiant le monde avec Dieu, le considèrent comme une somme de phénomènes de Dieu et en Dieu, de sorte qu'il ne se distingue pas des phénomènes dont il est la substance? Telle n'est, en aucune façon, notre manière de comprendre les choses, et nous repoussons cette hypothèse, puisque nous reconnaissons l'existence d'esprits libres, conscients d'eux-mêmes, et opérant par leur propre impulsion; ce n'est pas par une contradiction de nos principes, et pour sauver notre individualité, mais parce que le fait est vrai, et se concilie avec notre manière de penser.

Je me comprends, psychologiquement parlant, entier et identique en toutes et en chacune de mes pensées et de mes volitions, et je ne m'identifie avec aucun de mes actes, qui n'existent pas pour moi sans moi; je puis par conséquent comprendre Dieu créant toutes choses par sa sagesse, sans s'identifier avec elles, et sans qu'elles l'épuisent. Nous exposerons notre pensée avec plus de clarté dans un autre endroit.

Toute l'erreur provient de ce qu'on veut représenter l'Être infini comme un corps de dimensions infinies, occupant tout l'espace, et dans lequel les choses sont comme des modes divers de son être, ou comme des objets qui l'emplissent et ne se séparent pas de lui : mais c'est là la manière de représenter matériellement l'Être éternel, ou plutôt de représenter l'univers. Ce n'est pas avec des images sensibles que nous pouvons comprendre l'Être éternel et ses créations intellectuelles; c'est par les faits de notre propre intelligence et de notre esprit que nous pouvons concevoir Dieu et ses créatures. Et telle est la pensée de Bossuet quand il dit : « Rien ne sert tant à l'âme pour s'élever à son auteur que la connaissance qu'elle a d'elle-même et de ses sublimes opérations, que nous avons appelées intellectuelles [1]. »

Toutes choses existent intellectuellement en Dieu telles qu'elles sont, comme ses pensées. Cette manière de comprendre les choses, conséquence forcée de ce que nous avons dit jusqu'ici, et de toutes les études que nous avons faites, sans avoir la moindre intention de conclure plutôt d'une manière que d'une autre, nous paraît d'accord avec quelques-

[1] *De la connaissance de Dieu et de soi-même*, chap. IV, § 5.

unes des paroles de l'Écriture, et avec ce qu'ont dit les plus grands théologiens et philosophes. Mais comme on réprouve quelquefois dans les uns ce que l'on admire dans les autres, il convient, avant d'exposer clairement notre pensée sur la création de toutes choses par Dieu, de préparer notre voie, et d'aplanir quelques difficultés en nous appuyant de l'autorité respectable de ceux qui ont le plus profondément médité sur cette importante question, les uns dans le but de soutenir la doctrine du christianisme, les autres simplement par esprit de spéculation philosophique.

Bossuet, aussi grand philosophe que théologien et historien, s'exprime ainsi dans sa lettre au pape Innocent XI : « Nous avons fait un traité *De la connaissance de Dieu et de soi-même*, où nous expliquons la nature de l'esprit par les choses que chacun expérimente en soi, et faisons voir qu'un homme qui sait se rendre présent à lui-même trouve Dieu plus présent que toute autre chose, puisque sans lui il n'aurait ni mouvement, ni esprit, ni vie, ni raison; selon cette parole vraiment philosophique de l'Apôtre prêchant à Athènes, c'est-à-dire dans le lieu où la philosophie était comme dans son fort : « *Il n'est pas loin de chacun de nous, puisque c'est en lui que nous vivons, que nous sommes mus et que nous sommes.* »

Personne ne dira que saint Paul et Bossuet supposent que les choses soient et se meuvent matériellement en Dieu, comme les corps dans l'espace. Cette pensée de l'Apôtre, adoptée et développée par le savant évêque de Meaux, se trouve dans Plotin, avec peu de différence dans les expressions : « Il faut que nous ayons en nous la cause et le principe de l'intelligence, Dieu, qui n'est point divisible, qui subsiste non dans un lieu, mais en lui-même, qui est contemplé par une multitude d'êtres, par chacun des êtres aptes à le recevoir, mais qui reste distinct de ces êtres, de même que le centre subsiste en lui-même, tandis que les rayons viennent tous aboutir à lui de tous les points de la circonférence. C'est ainsi que nous-mêmes, par une des parties de nous-mêmes, nous touchons à Dieu, nous nous y unissons, nous y sommes en quelque sorte suspendus; or, nous sommes édifiés en lui quand nous nous tournons vers lui [1]. »

Certainement les termes dont se sert le philosophe alexandrin pour expliquer l'existence des choses en Dieu, ne sont pas plus clairs et plus intelligibles que les paroles de l'Apôtre, qu'il devait connaître, puisqu'il a vécu dans le deuxième siècle de l'Église et fut disciple d'Ammonius Saccas, qui, à ce que l'on croit, était un chrétien apostat.

Bossuet, profondément instruit dans les doctrines de Platon et d'Aristote, ces deux sources de la philosophie moderne, où puisèrent largement les plus grands Pères de l'Église, et qu'il essaya de concilier, est souvent d'accord avec la doctrine des philosophes d'Alexandrie.

[1] Plotin, *Ennéade* V, liv. I, § 11, traduction de M. Bouillet.

Saint Augustin professe les mêmes principes, et quoiqu'il ne soit pas plus clair lorsqu'il explique comment les choses existent en Dieu, dont les êtres dépendent, cependant son opinion facilite notre manière de considérer les choses par rapport à Dieu et à notre esprit. Cet illustre Père de l'Église latine se reportant à ses chers platoniciens, s'exprime ainsi : « Ces philosophes, si justement supérieurs aux autres en gloire et en renommée, ont compris que nul corps n'est Dieu, et c'est pourquoi ils ont cherché Dieu au-dessus de tous les corps. Ils ont également compris que tout ce qui est muable n'est pas le Dieu suprême, et c'est pourquoi ils ont cherché le Dieu suprême au-dessus de toute âme et de tout esprit qui n'est pas sujet au changement. Ils ont compris enfin qu'en tout être muable, la forme qui le fait ce qu'il est, quels que soient sa nature et ses modes, ne peut venir que de *Celui qui est en vérité*, parce qu'il est immuablement. Si donc vous considérez tour à tour le corps du monde tout entier avec ses figures, ses qualités, ses mouvements réguliers et ses éléments, qui embrassent dans leur harmonie le ciel, la terre et tous les êtres corporels, puis l'âme en général, tant celle qui maintient les parties du corps et le nourrit, comme dans les astres, que celle qui donne en outre le sentiment, comme dans les animaux, et celle qui ajoute au sentiment la pensée, comme dans les hommes, et celle enfin qui n'a pas besoin de la faculté nutritive et se borne à maintenir, sentir et penser, comme dans les anges, rien de cela, corps ou âme, ne peut tenir l'être que de *Celui qui est*[1]. »

La pensée du saint évêque d'Hippone se prête à deux interprétations différentes : ou que l'être immuable est le seul être véritable, le seul être de toutes choses, et qui les constitue en leur donnant l'apparence et la forme; ou que toutes les choses reçoivent l'être et la forme de cet être immuable; heureusement cette parole, *Celui qui est en vérité*, éclaircit la pensée et nous tire du doute.

Dans sa démonstration de l'existence de Dieu, Fénélon nous paraît plus explicite sur cette idée; voici comment il s'explique : « Le même Dieu qui me fait penser n'est pas seulement la cause qui produit ma pensée; il en est encore l'objet immédiat; il est tout ensemble infiniment intelligent et infiniment intelligible. Comme intelligence universelle, il tire du néant toute actuelle intellection; comme infiniment intelligible, il est l'objet immédiat de toute intellection actuelle.... Cet être qui est infiniment, voit, en montant jusqu'à l'infini, tous les divers degrés auxquels il peut communiquer l'être. Chaque degré de communication possible constitue une essence possible qui répond à ce degré d'être qui est en Dieu indivisible avec tous les autres[2]. »

Ce passage du savant archevêque de Cambrai

---

[1] S. Augustin, *De la cité de Dieu*, liv. VIII, chap. VI, tom. II, p. 80, traduct. de M. Saisset.

[2] Fénélon, *De l'existence de Dieu*, partie IIe, ch. IV.

renferme une pensée semblable à celle de Bossuèt, qui dit : « Dieu entend tout en lui-même, parce que tout ce qui est, et n'est pas lui, est en lui comme dans sa cause [1]. »

Nous rappellerons encore la célèbre théorie, si mal jugée, de la vision en Dieu du père Malebranche, et nous citerons un passage peu connu d'une lettre de cet éminent métaphysicien à un philosophe de son temps, où nous trouvons cette pensée exposée avec beaucoup de clarté. « Dieu est partout. Mais l'étendue locale dont le monde est composé, Paris, Rome, mon propre corps, étendue qui n'est point l'objet immédiat de mon esprit, n'existe point nécessairement ; car je conçois que quand Dieu aurait anéanti le monde créé, si Dieu m'affectait comme il m'affecte, je verrais le monde comme je le vois, et je croirais que ce monde existe encore, parce que ce monde n'est point ce qui agit dans mon esprit [2]. »

On trouve étrange et sans fondement la profonde théorie de Malebranche, et on accepte la conclusion de Condillac, qui dit : « Rien dans l'univers n'est visible pour nous ; nous n'apercevons que les phénomènes produits par le concours de nos sensations. »

Les deux philosophes semblent dire la même chose ; mais quelle distance, quelle différence entre

---

[1] Voyez la note, page 333.
[2] *Fragments de philosophie cartésienne*, par V. Cousin; *Correspondance de Malebranche et de Mairan*, p. 307.

les deux théories ! Dans l'une, nous voyons toutes les choses intellectuellement en Dieu, par les idées mêmes de Dieu, que lui-même nous communique; dans l'autre, l'univers est un phénomène produit par nos sensations, par conséquent une pure image hors de nous de ce qui est seulement en nous, n'ayant pas d'autre existence que l'apparence donnée par nos sensations.

Malebranche met de côté le monde matériel, quel qu'il soit, et nous fait voir toutes les choses par les idées mêmes que Dieu nous communique. Condillac met de côté Dieu et le monde, et nous laisse solitaires en face du produit fantastique de nos sensations.

Mais terminons l'extrait de la lettre du grand métaphysicien : « Le monde intelligible est en Dieu, et est Dieu même; car ce qui est en Dieu est substantiellement tout Dieu.... Dieu est tout ce qu'il est, partout où il est, dans tout ce qu'il est, ce que l'esprit fini ne peut comprendre. Mais nous ne voyons pas l'essence de Dieu selon ce qu'elle est en elle-même absolument, quand nous pensons à l'étendue, au monde intelligible : nous ne voyons que ce que Dieu voyait en lui-même quand il a voulu créer le monde[1]. »

Tous ces extraits, et beaucoup d'autres que nous omettons, pour ne pas trop allonger ce travail, rendent évident l'accord qui règne entre tous les plus

---

[1] Cousin, *Philosophie cartésienne; Correspondance de Malebranche et de Mairan*, p. 307, 308.

éminents théologiens et les philosophes sur ce point très-important, sur lequel personne ne peut se dispenser de méditer, et nous conclurons par une réflexion de saint Augustin sur la création : « Comme il était important de nous apprendre trois choses touchant la créature, qui l'a faite, par quel moyen, et pourquoi elle a été faite, l'Écriture a marqué tout cela en disant : « Dieu dit : Que la lumière soit faite, et la lumière fut faite, et Dieu vit que la lumière était bonne. » Ainsi, c'est Dieu qui a fait toutes choses; c'est par sa parole qu'il les a faites, et il les a faites parce qu'elles sont bonnes. Il n'y a point de plus excellent ouvrier que Dieu, ni d'art plus efficace que sa parole [1]. »

Il est certain que la parole, le verbe de Dieu, qui est son intelligence infinie identique avec sa toute-puissance, n'a besoin de rien en dehors d'elle-même pour penser toutes les choses; ni avant, ni après les avoir pensées, il n'a eu et n'a besoin d'aucune substance étrangère et inerte pour servir de soutien à ses pensées.

A mon sens, le chaos de la cosmogonie n'est qu'une image poétique pour représenter à l'imagination des hommes non la matière brute de l'univers, mais bien l'incompréhensible néant où il serait si Dieu n'existait pas; Dieu existant, l'image du chaos représente la possibilité des choses avant que Dieu les fasse apparaître en leur temps, par sa parole intérieure, qui seule leur donne l'existence; et

[1] *De la cité de Dieu*, xi, 21.

pour cela il lui suffit de vouloir. De même les pensées que l'esprit humain, image finie de Dieu, n'a pas eues, et qu'il peut avoir, les actes qu'il n'a pas exercés, et qu'il peut exercer, sont pour lui dans le néant, ou dans le chaos, avant qu'il les mette à exécution. Il y a cependant cette différence, que l'esprit humain ignore quelles sont les pensées et les volitions qu'il aura, quoiqu'il n'ignore pas quelles sont les conditions qui lui sont nécessaires pour penser et vouloir. Mais Dieu n'ignore aucune chose ; seulement il nous manifeste ses desseins éternels dans un ordre successif, parce que l'esprit humain ne peut, comme lui, les contenir tous en même temps ; c'est pour cela que tandis que certaines choses nous sont présentes, d'autres qui à leur tour ont été déjà présentes, nous paraissent dans le passé, ou dans l'avenir, oubliées ou espérées.

Mais de toutes les citations que nous venons de faire et des réflexions dont nous les avons fait suivre, quelle conclusion pouvons-nous tirer qui soit conforme à notre manière de voir, conclusion qui réunisse tant d'opinions diverses, et qui soit, s'il est possible, plus claire, et sans équivoque ? C'est dans cette clarté intelligible que sera tout le mérite de notre démonstration. Pour y arriver, il faut récapituler la difficulté et en poser clairement le problème.

Nous avons un Être unique, absolu, en qui sont toutes choses ; nous avons dans cet Être l'univers intelligible pensé par lui et sans existence hors de lui; nous avons l'univers sensible, l'univers qui nous est révélé par nos perceptions, et à l'existence duquel nous croyons. Y a-t-il identité entre ces deux univers? L'un est-il l'image de l'autre?

En outre, nous avons les esprits humains, c'est-à-dire nous-mêmes, doués de la conscience de leur individualité, et de leur liberté, et destinés à une vie morale. Ces esprits, qui sont en Dieu comme toutes les choses, pensent-ils par eux-mêmes, opèrent-ils par eux-mêmes, ou est-ce l'Être éternel qui pense en nous, et veut, et a conscience de soi-même, en se personnifiant en nous?

Ce problème renferme de nombreuses difficultés qui exigent chacune un examen particulier. Laissons pour l'instant la question relative aux esprits, qui est la dernière et qui offre le plus d'objections, et occupons-nous de la première, qui nous ouvrira la voie pour arriver à la seconde. Je veux avant tout me bien comprendre; et si je ne puis parvenir à résoudre le problème, au moins je ne me ferai pas illusion à mes propres yeux.

L'étude que nous avons faite de la physique, de la physiologie et de la psychologie nous fait connaître de la manière la plus incontestable que ce monde sensible n'a pas en lui-même les qualités que nous lui attribuons par les sensations; qu'il est pour nous le résultat de notre manière de percevoir et d'une cause nécessaire hors de nous, qui nous fait percevoir au moyen d'intuitions nombreuses réunies; nous pouvons donc en conclure que tout cet immense univers sensible, qui nous paraît substantiellement exister entre nous et Dieu, n'existe qu'intellectuellement en Dieu à l'état de chose pensée, et n'a pas d'autre existence hors de l'intelligence même de Dieu qui l'a conçu; qu'aucune chose n'a d'existence matérielle hors de Dieu, parce qu'il n'y a rien hors de Dieu ni en Dieu qui soit matériel; tout, absolument tout, est intellectuel, tout est spirituel; tout est et demeure dans sa raison éternelle, par l'action continue du pouvoir de sa sagesse infinie. Toutes les choses que nous savons, toutes celles que nous ignorons, lui sont toujours présentes, comme lui-même est présent en toutes choses; parce qu'il sait qu'elles sont ses pensées, qu'une fois qu'il les a conçues elles demeurent en lui pour toujours, car Dieu n'oubliant jamais aucune chose qu'il a une fois conçue, aucune chose ne peut s'anéantir.

Ce même immense univers un et unique, qui n'existe qu'intellectuellement dans l'esprit divin qui l'a conçu dans toute son étendue, dans toute son harmonie et dans toute sa beauté; cet univers unique que le verbe divin pourrait, s'il le voulait, faire disparaître en partie, ou entièrement, en pensant d'autres choses, si cette volonté était conforme à sa raison éternelle; ce même univers intellectuel qui est dans la pensée de Dieu, cet univers présent aux esprits créés, non dans son immensité et dans sa totalité, mais comme Dieu a jugé meilleur de le laisser voir aux hommes, c'est l'univers de nos perceptions externes, perceptions qui, comme nous l'avons démontré, renferment plusieurs intuitions pures des choses nécessaires existantes en Dieu.

Cet univers intellectuel se réfléchit par nos perceptions, se corporifie dans l'espace devant nos sens, et prend les proportions convenables, relatives aux conditions actuelles des esprits créés; la science le grandit à notre entendement, et il nous paraît alors mille fois plus beau et plus extraordinaire qu'il ne se présente à nous en effet; et au moyen des intuitions pures il reprend son être véritable, en Dieu qui l'a conçu, et en nous qui le percevons intellectuellement.

Nous jugeons l'univers réel et immense, parce qu'il est intellectuellement réel et immense en Dieu, et pour nous. Nous le jugeons soumis à des lois nécessaires, parce que ces lois, c'est l'ordre, la permanence même des pensées de Dieu. Nous disons qu'il est un phénomène, un effet d'une cause supérieure, sans existence par lui-même, et n'ayant pas les qualités que nous lui attribuons par les sensations, parce que, en vérité, hors de Dieu qui a pensé cet univers, et de nous qui percevons ses pensées comme nous pouvons les percevoir, il n'existe aucune chose. L'intellectuel en Dieu, et l'intelligible pour nous s'identifient en une même pensée, en une même chose conçue et perçue. Tout existe dans l'intelligence, par l'intelligence, et pour l'intelligence.

Un exemple facile à comprendre et tiré des faits

de l'esprit humain pourra plus clairement représenter notre idée.

Supposons un homme pensant selon sa volonté, soit par exemple le spectacle même de la nature: le ciel, le soleil, des nuages, la terre, des montagnes, des arbres, des ruisseaux qui murmurent, des oiseaux qui chantent, des animaux qui paissent, enfin un vaste tableau, comme il nous arrive si souvent d'en imaginer, que nous soyons éveillés ou que nous rêvions, représentant dans l'espace les objets qui peuvent être figurés, et pensant ce que nous ne pouvons représenter. Supposons que je me trouve en face de cet homme qui pense; et comme quelques physiologistes sont persuadés que les somnambules lucides voient les choses qui sont dans la pensée des personnes en contact magnétique avec eux, qu'il en soit ainsi ou non, comme il est de fait que les somnambules voient les yeux fermés et en dormant ce que nous ne pouvons voir éveillés et les yeux ouverts; admettons pour un moment, qu'en état de somnambulisme, ou par grâce divine, je puisse percevoir tout ce que pense cet esprit. Qu'arrivera-t-il? C'est que toutes les choses qu'il pense ou qu'il imagine me seront présentes comme si elles étaient réelles, et avec toutes les conditions de notre manière de percevoir. Je me verrai enveloppé dans ses propres pensées, sous ce ciel, éclairé par ce soleil, au milieu de ce champ, entre ces arbres qu'il imagine; j'entendrai le chant des oiseaux, le murmure des eaux, je sentirai le parfum des fleurs; comme nous-mêmes, quand nous rêvons, nous nous voyons en des lieux divers, au milieu des objets de nos rêves. Si cet homme vient à penser que je suis éloigné, qu'entre moi et lui il y a une immensité de choses qui le cachent, tous ces objets me seront présents, et lui-même disparaîtra à mes yeux.

Si on me demande où sont tous ces objets, je répondrai : dans l'espace. Mais tous ces phénomènes, ce même espace, que sont-ils en réalité? Des pensées d'un esprit qui pense en lui-même, perceptibles à un autre esprit, et sans réalité substantielle hors des deux esprits qui se communiquent par ce moyen. Ces phénomènes me révéleront un être et une cause, et cet être, cette cause, c'est l'esprit qui les pense. C'est de cette manière que nous percevons l'univers intellectuel, qui est en Dieu, et que nous nous voyons dans ce même univers comme en faisant partie; et tout nous révèle Dieu, en nous et hors de nous, parce que la volonté divine est l'unique substance, l'unique vie de l'univers.

Et qui nous affirme que tout se passe ainsi? Dieu même, par toutes les sciences physiques, par la physiologie et la psychologie; par les rêves, par le somnambulisme, par les visions; puisque ce sont toutes ces sciences, tous ces faits cités et reconnus qui nous obligent à tirer cette conclusion, qui, étant logique et conforme aux observations et aux théories les plus contraires, doit infailliblement être vraie, et non une hypothèse.

CHAPITRE QUATORZIÈME.

Nous devons cependant faire ici une observation. Lorsque nous pensons une série de choses purement fantastiques, il semble que nos pensées s'enchaînent par elles-mêmes, se combinent, se meuvent, sans que nous fassions le moindre effort de volonté et de réflexion. Si nous nous représentons une armée dans un camp, nous faisons manœuvrer tous les bataillons dans des directions différentes, sans nous fatiguer à faire marcher chaque individu séparément; nous imaginons, nous pensons, nous ordonnons, nous prévoyons tout en même temps, et en un instant nous pouvons faire durer une bataille un jour entier, ou des années. Tel est le fait, telle est la force de notre intelligence créatrice comme celle de Dieu, mais à un degré bien inférieur.

Dieu ayant pensé toute l'harmonie de son univers intellectuel, il n'a pas besoin de penser de nouveau à chaque instant la même chose pour que tout demeure ou succède selon l'ordre une fois donné. Cet ordre établi pour toutes les conceptions, ce sont les lois, les genres, les espèces, la vie, les instincts, enfin tout ce que nous reconnaissons demeurer au milieu de l'infinie multiplicité harmonique. Ainsi, Dieu ayant une fois classé et spécifié toutes les sensations en rapport avec tous les mouvements de ses pensées, ces sensations se manifestent dans les animaux et les dirigent instinctivement, et, au moyen de l'animal humain, affectent l'esprit de l'homme avec toutes les intuitions pures de ce qui est en Dieu, aussitôt que quelque chose se présente à nous ; et ces sensations se modifieront et varieront selon les divers rapports des mouvements des choses contingentes, sans que les intuitions pures de ce qui demeure en Dieu et dans notre intelligence éprouvent aucune variation.

L'ordre général de l'univers est toujours le même, parce que cet ordre est bon, beau, juste, et le meilleur qu'il pouvait être ; mais le Poëte suprême sait concilier une infinie variété avec la plus parfaite unité, et renouvelle à tout instant chacune de ses pensées, en conservant néanmoins les lois et les types de toutes les choses. Les individus que nous percevons paraissent se décomposer, et leurs restes mis à profit entrer dans la composition de nouveaux individus ; mais cela, c'est l'ordre même de la transformation et de la succession de plusieurs pensées en une seule, ou d'une seule en plusieurs. Si Dieu jugeait devoir supprimer le soleil de son univers, en le faisant disparaître peu à peu comme une vapeur qui se dissipe jusqu'à ce qu'elle soit évanouie, sans cependant supprimer pour nous la succession des jours et l'ordre actuel du mouvement des autres astres, nous verrions le soleil se dilater, s'éteindre, s'évanouir, et nous dirions qu'une partie de ses molécules a été attirée par les astres, et que d'autres se sont répandues dans l'atmosphère ; et nous expliquerions la visibilité périodique des choses par la vibration de ces molécules, causée par quelque autre objet qui aurait coïncidé constamment avec l'apparition des choses; ou nous dirions que la succession périodique des jours et des nuits dépendait d'une cause occulte. Le soleil n'existerait plus pour nous, et il pourrait exister dans l'univers intellectuel, ainsi que tant de milliers d'autres que nous ne voyons pas, et qui vaguent dans l'intelligence de Dieu, telle que cette infinité d'étoiles étrangères à notre système solaire, tous ces orbes immenses qui, réunis par centaines, nous paraissent des taches blanchâtres et nébuleuses qui flottent dans les abîmes de l'infini, et proclament à notre intelligence extasiée la grandeur, la sagesse et le pouvoir de l'Éternel. Et si tout demeure dans l'intelligence infinie de Dieu, comment l'esprit humain cesserait-il d'y exister, lui fait à l'image de Dieu, pour admirer éternellement les innombrables merveilles de son Créateur?

Contemplons l'éternité du temps, qui est l'éternelle durée de Dieu; contemplons l'immensité de l'espace, qui est l'image de l'immensité de son intelligence créatrice. Tout peut durer dans cet infini : ce qui nous paraît avoir été déjà, ce qui est et ce qui doit être pour les hommes; et si l'univers persévère dans l'intelligence divine, pourquoi les esprits intelligents qui le contemplent ne se perpétueraient-ils pas aussi? Cela est-il impossible à l'Être éternel? Non. Cette immortalité répugne-t-elle à ce que nous savons de la nature de l'esprit? Non, certes! N'est-ce pas en nous que Dieu se contemple? N'est-ce pas dans notre intelligence qu'il réfléchit toutes ses pensées immortelles et une partie de son univers, en nous montrant dans le lointain des milliers d'autres mondes, comme pour nous dire : « Un jour vous les verrez mieux ? Personne ne dépose en vain ses espérances en moi; tout est comme il doit être, et tout ce qui est possible est déjà, et sera. Je vous ai créés libres et intelligents, afin que par vous-mêmes vous cherchiez à connaître mes pensées éternelles, et que vous pratiquiez, selon vos forces, la vertu comme je l'ai conçue, au milieu de tous les obstacles passagers. La vérité vous sera montrée dans mon éternité, et avec elle je vous donnerai le prix de vos efforts. »

C'est ainsi que j'entends dans ma conscience retentir la voix de la raison éternelle; c'est ainsi que je comprends que toutes choses existent en Dieu, et pour nous.

CHAPITRE QUINZIÈME.

De la corporéité. — Cause de la permanence dans l'ordre des perceptions. — Réponse à une observation de Leibnitz. — Pourquoi Dieu a créé les esprits humains. — Ce qui limite le pouvoir de l'homme. — De l'ordre social existant. — Possibilité de quelque autre ordre social. — Convenance d'une société libre — Tout se comprend avec la liberté humaine. — Conciliation de la liberté avec la prescience divine. — Dieu est présent à l'ordre social. — Moralité de nos actes. — Motif de nos actions. — Réfutation de la théorie de l'intérêt individuel. — Fin morale de l'homme. — La vertu est plus facile qu'elle ne le paraît. — Sentiments moraux. — Le devoir. — Immortalité de l'âme.

J'ai pour but, dans ce travail, de comprendre l'ordre universel de toutes choses, et de me l'expliquer à moi-même sans hypothèse ; et je n'invente pas pour ma propre satisfaction une théorie abstraite, en cherchant par force à l'harmoniser dans toutes ses parties, pour lui donner cette beauté idéale de l'unité dont les grands génies aspirent à sceller leurs œuvres. Je pars de faits reconnus par tous les philosophes des écoles les plus opposées, et par tous ceux qui possèdent une connaissance générale des choses de la nature; j'invoque le témoignage de toutes les sciences non suspectes de métaphysique et de mysticisme; je cherche les principes, les démonstrations et les conclusions propres à toutes les théories les plus ennemies ; j'examine ce qu'elles affirment, ce qu'elles nient systématiquement et ce qu'elles confessent sans le vouloir, forcées par la vérité, qui brille dans toutes les théories, même dans celles qui la méconnaissent, de même que la lumière brille à travers le nuage obscur qui la couvre.

Ce n'est pas par défaut d'intelligence que nous refusons quelquefois de reconnaître la vérité, mais par défaut d'attention, ce qui dépend de la volonté; et plus souvent encore par un faux préjugé qui nous porte à douter de l'évidence, seulement parce qu'elle semble contraire à notre manière habituelle d'entendre, et à certains principes qu'une analyse incomplète et une induction précipitée nous font admettre. C'est pour nous une chose pénible, au milieu ou à la fin de la vie, d'adopter des idées nouvelles, comme de changer de langage et de réformer nos habitudes. Ainsi, dans aucune science, il n'y a pas de vérité, pas de fait nouveau dû au labeur assidu de quelques esprits, qui n'ait été et ne soit combattu par mille jugements anticipés. D'autres fois, dans l'impossibilité de nier les faits qui nous paraissent contraires à ce que nous savons, nous nions aujourd'hui ce que nous affirmions hier; nous donnons maintenant comme cause ce que nous reconnaissions auparavant être effet, ou, découragés, nous doutons de tout : c'est là aussi une erreur, car il y a infailliblement quelque chose qui est pour l'esprit humain une vérité qui ne supporte aucun doute, à commencer par sa propre existence.

CHAPITRE QUINZIÈME.

Ce qui a été démontré jusqu'ici nous autorise à conclure que cet univers sensible est une réverbération de l'univers intellectuel, qui existe dans la pensée de Dieu, et qui se corporifie à nos sens par le reflet de nos intuitions et de nos sensations ; que ces sensations ne sont les qualités d'aucune substance finie et atomique, mais de simples signes des mouvements des pensées de Dieu, qui par ces sensations deviennent sensibles pour nous ; de même que s'il nous était permis de percevoir, au moyen des sensations, tous les actes de quelque esprit humain, ces actes nous paraîtraient des mouvements rapides, et ces pensées des objets corporels.

Si l'intelligence éternelle cessait de penser cet univers, il disparaîtrait tout entier en un moment, et il n'en resterait pas un seul atome.

Les objets que nous voyons dans nos rêves s'évanouissent quand les sens reprennent leur activité régulière, parce qu'étant de simples réverbérations de nos pensées imitées, ils n'existent pour nous que quand nous les imaginons, rien hors de nous ne les soutient ni ne les perçoit ; et notre volonté limitée ne peut leur donner de permanence. Mais cet univers sensible étant un reflet hors de nous des pensées de Dieu, que nous percevons intuitivement, cet Être éternel qui l'a conçu lui donne la durée, et fait qu'il nous affecte constamment.

La force vitale sensible qui organise, ainsi que toutes les forces ou lois de la nature, sont des volitions, des déterminations de l'Être éternel ; et ce que nous appelons substance matérielle est simplement la volonté de Dieu qui soutient ses propres pensées ou créations intellectuelles. La véritable substance, le véritable et unique Être, c'est l'esprit infini qui sait tout et peut tout, et qui par la pensée et la volonté a créé tout l'univers.

C'est dans ce sens que j'entends la pensée sublime de Leibnitz parlant de Dieu : « Son entendement est la source des *essences*, et sa volonté est l'origine des *existences*. Voilà, en peu de mots, la preuve d'un Dieu unique avec ses perfections, et *par lui* l'origine des choses[1]. »

Pour que nous puissions bien comprendre ce que sont les objets que nous percevons, l'espace même dans lequel ils se meuvent, et comment tout est dans l'intelligence divine, sans existence substantielle hors de cette intelligence suprême, imaginons maintenant plusieurs individus dormant dans un même endroit, et tous rêvant d'objets différents : les uns voyant des villes, d'autres, des forêts, d'autres, des mers, etc. Tous ces fantômes se présentent à eux en même temps, et, dans ce lieu étroit où nous les voyons immobiles et plongés dans le sommeil, ils se meuvent intellectuellement, et voyagent dans des pays vastes et lointains, contemplant des milliers de choses invisibles pour nous ; de sorte que ces esprits, par leur vertu propre, créent momentané-

---

[1] *Essais sur la bonté de Dieu, la liberté de l'homme et l'origine du mal.* Partie Ire, § 7.

ment non-seulement les chimères qu'ils imaginent, mais aussi l'espace dans lequel elles se meuvent.

Mais, au lieu de plusieurs esprits qui rêvent, c'est un seul esprit infini, une seule intelligence éternelle, ou Dieu seul qui a pensé, et qui pense tout ; et nous, esprits finis, nous percevons une partie de ses pensées mêmes, sans aucun intermédiaire, parce que tous les intermédiaires supposés sont autant d'autres pensées de Dieu que nous percevons ou concevons.

C'est ainsi que l'espace infini est dans l'esprit infini qui l'a conçu, aussi bien que toutes les choses que nous percevons dans l'espace ; et cet espace infini est dans l'intelligence éternelle, non comme nous nous le représentons, mais comme est en nous le pouvoir d'imaginer, de concevoir et de vouloir.

Maintenant, peut-être ne semblera-t-il pas hors de raison de dire que l'esprit n'est pas dans le corps et dans l'espace, mais bien que le corps et l'espace sont intellectuellement dans l'esprit, ou devant l'esprit.

Nous percevons notre corps avec les mêmes conditions qui nous servent à percevoir quelque autre corps : la sensibilité qui nous attache à lui, c'est-à-dire les pensées et les sensations qui le représentent, ne lui donne pas un autre être, d'autres qualités que celles que nous lui attribuons par les intuitions et les sensations. Notre corps est pour nous ce qu'est pour lui-même son image réfléchie dans un miroir, où il n'est pas réellement ; et quand nous voulons voir ce qui se trouve sur notre visage, nous regardons dans un miroir, où nous le voyons. La figure qui se présente à nous dans le miroir n'est pas autre chose que le second reflet de notre perception. Si par une hallucination il se présente à mon esprit une image de mon corps différente de celle que j'ai maintenant, je verrai dans le miroir cette image présente à ma fantaisie, et non celle que je croyais auparavant être le véritable aspect de mon corps; et comme le corps est le produit d'une série d'idées par nous réfléchies, mais non par nous inventées, quelque altération dans l'ordre de succession de ces signes produira un nouveau corps, ou une nouvelle forme et de nouvelles qualités.

Si dans l'état normal l'effet corporel de nos perceptions paraît identique et réel pour tous, c'est parce que la série de ces idées qui produisent le corps et les corps se réfléchit dans tous les esprits de la même manière, tous ces signes ayant été pensés par une seule intelligence suprême.

Je me rappelle à ce sujet une observation de Leibnitz. « Je crois, dit-il, que le vrai critérium en matière des objets des sens est la liaison des phénomènes.... Et la liaison des phénomènes, qui garantit les *vérités de fait* à l'égard des choses sensibles hors de nous, se vérifie par le moyen des *vérités de raison;* comme les apparences de l'optique s'éclaircissent par la géométrie. Cependant il faut avouer que toute cette certitude n'est pas du suprême degré, comme notre auteur (Locke) l'a très-bien reconnu. Car il n'est point impossible, métaphysiquement parlant, qu'il y ait un songe suivi et durable comme la vie d'un homme ; mais c'est une chose aussi contraire à la raison que pourrait être la fiction d'un livre qui se formerait par le hasard, en jetant pêle-mêle des caractères d'imprimerie. Au reste, il est vrai aussi que pourvu que les phénomènes soient liés, il n'importe qu'on les appelle songes, ou non, puisque l'expérience montre qu'on ne se trompe point avec les mesures qu'on prend sur ces phénomènes[1]. »

En acceptant cette remarque d'un des premiers savants du monde comme une objection qui pourrait nous être présentée, nous répondons que cette possibilité métaphysique n'est pas contraire à la raison, puisque la raison et l'expérience montrent que cette possibilité est le fait même, fait qui n'est pas le produit du hasard, comme le livre supposé par Leibnitz, sans qu'aucune intelligence ait placé dans un ordre convenable les caractères brouillés ; mais bien par l'unité de l'intelligence suprême, qui a coordonné les signes qui servent aux hommes, signes qui dans des conditions données leur présentent un monde uniforme et permanent, et dans d'autres conditions, quand ils sont reproduits seulement par notre volonté créatrice, nous font voir un monde passager, changeant et illusoire.

Si dans le cours de ce travail nous avons dit quelque chose qui paraisse en contradiction avec ce que

---

[1] Leibnitz, *Nouveaux essais*, livre IV, chap. II, § 14.

nous avançons dans ce chapitre et dans le précédent, c'est parce que nous avons jugé convenable de marcher pas à pas, et de parler successivement le langage connu de chaque science que nous appelions à notre secours; comme celui qui en montant un escalier s'appuie de degré en degré, jusqu'à ce que, arrivé au faîte, il se montre à l'extrémité opposée au point d'où il est parti.

Laissons maintenant le corps, dont nous connaissons physiquement et métaphysiquement la nature, et occupons-nous de l'esprit, et de son existence en Dieu.

Il est certain que si toutes les choses existent intellectuellement en Dieu et dans les esprits, parce que hors de Dieu et des esprits il n'y a de place pour aucune chose, l'esprit humain est nécessairement en Dieu. Mais l'esprit humain n'est pas une simple pensée de l'intelligence éternelle, qui sans se connaître se meut par des déterminations nécessaires, qui n'existe qu'intellectuellement en Dieu, ou comme objet pour les autres esprits, de même que le corps existe pour nous.

L'esprit humain a conscience de soi; les pensées de Dieu se reflètent dans son intelligence; il cherche à les comprendre, délibère et opère par soi-même. Cette conscience et cette liberté lui donnent une individualité réelle, la possession de soi-même; il dit *moi*, et existe réellement; et soit que Dieu l'ait constitué avec sa propre substance, soit qu'il lui ait donné un être analogue au sien, de toute manière il se connaît par sa propre conscience, et se distingue de la conscience éternelle et universelle, ainsi que de la conscience de tous les esprits ses frères. C'est par cette conscience individuelle et par ses propres actes qu'il se juge et qu'il est jugé, qu'il se réjouit ou qu'il souffre, qu'il se plaint ou s'applaudit, qu'il est vertueux ou coupable, non pas tant par ses actions que par l'intention qui le fait agir, car c'est l'intention qui aux yeux de Dieu constitue la vertu.

L'intelligence divine serait l'unique et solitaire spectatrice de ses admirables pensées, s'il n'existait d'autres intelligences capables de les percevoir et dans lesquelles elles pussent se refléter. L'œuvre de Dieu serait incomplète, si ayant pensé l'ordre social, la vertu au milieu de tous les obstacles et des êtres libres pour la pratiquer, il n'eût pas donné à ces créatures de son intelligence une existence réelle, une conscience propre, et une véritable liberté.

Le fait est que nous existons.

Dieu en nous créant pour savoir et pouvoir, non pas au même degré que lui, mais relativement aux objets qu'il mettait à notre disposition, nous a doués de toutes les conditions essentielles de l'être à son image : la durée identique, attestée par la conscience et la mémoire ; l'intelligence et la liberté, et par conséquent la possession de nous-mêmes, et la faculté d'inventer, dont les sciences progressives, les œuvres de l'homme, et même les rêves, rendent témoignage.

Ce qui limite notre pouvoir c'est le corps animal,

cette image, cet ensemble de phénomènes sensibles, soumis à des lois nécessaires, indépendantes de notre volonté, qui demande impérieusement notre attention, et s'oppose involontairement à nos déterminations. Le corps ne nous a pas été donné comme une condition de savoir et de vouloir, mais comme une sujétion qui pût limiter ce pouvoir libre dont nous abuserions, en nous appelant à la vie pratique. Sans ce corps, sans les rapports sensibles que nous avons avec d'autres esprits et avec les objets pensés par Dieu et qu'il a mis à notre portée, nous ne pouvions mettre en pratique les intuitions pures de justice, de devoir, de vertu et du beau, au milieu de toutes les luttes de la liberté et de l'intelligence, dont l'histoire, cette conscience du genre humain, conserve le souvenir pour notre instruction. C'est seulement avec cette triste condition que nous pouvions être des êtres moraux. C'est là notre gloire et notre bien. L'homme intelligent a seul la liberté dans ce monde; celui-là seul a l'intelligence qui est libre et agit par lui-même; et celui qui a l'intelligence et la liberté et a conscience de soi-même, est nécessairement un être moral.

Dieu pouvait sans doute créer une société d'esprits purs, affranchis de toute obligation et qui ne fussent assujettis à aucune douleur, êtres angéliques qui vécussent dans une éternelle félicité, et n'ayant qu'à contempler les merveilles opérées par leur créateur. Mais quel eût été le mérite de ces esprits pour un tel bonheur? Dieu a-t-il besoin d'admirateurs inutiles? Puisque cette pensée se présente à nous, qui dira que ce n'est pas là le souverain bien que nous espérons pour récompense à la fin de notre carrière?

Mais tournons les yeux vers notre état actuel, qui seul peut nous conduire à connaître l'avenir qui nous est réservé. Nous concevons que la vie humaine et l'ordre social pourraient être meilleurs qu'ils ne sont; qu'il se pourrait que nous ne fussions pas exposés à tant d'afflictions et de maladies; que nous fussions tous bons et beaux; que nous n'eussions pas besoin de nous livrer à de si rudes travaux pendant cette vie passagère; que toutes nos inclinations fussent justes; qu'il n'y eût ni haines ni guerres, et que Dieu lui-même nous gouvernât. Mais que serait alors la liberté humaine, si elle était entièrement soumise aux instincts naturels? Quel serait notre mérite, si nous n'avions à vaincre aucun obstacle? Que serait la vertu, si nous pouvions la pratiquer sans efforts, sans avoir à surmonter les difficultés et les vices qui nous opposent les uns aux autres? Quelle serait notre science, quels seraient nos arts, notre industrie, si les besoins, les privations et les misères humaines, que nous appelons des maux physiques et moraux, ne nous obligeaient à une continuelle activité libre, à un travail incessant?

Mais admettons que toutes les vertus et toutes les sciences disparussent, et que disparussent aussi toutes les occasions de les pratiquer, tous les vices, et tous les maux humains; eh bien, cette société de machines vivantes, à peu près semblable à celle des abeilles, serait impossible avec l'intelligence et la liberté, parce qu'il suffirait de ces deux conditions pour que chaque individu pensât et voulût ordonner les choses à sa manière ; et chacun pensant et voulant agir à son gré, il n'y aurait point d'accord, il n'y aurait point de société ; la guerre serait l'état permanent, et les hommes vivraient dans un état pire que l'état actuel. Supposons cependant une société d'êtres sans liberté, n'ayant ni vertus ni vices, ni biens ni maux, tous d'accord et obéissant à une seule volonté toujours juste : une telle société est possible, et peut-être existe-t-elle dans quelque autre système planétaire ; mais une société d'hommes libres étant également possible, cette société existe de fait sur notre terre, c'est de cette société que nous sommes membres libres, grâce à Dieu, afin que nous soyons justes par nous-mêmes, vertueux et sages par nos propres efforts, et non un troupeau de machines obéissant aveuglément à une volonté souveraine.

Alphonse X, roi de Castille, surnommé l'Astronome, mécontent peut-être du système de Ptolémée, adopté de son temps, Copernic, Képler et Galilée n'étant pas encore nés pour le satisfaire, avait coutume de dire que si Dieu l'eût consulté lorsqu'il créa le monde, il l'eût mieux ordonné. Si le présomptueux monarque, malgré sa science astronomique, ignorait avec quelle sagesse Dieu a réglé le mouvement des astres, il ignorait bien plus encore l'ordre des choses humaines et l'art de gouverner un État; car ayant mécontenté ses peuples, il fut détrôné par son propre fils Sanche IV.

Avec l'intelligence, la liberté et la vie future, nous comprenons l'homme, l'ordre social, la vertu et le vice, le bien et le mal; sans l'intelligence, sans la liberté, sans la vie future, tout est obscur, tout est incompréhensible, tout est absurde dans l'homme et dans l'ordre social.

Celui qui nie la liberté humaine tombe dans une contradiction évidente, car en la niant il prouve qu'il sait ce que c'est que la liberté, qu'il a voulu et a cessé de vouloir une chose en opposition à une autre, qu'il s'est efforcé de résister, qu'il a réfléchi aux moyens de se soustraire à la nécessité, qu'il a été libre dans sa résolution, dans son intention, dans son vouloir, et que seulement il n'a pas exécuté ce qu'il a librement voulu, parce que l'exécution dépend de choses étrangères à sa libre volonté. Si le pouvoir d'exécuter était égal à celui de vouloir, on peut s'imaginer quel ordre régnerait dans ce monde! La race humaine serait anéantie, ou la terre serait alors une véritable vallée de larmes. La liberté d'un grand nombre d'hommes n'était possible qu'au moyen d'un élément fatal qui pût les réunir et les faire vivre en harmonie; et la coexistence de la liberté et de la nécessité prouve que tout dans cet immense univers a été prévu et ordonné avec la plus grande sagesse. Et cette harmonie de la liberté et de la nécessité existant en effet, nous ne faisons aucune difficulté d'admettre le libre arbitre et la prescience divine.

Ce grand problème de la conciliation du libre arbitre et de la prescience divine, discuté avec tant d'ardeur par les plus grands théologiens et philosophes chrétiens, a été expliqué de bien des manières, mais n'a pas été résolu. Les uns, admettant le libre arbitre, nient comme incompatible la prescience divine. D'autres, jugeant impossible que Dieu ignore quelles doivent être les actions des hommes, sacrifient la liberté à l'omniscience de l'Éternel. D'autres enfin, admettant l'une et l'autre, cherchent à accorder ces deux vérités, sans pouvoir y réussir d'une manière satisfaisante.

Pour moi, je crois qu'en reconnaissant bien en quoi consiste le libre arbitre, en le distinguant de l'élément fatal et prévu qui lui résiste, et de l'opposition même de toutes les volontés libres qui se combattent, se coordonnent et s'harmonisent devant la raison absolue et la nécessité des choses qui ne dépendent pas de notre volonté, tout peut être prévu, sans que pour cela les hommes cessent d'être libres.

Pour le mérite, pour la vertu de l'homme, c'est assez de l'intention avec laquelle il fait librement ce qu'il doit faire, ou résiste, sans qu'il puisse se soustraire à la nécessité : et cette liberté de résolution et son mérite sont d'autant plus grands qu'il ignore complétement ce qui doit arriver, et s'attribue la détermination et l'exécution. Dieu peut avoir

CHAPITRE QUINZIÈME.

prévu tous les événements, et pour que nous soyons libres, pour que nous ayons le mérite et la responsabilité de nos actes, il suffit qu'il ne détermine pas nos résolutions et nos volitions, qui après tout seront annulées les unes par les autres devant la nécessité prévue que nous ignorons et la raison que nous consultons.

Supposons que Dieu n'ait pas prévu un événement, une révolution quelconque faite par les hommes pour renverser un mauvais gouvernement, et en établir un nouveau, conforme à leur dessein. Les uns se déterminent à combattre, les autres à défendre l'ordre de choses existant; la lutte s'engage, et les agresseurs triomphent, soit par les efforts qu'ils ont faits, soit par la ruse qu'ils ont employée, soit par les moyens qui se sont trouvés à leur portée. Ces hommes ont agi librement; ils ont conscience de leurs libres déterminations; ils croient que sans eux la révolution n'aurait pas eu lieu; ils s'attribuent le résultat, la gloire de leurs actes, et établissent enfin un nouveau gouvernement, une nouvelle organisation, selon que les circonstances le leur permettent. Les actes de ces hommes seraient-ils libres dans ce cas? sans doute. Et pourquoi? parce qu'ils ont fait ce qu'ils voulaient, selon leurs facultés. Supposons maintenant que tout était prévu par quelqu'un : ces hommes auront fait les mêmes choses, agi de la même manière, employé les mêmes moyens, selon les diverses circonstances, le résultat sera le même : cesseront-ils pour cela d'avoir agi librement? Auront-ils été des instruments aveugles, à cause de cette prévision qu'ils ignoraient et qui n'a pas influé sur leurs délibérations et sur leurs déterminations? Nous ne le croyons pas. Il est beaucoup de choses que nous considérons comme presque infaillibles, et nous mettons néanmoins tout en œuvre pour les éviter, sans pouvoir y réussir. Nous sommes libres dans nos efforts, et il n'arrive cependant que ce qui doit arriver, non parce que l'événement a été prévu et déterminé, mais comme une conséquence naturelle de la lutte de la liberté contre la nécessité.

Dieu est présent à l'ordre social; il ne l'a pas abandonné à la merci de la volonté capricieuse de quelques hommes : il a tout prévu, et laissant à l'esprit humain toute la liberté de penser et de se déterminer selon sa volonté, il l'oblige par la raison et par le corps à se conformer à l'ordre providentiel de ses infaillibles desseins, pour le plus grand bien de ses créatures, ces enfants de sa prédilection en qui il réfléchit ses pensées. Il saura récompenser chacun selon ses œuvres, avec une justice égale à la sagesse sans fin qui éclate en toutes choses.

Nous ne pouvons refuser d'accepter les conditions de notre existence dans ce monde; la raison nous conseille de nous conformer volontairement aux sages décrets de la Providence toujours juste; et la loi de la nécessité, représentée par les phénomènes de la sensibilité et par l'ordre plus convenable de toutes choses, nous y oblige et nous y entraîne malgré nous. Si nous nous révoltons quelquefois contre la raison qui nous conseille et contre la nécessité qui nous contraint, c'est parce que nous avons conscience de notre liberté, sans cela nous n'aurions pas même une pensée de révolte. Tous les jugements que nous portons sur le bien et le mal, sur le juste et l'injuste, sur le mérite et le démérite, sur Dieu et les hommes, prouvent cette liberté; l'éducation, la morale, la législation, la religion, en sont également la preuve. Qu'importe que tout soit prévu, si cette prévision nous laisse la conscience libre, et si nous ignorons ce qui doit arriver? Ne savons-nous pas tous que nous devons mourir? Qui en doute? Cependant l'incertitude du jour de la mort, auquel personne ne pense, laisse à tous, jusqu'au moment fatal, un libre champ à mille projets. Nous devons agir comme si rien n'était prévu par la Providence, comme si nous avions la faculté de changer entièrement l'ordre des choses, comme si notre état ne dépendait que de nous, et si notre passé pouvait être différent de ce qu'il a été. Cette ignorance des événements futurs nous laisse une entière liberté dans nos jugements, dans nos délibérations et nos résolutions, et donne une parfaite moralité à nos actes. La fatalité dans les choses humaines ne se présente pas comme la raison et le motif de nos déterminations, mais comme un effet et un résultat de ces déterminations elles-mêmes.

Quelquefois il arrive que nous ne comprenons

pas les choses, parce que nous les considérons séparément, en dehors de leurs rapports entre elles; mais nous voyons cependant que tous les phénomènes, tous les faits de l'univers, tous les événements intelligibles et sensibles s'enchaînent admirablement, et semblent ainsi sortir les uns des autres, comme une série interminable de causes et d'effets, bien que tout dépende d'une seule cause éternelle. Cette raison absolue de tout, ce principe permanent qui agit sans cesse, ce pouvoir visible en toutes choses, cette sagesse infinie, ce Dieu invisiblement présent à toutes les intelligences, et qui se révèle dans l'immensité des mondes, et dans la manière merveilleuse dont nous percevons ses pensées, a tellement disposé toutes les choses en rapport aux esprits, qu'il n'est rien qui n'ait une cause finale. Si un être ne peut agir librement sans avoir conscience de soi-même, sans connaître ce qu'il peut et doit faire, cette liberté, cette conscience, cette intelligence inséparables, qu'elle altère ou qu'elle n'altère pas l'ordre des choses, doit infailliblement avoir une fin prévue et certaine. Si cette liberté donne la moralité à l'acte, cette moralité ne peut pas être inutile, elle ne peut pas être sans mérite, et ne peut pas ne pas servir à quelque chose.

En effet, la conscience de tous les hommes attache la récompense au mérite et à la moralité de l'action libre, et ne condamne pas celui qui agit sans intelligence et sans liberté. Si tous les hommes jugent ainsi naturellement les uns envers les autres, et envers toutes choses, ainsi nous devons juger de nous-mêmes par rapport à Dieu; car il est la justice infaillible, la vérité même, qui nous inspire une telle manière de penser.

Mais comment donnerons-nous la véritable moralité à nos actes? Par quels principes devons-nous nous guider dans nos résolutions? Comme hommes, comme citoyens, comme membres de la grande famille humaine, comme créatures de Dieu, ayant besoin de tout ce qui nous entoure, nous nous trouvons à chaque instant dans des rapports divers, et souvent nous hésitons dans nos résolutions. Que ferons-nous? Nous laisserons-nous entraîner, impassibles, par les circonstances et par la nécessité fatale? Mais, alors même, emportés par le torrent, nous ne restons pas indifférents : nous jugeons, nous résolvons, nous applaudissons à notre sort, ou nous protestons contre lui, en qualifiant d'injuste l'ordre des événements. L'intelligence et la liberté ne se résignent pas sans effort à ce fatalisme mahométan, plus en paroles qu'en actions; de même que la sensibilité ne laisse pas de produire la douleur, si on nous blesse en quelque endroit du corps.

Prendrons-nous pour guide la sensibilité? Chercherons-nous seulement ce qui peut nous causer du plaisir, et éviterons-nous tout ce qui nous cause quelque douleur, suivant le principe de l'école cyrénaïque? Mais ces sensations par lesquelles les animaux se meuvent involontairement et instinctivement, ne nous empêchent pas de supporter quelquefois avec intelligence et volonté des opérations douloureuses pour nous sauver la vie, et même pour nous délivrer de quelque léger défaut qui enlaidit le corps sans compromettre son existence, sans nous causer la moindre douleur ; et tous jugent que nous faisons bien de supporter toutes ces douleurs, de prendre des médicaments qui nous font éprouver les sensations les plus désagréables, et d'entreprendre de grands et pénibles travaux d'esprit ou de corps, lorsque nous avons un but raisonnable.

Devons-nous adopter pour guide le principe de l'intérêt individuel, proposé par le sensualisme, motif tellement méprisable à la conscience même de ceux qui le suivent, qu'ils flétrissent du nom d'égoïste l'homme qui s'y laisse entraîner ?

Ce principe de l'intérêt individuel, bien ou mal entendu, dépend d'un calcul, suppose intelligence et volonté, ainsi que le mépris de la douleur et des maux présents, dans l'espérance d'une plus grande satisfaction, d'un intérêt plus élevé. Quel est cet intérêt, qui n'est pas le plaisir, l'intérêt actuel, momentané ? Est-il donc pour nous un intérêt réel et positif qui puisse nous engager à sacrifier d'autres intérêts nombreux, nos avantages présents et nos plaisirs ?

Quel est cet intérêt individuel bien entendu qui nous impose quelques sacrifices ? Est-ce de posséder tout ce que nous désirons et ce que nous croyons être à notre plus grande convenance ? Si quelqu'un juge que son intérêt est de devenir riche à tout prix

pour être heureux comme il le désire ; s'il décide
que pour arriver à ce but il faut qu'il vole au moyen
du commerce ou de quelque autre manière, ou qu'il
tue, en prenant toutes les précautions pour cacher
son crime, un parent, un ami, ou un étranger,
et qu'il se retire ensuite dans un pays éloigné, où
ses richesses lui attireront la considération et l'estime ; sera-t-il juste qu'il agisse ainsi dans son intérêt ? Si un père de famille dans un moment de péril
juge qu'il lui est utile de se sauver avant tout, et
d'abandonner sa femme et ses enfants, fera-t-il son
devoir en agissant ainsi ? Si un prince pense que
son plus grand intérêt, sa véritable gloire, consistent à gouverner despotiquement et selon son bon
plaisir, sans souffrir la moindre opposition ; si pour
sa sûreté il organise une nombreuse armée, s'entoure de satellites mercenaires, fait saisir et mettre
à mort les hommes intelligents qui ne voudront pas
se soumettre à sa tyrannie, et s'entoure de vils adu-
lateurs ; ce prince fera-t-il bien ? est-ce ainsi qu'il
doit agir ? Le misérable écrivain qui, calculant les
avantages pécuniaires et sociaux qu'il pourra tirer
de son talent mesquin, décide que le meilleur est
de vendre sa plume à un parti, ou de la profaner
en écrivant des infamies et des calomnies, ou en
propageant de fausses doctrines qui démoralisent
les hommes et leur nuisent ; fait-il ce qu'il doit en
recueillant le vil salaire qu'il espérait ? N'y aura-t-il
donc ni bien ni mal, ni juste ni injuste, ni vertu ni
crime, ni beau ni laid, ni utile, ni inutile en soi-même ?

Tout sera-t-il indifférent ? tout sera-t-il égal ? et n'y aura-t-il de moralement utile que ce qui semblera à chacun lui être de la plus grande utilité ? Qui osera dire en sa conscience qu'il en soit ainsi ?

Si donc il y a quelque chose de véritablement utile indépendamment du plaisir et de la douleur, de toute passion, de toute volonté, de tout calcul d'intérêt quelconque, il y a par conséquent quelque chose qui est véritablement bon, juste et vrai, qui nous impose le devoir de le chercher pour lui-même, et non pour le plaisir ou l'intérêt individuel. Il y a donc un bien, un souverain bien, qui doit être le but de toutes nos déterminations, et un devoir rigoureux, absolu, de chercher ce bien, de le réaliser au prix de tous les sacrifices et de tous les calculs d'intérêt, sous peine, si nous n'accomplissons pas ce devoir, d'être immoraux et corrompus.

La résolution et l'action seront véritablement morales aux yeux de Dieu et de notre conscience, lorsque, reconnaissant nous-mêmes ce bien, cette vérité, cette justice absolue, qui est Dieu même qui se présente à nous par rapport à toutes choses, nous le pratiquons avec l'intention unique d'accomplir notre devoir, sans aucun autre motif, sans aucun autre but.

Nous pouvons être héros, justes, charitables aux yeux des hommes, en accomplissant des actes de bravoure, en administrant la justice, en distribuant des aumônes aux pauvres. Cela suffit quelquefois aux yeux du monde, qui ne pénètre pas nos motifs ambitieux. A la bonne heure! Mais cela ne suffit pas pour la parfaite moralité de l'action; et si les hommes découvrent que nous ne pratiquons pas le bien par un principe de devoir, mais que nous cherchons la gloire, la récompense, la renommée, la considération, ils cessent de nous admirer; et comme notre propre conscience, comme Dieu même, ils nous disent : Vous avez obéi à un sentiment de vanité, d'ambition, d'égoïsme; vous n'avez rien fait par devoir et par amour du bien; vous avez réussi dans vos calculs, tant mieux; mais si vous n'aviez pas réussi, vous vous seriez repenti de ce que vous avez fait. Si cependant vous aviez agi par amour du bien, quel que fût le résultat, vous n'auriez pas de remords ni de repentir, et la conscience vous dirait : J'ai fait ce que je devais, et je continuerai à faire ce que je dois, quelque chose qui puisse en résulter.

Eh quoi! l'homme ne s'exposera-t-il pas à se tromper en considérant comme bon et juste ce qui en réalité est mauvais et injuste? Combien de fanatiques religieux et politiques, combien d'ignorants enflammés par des conseils pervers ou par de faux principes, croient accomplir leur devoir en pratiquant des actes répréhensibles et criminels?

Nous distinguons l'intention juste, pure de tout calcul d'intérêt individuel, intention qui donne le véritable caractère de moralité à l'action, de l'action en elle-même, qui peut être bonne ou mauvaise indépendamment du motif moral qui la détermine. En considérant séparément l'action, je n'hésite pas à affirmer qu'à l'exception des cas de folie reconnue, tous les actes des fanatiques politiques et religieux, tous les crimes commis dans ce monde n'ont d'autre cause que le calcul de l'intérêt individuel et les passions égoïstes, et non le motif pur du devoir, ou le but de faire le bien. Ces criminels, ces scélérats n'ignorent pas ce que c'est que le bien, et en quoi consistent les devoirs. Hypocrites, qui ne méritez pas même le titre de fanatiques, serpents, race de vipères, selon la parole de l'Évangile, qui êtes semblables à des sépulcres ornés au dehors, et pleins au dedans de pourriture et d'immondices; ambitieux de biens terrestres, qui tuez par le fer et par le feu, et par le vol et le mensonge; vous qui niez la vérité aux hommes, dites, quel a été le motif de vos crimes? Est-ce l'amour du bien? est-ce un principe de devoir? Ignoriez-vous la sainte doctrine d'amour et de charité recommandée si expressément par Jésus-Christ, qui vous dit : Mon royaume n'est pas de ce monde? Hypocrites, y a-t-il par hasard la moindre conformité entre vos actes infâmes et la vérité que vous connaissez et que vous foulez aux pieds, et le devoir que vous impose votre ministère? Était-ce le devoir, ou le méprisable intérêt personnel qui vous a guidés et qui vous guide? C'est le désir de commander, le désir du pouvoir, des palais, du luxe et des somptuosités du monde. Vous seriez capables de répandre l'impiété sur la terre, de révolter les hommes contre tout ce qui est saint, juste et honnête, si ces sentiments n'étaient pas dans le cœur de l'homme plus forts, plus puissants que vos iniquités.

Que les hommes, malheureusement, agissent quelquefois par intérêt, ou poussés par le plaisir, ou dominés par des passions violentes, qui le nie? Mais ces raisons peuvent-elles excuser leurs actes et leur donner la moralité et la beauté? peuvent-elles donner la pureté à leurs intentions? Ou ne sommes-nous pas des êtres moraux et sociaux? Pourquoi l'intelligence et la liberté? L'homme ne les possède-t-il que pour les faire servir à ses appétits, à ses passions et au calcul de ses intérêts personnels? Le corps et les passions ont-ils besoin d'un être moral qui leur soit asservi comme un esclave? N'avons-nous pas d'autres devoirs, d'autre but que de songer chacun à ce qui nous convient? Notre propre individualité sera-t-elle l'unique objet de notre culte, de nos calculs et de notre intérêt? Devrons-nous tout faire par amour de nous-mêmes? Non, mille fois non. La théorie du sensualisme et du matérialisme est aussi fausse en morale qu'en psychologie, et elle est non-seulement fausse comme principe, mais encore elle est fausse et démentie par la pratique. L'homme est de beaucoup supérieur au tableau qu'on fait de lui, et la vertu est plus facile qu'elle ne le paraît. La morale repoussante d'Helvétius, la politique perfide de Machiavel, l'abject despotisme de la force de Hobbes, sont des satires et des sarcasmes contre l'humanité, et non des choses qui lui conviennent. Cette morale, cette politique, ce despotisme ne peuvent servir qu'à ridiculiser et abrutir l'homme, à ternir la vertu, introniser le vice et pervertir les gouvernements. Ce n'est pas dans les hôpitaux et sur les cadavres putréfiés que l'on étudie la nature humaine; là elle se montre en partie, mais malade, corrompue ou morte.

L'homme est un être moral plutôt qu'individuel. Du moment que nous apparaissons dans ce monde jusqu'à celui où nous le quittons, à chaque instant nous dépendons de la société et nous avons besoin d'elle : c'est en elle que nous vivons, par elle et pour elle que nous nous instruisons ; tous pensent en elle, et travaillent par nous et pour nous, comme nous par elle et pour elle : la même raison nous éclaire tous; notre conscience est pour ainsi dire la conscience de la société, et nous la consultons plus souvent que la nôtre même. L'intelligence, la volonté, l'amour, la paternité, l'amitié, la charité, l'héroïsme, les intuitions pures du bien, du beau et du juste, toutes les sciences, tous les beaux-arts, toutes les industries, la santé et la maladie, tout nous conduit à la société, ou nous vient d'elle, comme un flux et reflux continuel d'un seul élément.

L'homme est un être moral, parce qu'il est social, et social, parce qu'il est moral; les deux rapports constituent un seul fait. Naturels ou volontaires, directs ou indirects, tous nos actes n'ont qu'un but, la société; et cela non par un contrat, non par un principe d'intérêt individuel, mais par une loi de la

Providence, par la raison même que nous sommes des hommes. Nul organe de notre corps n'est fait par soi-même et pour soi-même ; tous sont faits par une seule force vitale, et pour un même corps vivant ; bien qu'ils paraissent travailler séparément, tous travaillent en commun et pour tous. Ainsi nous existons pour la société ; elle est notre véritable corps moral.

Nous pouvons dire que la fin particulière de l'homme dans ce monde est de mériter dans la société par la pratique de la vertu, et que sa fin générale est la perfection de la société par la pratique de la justice. Moralement parlant, l'acte est bon, juste et beau, s'il est utile à la conservation et à la perfection de la société ; et l'intention est pure et méritoire, si elle tend au même but. L'intention est immorale et sans aucun mérite, si l'égoïsme, l'amour-propre a déterminé l'action.

L'homme étant parfaitement moral sera aussi parfaitement religieux, selon la lettre et l'esprit de l'Évangile, qui nous enseigne seulement l'amour de la vérité, et la pratique du bien et de la charité ; non par un calcul d'intérêt individuel dans l'espérance d'une récompense future, mais par la ferme volonté d'obéir à la justice divine par sa propre perfection, quand même la récompense ne serait pas assurée.

Tout ce qui tend à la perfection de la société nous moralise et nous élève à Dieu, et celui-là seul aime Dieu qui a l'amour du prochain.

Les hommes jugent de la bonté de l'acte d'après

son apparence; ils ne peuvent juger de l'intention, qui seule est présente à Dieu et à la conscience. L'intention sera pure, et l'acte infailliblement bon, si ce n'est pas un motif d'intérêt personnel qui nous détermine. Nous pouvons donc, quant à la bonté de l'acte, nous guider d'après le jugement de la société, parce que la même raison qui nous éclaire brille aussi dans son sein. Mais comme il n'y a de bon que la vérité, et que la vérité est le fruit de notre intelligence développée par la culture de toutes les sciences, au milieu de la société et avec ses propres ressources, le devoir moral de ceux qui cultivent sincèrement la science est de communiquer à tous ce qu'ils regardent comme la vérité, lors même que cette vérité est contraire à l'opinion générale. Mais ce devoir ne leur donne pas le droit d'imposer la vérité au moyen de la force. La société est libre comme notre conscience, et doit librement se gouverner, pour arriver à se perfectionner. Cette liberté doit être respectée, quand elle n'est pas dirigée vers le mal.

Socrate ne balança pas à enseigner la vérité, et à mourir pour elle sans résistance, quoiqu'il eût la conviction qu'elle était contraire à l'ordre social au milieu duquel il vivait; et le genre humain tout entier admire ce grand homme pour son dévouement désintéressé à la vérité. Le divin Maître nous a donné un exemple plus parfait et plus beau en pratiquant lui-même ce qu'il nous a enseigné, en se sacrifiant pour tous, et en recommandant à ses disciples de répandre pacifiquement la vérité sans employer ni le fer ni le feu. Mourons pour la vérité, s'il le faut, mais ne tuons pas en son nom, car il n'y a aucune vérité qui nous donne le droit de répandre le sang de nos semblables.

La fin morale de l'homme est la fin même de la société et de tout le genre humain, le perfectionnement de tous les hommes ensemble. L'unique instrument que nous puissions appliquer à cette perfection est notre intelligence, qui a pour fin la vérité en toutes choses, la connaissance du beau et du juste. Toutes les sciences sont bonnes, non-seulement parce qu'elles nous élèvent à Dieu en nous faisant connaître ses œuvres, mais aussi parce qu'elles sont utiles à la société. Tous les beaux-arts sont bons, parce qu'en cherchant à réaliser l'idée pure du beau, ils éveillent en nous ce noble sentiment qui adoucit les hommes et les perfectionne à un si haut degré. Toutes les industries sont bonnes, parce qu'elles sont l'application des sciences et des arts, et ont pour but d'améliorer les conditions de notre existence sociale; il n'y a d'immoral que ce qui est laid, injuste et mauvais, ce qui nous détourne de la vérité et de Dieu.

La pratique du devoir et de la vertu, indépendante de toute intention bonne ou mauvaise, de tous calculs d'intérêt individuel, n'est pas aussi difficile qu'elle le paraît. L'Auteur de tout nous a indiqué tous nos devoirs avec un soin incessant, et nous a donné avec profusion les moyens de les remplir.

Ce qui convient au corps nous est indiqué par les appétits et les désirs journaliers, qui ne dépendent d'aucun calcul, et dont la satisfaction naturelle nous cause du plaisir, et peut aussi nous donner un mérite, celui de les combattre quand ils sont désordonnés et tendent à nous abrutir.

Si nous mettons de côté les appétits et les désirs purement animaux, tous les sentiments moraux, qui déjà dépendent d'une connaissance de l'esprit, et qui sans cette intuition ne seraient pas des sentiments, nous portent délicieusement à la société et à la pratique de la vertu, et nous ouvrent un vaste champ de mérite, en les modérant par la connaissance du bien, et en combattant les sentiments opposés, tels que la haine, la colère et le désir de la vengeance, que nous devons considérer comme les maladies de l'esprit.

Les sentiments moraux nous enlèvent à nous-mêmes et nous conduisent à la société, en la particularisant par la famille, les amis, les connaissances, les citoyens illustres et vertueux, la patrie enfin; et nous nous réjouissons du bien qui leur arrive! La gloire de la patrie est notre propre gloire. Combien de sacrifices ne sommes-nous pas capables de faire pour ce doux nom de patrie! Comme le cœur du proscrit palpite en le prononçant! N'est-ce pas avec des larmes d'amour que nous contemplons le héros qui la défend, le poëte qui la chante, le savant qui l'illustre, sans que le plus petit calcul d'intérêt détermine nos actes et notre jugement sur le mérite des citoyens qui la comblent de gloire !

Si on me demande pourquoi nous aimons la patrie, même lorsqu'elle est ingrate envers nous, pourquoi nous aimons nos fils et nos amis, je répondrai seulement : C'est parce que c'est notre devoir; parce que l'homme n'a pas été créé pour s'aimer soi-même, mais pour aimer tous les hommes, ainsi que tout ce qui est bon, juste et beau.

Si nous sortons de ces sentiments qui distinguent nos affections morales et nos sympathies; si nous pénétrons dans le domaine de l'intelligence pure, nous trouvons l'amour de la vérité, l'amour du juste et l'amour du beau qui nous font citoyens du monde; et nous oublions plus encore nous-mêmes et nos intérêts personnels en cherchant la vérité, le juste et le beau dans la patrie et loin d'elle, dans tous les temps, chez tous les peuples, en admirant sans aucun intérêt Homère, Virgile, Socrate, Platon, Aristide, Épaminondas, Marc-Aurèle, Raphaël, Michel-Ange et Washington.

Par cet amour intellectuel, l'esprit s'universalise tout à fait, et vit plutôt pour contempler la vérité avec tous les esprits que pour lui-même; plutôt pour admirer que pour jouir; et plus l'idée est universelle et abstraite, plus il est capable de se sacrifier pour elle. Et quelles sont les joies égoïstes, les intérêts individuels que l'esprit cherche en échange des privations, des plaisirs sensuels, de tant de veilles, de tant d'infortunes, de la pauvreté, du mépris des hommes, d'une vie entière de sacrifices, et même de la mort? Désire-t-il être appelé héros, savant ou poëte? Est-ce par hasard pour l'amour de ces titres qu'un si grand nombre d'illustres esprits se sont sacrifiés et se sont laissé flageller, mutiler et brûler dans ce monde, sans espérer même qu'après le martyre et la mort on leur accorderait ce titre, mis en doute par leurs ingrats contemporains et par leurs juges sans justice? Non ; c'est parce que l'homme n'a pas été fait pour soi-même, pour s'aimer soi-même ; aussi est-il toujours prêt à se sacrifier pour les autres, pour une idée, pour tout ce qui n'est pas lui, et qui lui paraît être son devoir. Si nous disons à un jeune homme sans courage, qui aime mieux fuir que de se dévouer au service de la patrie, qu'il ferait bien dans son propre intérêt de courir les périls de la guerre, qu'il peut se distinguer et mériter de grands honneurs ; il nous répondra qu'il connaît bien son véritable intérêt ; qu'il ne désire pas la gloire des armes ; que sa vie est plus précieuse, et qu'il ne la sacrifiera pas inutilement. Mais parlons-lui de ses parents, de sa patrie, de son devoir ; peut-être alors une noble pensée s'éveillera dans son âme, peut-être son cœur palpitera, la rougeur de la honte colorera son visage, et il ira combattre pour l'amour des autres, et deviendra un héros malgré tous les calculs de l'égoïsme.

Des hommes au cœur généreux semblent quelquefois manifester des sentiments d'égoïsme, en se plaignant de l'ingratitude de leurs contemporains, comme s'ils ne les servaient que dans l'espoir d'en obtenir une vile récompense : ainsi se plaignent quelquefois les héros et les poëtes. Mais c'est que l'ingratitude est si horrible et si injuste qu'elle nous révolte, aussi bien que la perfidie, même lorsqu'elle est exercée envers un ennemi. Nous réprouvons la conduite injuste qui nous blesse, sans cependant cesser d'être utile aux ingrats. Pourquoi méprisons-nous l'avare, même lorsqu'il thésaurise pour nous ? C'est parce que l'avarice annonce l'absence du sentiment du beau, du bon et du juste.

Mais au-dessus de tous ces amours purs du vrai, du juste et du beau, quand l'esprit considère sa propre nature, quand il médite sur cette notion d'un Être éternel et nécessaire, d'une cause absolue, d'un pouvoir infini uni à une sagesse infinie, réunion qui lui inspire la conception d'une bonté incomparable et d'une beauté parfaite qui se révèle dans toutes ses œuvres ; quand il compare avec les attributs de cet Être suprême, sa propre intelligence si grande et si limitée, sa propre causalité si forte et si circonscrite, son propre être si réel et présent, et si indéfinissable ; quand par la philosophie et la véritable religion il s'élève à Dieu, et le trouve en tout lieu, et tout en lui et par lui ; l'esprit plein d'une sainte admiration et d'un inexprimable éblouissement s'absorbe en Dieu, oublie sa propre individualité, et ne trouve pour lui-même d'autre être que l'Être infini qui lui a donné la conscience, d'autre intelligence que celle qui l'éclaire, d'autre pouvoir que celui qui le dirige ; et après cette extase qui le purifie, satisfait, il tourne les yeux sur ce monde, qui alors lui paraît parfait et beau, parce qu'il lui révèle la toute-science et la toute-puissance unies pour le bien ; et en vérité il n'y a de beau que ce qui est fait pour le bien avec sagesse et puissance. Et si avant cette contemplation l'homme éprouvait quelque difficulté, par amour de soi-même, à remplir ses devoirs ; s'il semblait céder à la force, s'il espérait encore quelque récompense de son sacrifice, si des pensées égoïstes se présentaient encore à lui ; maintenant, il fait abnégation complète de lui-même, il n'aspire qu'à trouver l'occasion de faire le bien, il la cherche, il s'efforce d'accomplir ses devoirs, et son unique volonté est de se sacrifier pour tous, et de se conformer aux saintes lois de la Providence.

L'égoïsme n'est pas une loi de l'esprit humain, un sentiment naturel, c'est une dépravation, une maladie produite par l'absence du sentiment du devoir, occasionnée par les besoins factices de l'homme, ou par les besoins vicieux du corps.

Si la vie de l'homme sur la terre est une épreuve continuelle, si c'est un perpétuel accomplissement de mille devoirs moraux, auxquels les animaux ne sont pas soumis ; s'il doit constamment se perfectionner dans la société par la connaissance de la vérité et par la pratique du bien, du beau et du juste ; ces devoirs moraux et sa propre nature spirituelle lui assurent une existence au delà de la tombe.

Est-il possible qu'un être spirituel qui a des devoirs moraux à remplir dans ce monde pour l'accomplissement des desseins élevés de son Créateur, soit inutilement condamné à tant de tourments moraux et à tant de souffrances physiques par les autres, et par son propre corps ; et qu'après des années de douleurs, de méditations, de travaux, de sacrifices, d'édification, et même après avoir enduré le martyre, ceux qui ont accompli ces devoirs et ceux qui ne les ont pas accomplis, les bons et les méchants, les justes et les injustes, les tyrans et les victimes, retournent tous à un même néant? Une telle supposition est inconciliable avec la sagesse et la bonté infinies de Dieu.

Si tout cet ordre universel, toute cette prodigieuse harmonie morale et physique n'était que l'œuvre d'un hasard inconcevable, d'une aveugle fatalité, par ce même hasard, par cette même fatalité, l'être qui pense pourrait aussi ressusciter en quelque partie de cet immense univers, et les bons et les méchants pourraient avoir des destinées différentes. Quand même la conscience de notre individualité et la mémoire de nos actions ne seraient que des phénomènes sensibles d'une substance quelconque, simple ou organisée, cette même conscience individuelle, cette même mémoire pourrait reparaître en quelque partie de cette substance, de même que les sensations renaissent pour nous ; et cette conscience, en quelque lieu qu'elle vécût de nouveau, pourrait se trouver en de meilleures ou en de pires conditions par rapport à ses actes passés, et au bien ou au mal dont elle se sentirait coupable.

Où est l'impossibilité de cette durée, de cette immortalité de la conscience individuelle? Est-ce que je ne me reconnais pas le même que j'étais il y a quarante ans, quoique mon corps ait crû et se soit continuellement renouvelé, de telle sorte qu'il ne reste plus en lui une seule des molécules qui le composaient quand j'ai vu la lumière du jour pour la première fois? Pourquoi ne pourrais-je exister, psychologiquement parlant, quand ce corps, où mon esprit ne sera plus, sera encore présent à d'autres yeux? quand, faute d'un organe, l'esprit ne pourra dire à ceux qui se lamenteront autour de cette dépouille : Je suis ici, délivré par la mort de ce fantôme sur lequel vous pleurez encore!

Pourquoi ne pourrions-nous pas avoir existé dans le sein de Dieu, ou même dans ce monde, comme le supposait Pythagore, avant de nous revêtir de ce corps? Pourquoi ne pourrions-nous avoir perdu la mémoire de nos actes passés, afin d'accomplir notre mission librement et d'une façon méritoire? Nous souvenons-nous par hasard de ce que nous avons fait pendant les premières années de cette vie transitoire? Nous voyons un enfant dans les bras maternels, ou essayer joyeusement ses premiers pas sur la terre, et nous acquérons par là la certitude que nous avons passé par le même état. Mais qui se rappelle de ses premiers efforts pour marcher et parler, de son premier langage, des choses qu'il a vues, des douleurs qu'il a souffertes dans sa tendre enfance? Cependant quelle vie est aussi agitée et aussi remplie d'émotions que celle de l'enfant? Quelle impossibilité y a-t-il donc que, par un sage dessein de la Providence, nous ayons perdu le souvenir de notre existence passée?

Ce mystère qui couvre notre état antérieur est aussi profond que celui qui enveloppe l'origine du genre humain, et que l'oubli de notre enfance, quoique nous voyions cette enfance reproduite dans nos fils. Mais il est certain que le genre humain n'a pas commencé par un couple d'enfants produits un jour par hasard par la terre, jetés dans quelque forêt sauvage, à la merci de leur inexpérience et abandonnés à ce qui pourrait arriver. Nous remontons avec les annales des peuples dans le mystérieux Orient, cet inscrutable berceau de l'espèce humaine, nous y trouvons les ruines de tous les éléments d'une civilisation gigantesque, mais nous n'y découvrons pas cette barbarie, ce fabuleux état sauvage que nous voyons au milieu de nous, au milieu de notre civilisation incomplète, semblable à des rameaux desséchés d'un arbre touffu tombés au pied du tronc, ou emportés au loin par un cataclysme. L'histoire de l'humanité ne va pas plus loin. La civilisation est fille de la civilisation; voilà tout ce que nous savons; de même l'intelligence est fille de l'intelligence. Cet oubli du passé, ce doute sur l'avenir, sont aussi providentiels que l'ordre entier de l'univers. Quelle impossibilité y a-t-il donc que nous recouvrions un jour la mémoire complète des diverses périodes de notre vie entière? Je parle comme philosophe, en indiquant une simple possibilité, et je ne trouve aucune raison, aucune difficulté qui s'y oppose; et en faisant abstraction de toutes les preuves psychologiques et morales déjà exposées en sa faveur, cette conception est certainement plus claire, plus intelligible, plus raisonnable, plus philosophique que celle d'une matière atomique, qui produit tout sans intention, sans rien savoir, même l'intelligence, même la croyance en Dieu, sans qu'il y ait de Dieu, même le sentiment religieux et l'espérance d'une vie future, sans qu'aucune raison vienne appuyer ce sentiment et cette espérance.

Ce monde serait une horrible comédie, cet univers une illusion sans cause, l'existence humaine une raillerie du néant, et tout ne serait que mensonge, s'il n'y avait pas un Dieu juste et bon! Les scélérats auraient raison par un simple hasard; il n'y aurait de vérité et de justice ni sur la terre ni dans le ciel! Rassurons-nous. Ce qui est absurde ne peut être vrai. Dieu existe, et l'esprit humain est immortel avec sa conscience.

FIN.

TABLE.

CHAPITRE PREMIER.

Nécessité transcendantale de l'esprit humain. — But de l'intelligence. — Amour de la vérité. — Importance de la philosophie relativement aux autres sciences. — Causes du prétendu retard dont on l'accuse.   1

CHAPITRE II.

Objet spécial de la philosophie, indépendamment des objets spéciaux des sciences philosophiques. — Classification des sciences. — Possibilité d'une science universelle ayant un objet spécial, dominant toutes les autres sciences, et à laquelle convient mieux le titre de philosophie   21

CHAPITRE III.

De la méthode philosophique dans la recherche de la vérité. — Descartes. — Variété et classification de tous les systèmes de philosophie. — Sensualisme, spiritualisme, scepticisme, éclectisme et mysticisme. — Considérations générales sur chacun de ces systèmes. — Importance des faits. — De la méthode que nous emploierons dans nos travaux   31

CHAPITRE IV.

Essai sur l'entendement humain, de Locke. — Prétentions, méthode et conclusions du sensualisme. — De l'esprit considéré comme une table rase. — Confusion des idées nécessaires avec leurs conditions. — Opinion de Descartes et de Leibnitz sur l'origine des idées. — Doute de Locke sur la possibilité que la matière pense. — Réfutation. — Considérations et expériences physiologiques sur l'organisation de la matière. — Du principe vital. — Opinion de M. Flourens et d'Isidore-Geoffroy Saint-Hilaire. — Phrénologie.   45

CHAPITRE V.

Principaux travaux philosophiques de Condillac. — Prétention de ce philosophe d'expliquer toutes nos connaissances et toutes nos facultés par la sensation. — Sa méthode hypothétique. — De l'homme statue. — Transformation de la sensation en attention, mémoire, comparaison, jugement, réflexion, désir et volonté. — Réfutation de cette transformation. — Impossibilité d'avoir la moindre connaissance, la sensation même, sans les facultés intellectuelles préexistantes à la sensation. — Démonstration de cette proposition.   71

CHAPITRE VI.

Nécessité d'une faculté de savoir pour l'explication de nos connaissances. — De l'idée de substance, et du moi. — Confusion et contradictions du sensualisme sur ces idées. — Origine du sensualisme. — Expériences physiologiques sur les facultés de percevoir et de sentir. — Unité de la faculté de savoir dans ses divers actes. — Expériences et observations sur le service que prête le cerveau à la faculté de savoir   98

CHAPITRE VII.

Exposition des idées universelles. — Accord des diverses théories du spiritualisme. — De la perception externe. — Séparation anormale de la sensation sans perception. — Conditions de la perception. — Loi générale des sensations et des impressions. — Expériences qui démontrent ces lois. — Théorie du son, de la lumière, des couleurs et de toutes les autres sensations. — Rapport des sensations avec les qualités des corps   125

CHAPITRE VIII.

Classification des sens en rapport avec les faits principaux de l'existence de l'homme. — Où sont les sensations. — La sensibilité n'est pas une faculté de l'âme spirituelle. — Considérations sur la sensibilité des animaux et des végétaux. — Usage du cerveau. — Explication des actes instinctifs des animaux, sans conscience   151

CHAPITRE IX.

Récapitulation du chapitre précédent. — Conditions nécessaires pour qu'il y ait perception. — Objections et réfutation. — Ce que sont les sensations pour la conscience. — Si les animaux perçoivent de la même manière que l'homme, et s'ils ont conscience de leurs actes. — Comment on peut expliquer tous leurs actes sans conscience. — De l'instinct et de l'intelligence. — Réponse à quelques opinions sur l'intelligence des animaux 173

CHAPITRE X.

Continuation de la théorie de la perception externe. — De quelle manière l'esprit arrive à connaitre les choses et soi-même. — Observation sur une opinion de Reid relative à la différence entre *percevoir* et *sentir*. — Idées générales et nécessaires. — Développement intellectuel des enfants. — Nominalisme et réalisme. — Idée de Dieu. — Si les sauvages d'Amérique possèdent l'idée de Dieu. — Origine du langage. — Opinion de divers philosophes, et considérations sur l'origine divine ou humaine du langage. — Différence entre l'état primitif et l'état actuel de l'homme. — Ce qui appartient en propre à l'esprit humain 206

CHAPITRE XI.

Idées archétypes de Platon. — Aristote, Locke, Berkeley, Hume et Kant. — Exposition critique de la théorie de Reid contre la théorie des idées représentatives. — Principe naturel de la croyance. — Réponse que l'on peut faire à la conclusion de la théorie de l'école écossaise. — Raison de la croyance. — De la première sensation que nous recevons dans ce monde 238

CHAPITRE XII.

Principe de causalité de M. Cousin. — Sciences nécessaires pour l'explication complète de la perception. — De l'intelligence humaine et de la raison absolue. — L'esprit humain doué d'intelligence n'a pas besoin d'instincts et de lois pour acquérir les vérités nécessaires. — De l'être et de la cause. — Savoir et percevoir. — Aspiration à la science des choses telles qu'elles sont 26

CHAPITRE XIII.

Comment l'esprit peut se connaitre, et se distinguer de ce qui n'est pas lui. — Comparaison entre les facultés de l'âme et les opérations de la vie; entre leurs œuvres, et celles des instincts. — Ce que c'est que la matière; ce que c'est que l'esprit; ce qu'est Dieu. — La pensée durant le sommeil. — Explication naturelle de l'oubli et des prévisions de l'esprit. — Explication du rêve et de la lucidité des somnambules. — Conclusion morale. 293

CHAPITRE XIV.

De l'unité absolue. — Deux espèces de panthéisme. — Matérialisme. — Théorie des atomes ancienne et moderne.— Naturalisme.— Contradictions, et réfutation du matérialisme. — Existence de toutes choses en Dieu. — Saint Paul, Plotin, saint Augustin, Bossuet, Fénélon et Malebranche. — Explication de l'existence des choses en Dieu. — De la permanence et de la variété. — Ordre universel. — Considérations sur l'immortalité de l'âme. 329

CHAPITRE XV.

De la corporéité. — Cause de la permanence dans l'ordre des perceptions. — Réponse à une observation de Leibnitz. — Pourquoi Dieu a créé les esprits humains. — Ce qui limite le pouvoir de l'homme. — De l'ordre social existant. — Possibilité de quelque autre ordre social. — Convenance d'une société libre. — Tout se comprend avec la liberté humaine. — Conciliation de la liberté avec la prescience divine. — Dieu est présent à l'ordre social. — Moralité de nos actes. — Motif de nos actions. — Réfutation de la théorie de l'intérêt individuel. — Fin morale de l'homme. — La vertu est plus facile qu'elle ne le paraît. — Sentiments moraux. — Le devoir. — Immortalité de l'âme. 361

PARIS. — TYPOGRAPHIE DE HENRI PLON, IMPRIMEUR DE L'EMPEREUR,
rue Garancière, 8.

www.ingramcontent.com/pod-product-compliance
Lightning Source LLC
Chambersburg PA
CBHW052119230426
43671CB00009B/1038